지구 곳곳
지붕 없는 박물관

지구 곳곳
지붕 없는 박물관

김성균 지음

Museums for the future

Raul dal Santo

When you think of a "museum," you probably imagine a large, imposing building, filled with ancient artifacts and works of art, quietly displayed behind glass cases that often leave you speechless. You might also think of expert curators who decide what to exhibit, restorers who carefully piece objects back together, and guides who tell you the stories behind each artifact. Of course, such museums play a vital role in preserving our history and culture.

A story goes that if you're in a museum and you see something alive, you're probably looking out the window.

But what if I told you there is a type of museum with no roof at all? What if I told you that this "roofless museum" could be your neighborhood, your city, or even an old tree under which stories have been told for generations? A living museum created and sustained by the people who live there.

This is the fascinating concept explored in the book The Homeless Museum: The Ecomuseum by Kim Seong-gyun. Don't let the title fool you: this book takes you on an amazing journey that will make you see the world — even your own — with new eyes.

The book introduces you to the concept of the Ecomuseum, a revolutionary idea that considers nature, culture, people's lives, and their memories themselves as a museum. It shows how the museum is transforming from a place of "objective exhibition" to one focused on "memory and community participation."

It answers a fundamental question: "Does a museum necessarily have to be housed inside a large building?" And again: "Could there be precious stories in our own neighborhoods that deserve to become a museum?" The answer is a clear and resounding "YES!"

This approach is based on three key elements extensively analyzed by the author:

- Heritage: Heritage is not only about national treasures or famous artworks. Here, it includes everything the residents of an area have preserved through daily life: old stories shared under a pavilion, nearly forgotten crafts, local recipes, or legends of the village. These are not just remnants of the past, but living heritage that helps us reflect on the present and imagine the future.

- Participation: In an Ecomuseum, it is not only experts who decide. The residents themselves discover memories, interpret stories, and create content. Imagine your grandmother recounting her youth, turning that experience into part of the museum, or you creating a route showcasing meaningful places in your neighborhood. Residents become active co-creators, not mere audience members.

- Activity: The Ecomuseum is not static; it is a dynamic living laboratory for learning and cultural exchange. Guided tours through historical alleys, workshops to learn ancient skills, festivals celebrating local traditions, or storytelling gatherings keep heritage alive in the present context. These activities connect generations, unite the local community with visitors and the wider world, and pass on skills essential for sustainable living.

The book also takes you around the world through vivid examples of Ecomuseums and highlights Italy's rich contribution, with over 200 ecomuseums. For instance, the Casilino Ecomuseum embraces street art, while the Parabiago Ecomuseum stands out as a model of participatory sustainability.

As you read, you will begin to ask yourself important questions: "Why do museums exist in the first place?" The Ecomuseum answers resoundingly: "To preserve, sustainably use, and re-imagine heritage, our places, our memories, and our culture." You will realize that the Ecomuseum is much more than a cultural trend — it is a place for local reflection and practice with a global vision. It is not just about preserving the past but about collaboratively planning a sustainable future for both the local community and the entire planet.

This book is perfect for students because it will open their minds to the idea that history and culture are not distant concepts locked away in buildings — they are alive, tangible, and deeply connected to everyday life. It will also inspire you to think about the role students can play in sustainably using local heritage and creating a better future for their community and the world.

Imagine your neighborhood as a television series, where every street, every building, and every elder has a story to tell and a secret to reveal. This book will give you the key to understanding this ongoing series. I hope you will become active actors in the unfolding story of your community's heritage.

2025. 8

. . . .

Raul dal Santo is an italian ecologist. He works in the municipality of Parabiago in the Metropolitan city of Milan and manages the Landscape ecomuseums and the Mills Natural Park.

미래를 위한 박물관

라울 달 산토

당신이 '박물관'이라는 단어를 떠올릴 때, 아마도 크고 웅장한 건물이 먼저 떠오를 것이다. 그 안에는 유리 진열장 속에 조용히 전시된 고대 유물과 예술작품들이 있고, 당신은 종종 그 앞에서 말을 잃는다. 전시할 유물을 결정하는 큐레이터, 조심스럽게 유물을 복원하는 복원가, 유물 뒤에 숨겨진 이야기를 들려주는 해설사도 함께 떠오를 것이다. 물론 이런 박물관은 우리의 역사와 문화를 보존하는 데 있어 매우 중요한 역할을 한다.

박물관 안에서 살아 있는 무언가를 본다면, 아마도 창밖을 보고 있는 중이라는 말이 있다.

그렇다면 지붕이 전혀 없는 박물관이 있다고 말하면 어떨까? 그 박물관이 바로 당신의 동네, 당신이 사는 도시, 혹은 오랫동안 이야기가 전해져 내려온 한 그루의 나무일 수 있다고 하면 믿겠는가? 그것은 그 지역에 사는 사람들이 직접 만들어가고 유지하는 살아 있는 박물관이다.

이 흥미로운 개념은 김성균의 책 『지구 곳곳 지붕 없는 박물관: 에코뮤지엄』에서 탐구된다. 제목에 속지 마시라. 이 책은 당신을 놀라운 여정으로 안내하며, 세상을 ─ 그리고 당신이 사는 지역조차도 ─ 새로운 시선으로 바라보게 만들어준다.

이 책은 에코뮤지엄(Ecomuseum)의 개념을 소개한다. 에코뮤지엄은 자연, 문화, 사람들의 삶, 그리고 그들의 기억 자체를 하나의 박물관으로 간주하는 혁신적인 아이디어이다. 이 개념은 박물관이 '객관적 전시의 장소'에서 '기억과 공동체 참여의 장소'로 변화하고 있음을 보여준다.

그리고 다음과 같은 근본적인 질문을 던진다. "박물관은 반드시 큰 건물 안에 있어야만 하는가?" 그리고 다시 묻는다. "우리 동네에도 박물관이 될 만한 소중한 이야기가 있지 않은가?" 그에 대한 대답은 분명하고 힘차다. "그렇다!"

이러한 접근법은 저자가 집중적으로 분석한 세 가지 핵심 요소에 기반을 둔다:

• 유산(Heritage): 유산은 국보나 유명한 예술작품만을 의미하지 않는다. 여기서의 유산은 한 지역 주민들이 일상 속에서 지켜온 모든 것들을 포함한다. 정자 아래에서 전해지던 옛이야기, 잊혀진 수공예 기술, 지역 음식 레시피, 마을의 전설 등. 그것들은 단순히 과거의 잔재가 아니라, 현재를 돌아보고 미래를 상상하게 만드는 살아 있는 유산이다.

• 참여(Participation): 에코뮤지엄에서는 전문가만이 결정하지 않는다. 주민들이 스스로 기억을 찾아내고, 이야기를 해석하며, 콘텐츠를 창조한다. 예를 들어 할머니가 젊은 시절의 이야기를 들려주고, 그 경험이 박물관의 일부가 되는 것이다. 혹은 당신이 동네의 의미 있는 장소를

엮어 코스를 만들 수도 있다. 주민들은 단순한 관람자가 아닌, 적극적인 공동 창작자가 된다.

• 활동(Activity): 에코뮤지엄은 정적인 공간이 아니다. 살아 있는 학습과 문화 교류의 실험실이다. 역사적인 골목을 걷는 투어, 오래된 기술을 배우는 워크숍, 지역 전통을 기념하는 축제, 이야기 모임 등이 현재의 맥락에서 유산을 되살린다. 이러한 활동들은 세대를 잇고, 지역사회와 외부 방문자, 더 나아가 세계를 연결하며, 지속가능한 삶에 필요한 기술들을 전수한다.

책은 또한 세계 곳곳의 에코뮤지엄 사례들을 생생하게 소개하며, 특히 이탈리아가 200개 이상의 에코뮤지엄을 운영하고 있다는 점에서 그 기여를 강조한다. 예를 들어, 카실리노 에코뮤지엄(Casilino Ecomuseum)은 거리 예술을 품고 있으며, 파라비아고 에코뮤지엄(Parabiago Ecomuseum)은 주민 참여를 통한 지속가능성의 모델로 주목받는다.

이 책을 읽다 보면 이런 질문이 자연스레 떠오른다. "도대체 박물관은 왜 존재하는가?" 이에 대한 에코뮤지엄의 대답은 이렇다: "유산, 우리 공간, 기억, 문화를 보존하고, 지속가능하게 활용하며, 다시 상상하기 위해서이다." 당신은 깨닫게 될 것이다. 에코뮤지엄은 단순한 문화 트렌드가 아니라, 지역에서 성찰하고 실천하는 공간이자, 세계를 향한 비전을 품고 있다는 것을. 그것은 단순히 과거를 보존하는 데 그치지 않고, 지역 공동체와 지구 전체를 위한 지속가능한 미래를 함께 설계하는 과정이다.

이 책은 특히 학생들에게 매우 적합하다. 학생들에게 역사와 문화는 먼 곳에 유리창 속에 갇혀 있는 것이 아니라, 살아 숨 쉬며 일상과 깊이 연결된 것임을 깨닫게 해주기 때문이다. 또한 지역 유산을 지속가능하게 활용하고, 공동체와 세상을 더 나은 방향으로 바꾸는 데 학생들이 어떤 역할을 할 수 있을지 생각하게 해준다.

당신의 동네를 하나의 TV 시리즈라고 상상해보라. 모든 거리, 모든 건물, 모든 어르신이 각자의 이야기를 들려주고, 숨겨진 비밀을 간직한 채 당신을 기다리고 있다. 이 책은 그 이야기를 이해할 수 있는 열쇠를 건네준다. 당신이 바로 그 시리즈의 주인공으로, 공동체 유산의 새로운 이야기를 함께 만들어가길 기대한다.

• •

저자와 에코뮤지엄을 인영으로 만난 라울 달 산토는 이탈리아 인문사회생태학자이다. 그는 밀라노 수도권 파라비아고 시에서 근무하며 랜드스케이프 생태박물관과 밀스 자연공원의 총괄 책임자로 활동하고 있다. 그는 ≪Ecomuseums and Climate Change(2022)≫ 등 다수의 저술 및 논문이 있다.

박물관에 대한 기억

오수길

여러분에게 박물관은 무엇인가요? 어떤 기억이 있는지요?

학교에서 단체 관람하는 곳, 엄마나 아빠 손에 이끌려 들르는 곳 아니면 놀러 가는 곳, 어쩌면 해외여행을 가서 일주일 내내 공부하러 다니던 곳? 아니면 영화 제목……. 좋은 기억이든 따분한 기억이든 많은 사람 속에서 피곤했던 기억이든 큰 건물과 오래된 유물, 영어로 같이 적혀 있는 장황한 설명, 그럼에도 꼭 가야 하는 곳이었나요?

저는 영국박물관에 처음 가보았을 때의 충격을 잊을 수가 없습니다. 엄청난 인파도 그렇고, 거대한 공간을 주제별로 나라별로 시대별로 가득 채우고 있는 온갖 유물들. 그러나 가장 큰 충격은 상당수의 전시물이 소위 '대영제국' 시절 식민지 나라들에서 가져온 것이라는 사실이었고, 그중에는 건물이나 벽을 통째로 뜯어온 것도 있다는 것입니다.

이 무렵 접하게 된 개념이 '에코뮤지엄'이었습니다. '살아 있는 박물관', '지붕 없는 박물관'이라는 개념입니다. 이런 별칭을 생각해 보면 떠오르는 것이 있나요? 박물관에 박제된 공룡들이 뛰어다닌다는 걸까요? 아니면 용인 민속촌이나 남산 한옥마을? 그런 것도 재밌겠지만, 안동 하회마을은 어떨까요? 조상 대대로 그곳에서 사는 사람들과 가옥, 그리고 마을을 보러 가는 것이겠죠. 광명동굴은 가보셨는지요? 자연 동굴이 아니라 탄광이었던 곳을 멋진 탐방지로 바꿔놓았죠. 마을 곳곳에 있는 고창 고인돌은 아주아주 오랫동안 함께 살아온 우리의 흔적을 말해주는 듯합니다.

이 책은 박물관에 대한 통념을 넘어 여러분의 상상력을 불러일으킬 것입니다. '박물관에 지붕이 없다고!!'라는 외침으로 시작되는 제목이 책 전체에서 말하고 싶은 의도를 그대로 드러내 줍니다. 유리 상자 뒤에 놓인 오랜 유물을 조용히 관람하는 엄숙한 공간으로서의 박물관이 아니라 우리가 살아가고 있는 바로 지금, 이곳에서 삶의 의미나 희망, 나아가 해방감 같은 것을 발견해 보자는 의미일 겁니다.

서울 북촌, 경기도 화성, 시흥, 안산, 강원도 태백이나 철암, 전남 구례, 신안군의 섬들, 그리고 대구 중구, 전북 군산, 광주 양림동 골목길에서 만나는 에코뮤지엄. 외국으로 가볼까요? 영국의 런던, 바스, 뉴캐슬, 맨체스터, 로치데일, 브랜스턴, 스코틀랜드의 에든버러, 글래스고, 아일랜드의 더블린, 슬라이고, 킨세일, 덴마크의 코펜하겐, 오르후스, 미국의 샌버나디노, 디트로이트, 일본의 다테야마, 프랑스의 알자스, 몽쏘 레 민, 이탈리아의 파라비아고, 그리고 독일의 다하우 수용소, 베트남 호찌민 전쟁박물관, 캄보디아의 제노사이드 뮤지엄…….

가본 적이 있거나 책과 영상으로 접한 적이 있는 도시인가요? 우리가 어딘가를 한두 번 방문하여 그 지역의 모든 걸 알아낼 수는 없겠지만, 이 책이 방문한 곳은 전혀 가볼 생각을 하지 못했던 곳일 수도 있겠습니다. 아니면 비록 방문한 적이 있던 곳이라도 에코뮤지엄이라는 개념을 생각해 본 적이 없을 수도 있겠죠. 이 책을 다 읽고 나면, 가고 싶은 어딘가를 정할 때나 그곳에 가서 보고 듣고 느끼는 것이 이전과는 훨씬 달라질 것입니다.

이런 생각을 하면서 에코뮤지엄으로 들어가 볼까요? 그곳에 사는 사람들이 오랜 터전에 삶의 흔적으로 남긴 것을 체험하는 가운데, 여전히 그곳에서 살며 사랑하며 함께 배워가는 것이 무엇인지를 발견하는 것입니다. 그것이 다음 여행지를 선택하는 기준이 되고, 다음 여행지에서 머무는 자세가 될 수 있을까요? 그리고 나와 우리가 살아가고 있는 지역과 환경의 미래를 아주 오랫동안 품고 오늘을 만들어갈 수 있겠죠?

오수길은 고려사이버대학교 교수로 재직하고 있으며 생태전환지원재단 이사장, 한국지속가능발전학회 회장으로 활동하고 있다. 저자와 ≪에코뮤지엄 : 지붕없는 박물관(2022)≫의 공동저자이기도 하며 지속가능 발전을 위한 다양한 저술 및 사회활동을 하고 있다.

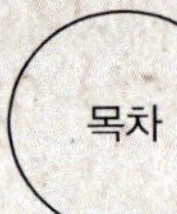

목차

지붕 없는 박물관, 들어보셨나요?

» "박물관에 지붕이 없다고요? 그게 무슨 말일까요?"

우리 어릴 적 기억을 한번 떠올려 볼까요? 부모님의 손을 꼭 붙잡고 도착했던, 뭔가 근사하고 웅장했던 그곳. 네, 바로 박물관입니다.

우리나라를 대표하는 박물관 하면 가장 먼저 떠오르는 곳, 국립중앙박물관이 있죠. 웅장한 지붕 아래 빼곡히 모여 있는 유물들 — 대한민국의 유구한 역사, 찬란한 문화, 그리고 선조들의 숨결이 담긴 이야기들. 그 공간에 들어서면 저절로 '역사의 무게'가 느껴지기도 합니다.

그런데요, 이 멋진 박물관 안에서는 누가 어떤 일을 하고 있을까요?

박물관이라는 거대한 배를 이끄는 선장, '관장님'이 있습니다. 전체 운영 방향을 책임지는 분이죠. 그리고 방문객들이 더욱 쉽게 전시를 이해할 수 있도록 돕는 '도슨트(전시 해설사)'도 있습니다. 이분들 덕분에 우리는 유물 속 이야기를 더욱 깊이 있게 만날 수 있습니다.

전시의 핵심을 기획하는 전문가, 바로 '큐레이터'도 빠질 수 없습니다. 이들은 어떤 유물을 어떤 주제로, 어떻게 구성할지를 고민하는 기획자입니다. 수백 년 된 유물이 손상되었을 때 이를 원형에 가깝게 복원하는 '복원가'의 역할도 매우 중요하죠.

또한 어린이부터 어른까지 모두가 즐기고 배울 수 있도록 교육 프로그램을 기획하는 '에듀케이터', 그리고 박물관과 유물을 안전하게 지켜주는 '경비원' 분들도 있죠.

이렇게 많은 분의 노력이 모여, 우리는 박물관에서 귀중한 유산을 생생하게 만날 수 있게 되는 겁니다.

» 박물관은 어떻게 구성되어 있을까요?

박물관에 도착하면 먼저 '매표소'에서 입장권을 받고, '인포메이션 데스크'에서 전시관 안내를 받습니다. 이후 '전시실'로 들어가 유물을 감상하고, '기념품 매장', '서점', '카페' 등을 둘러보며 관람의 여운을 느끼기도 하죠.

하지만 여기서부터 박물관의 오랜 고민이 시작됩니다.

» 박물관의 역사적 전환점

박물관의 기원은 고대 그리스의 '무세이온(Museion)'으로 거슬러 올라갑니다. 당시 그것은 지식과 예술의 중심지였으며, 이후 르네상스 시대에는 귀족들이 이국적 유물들을 모아 만든 '호기심의 방(cabinet of curiosities)'이 나타납니다.

18세기 계몽주의 시대에는 박물관이 귀족의 사적 공간에서 벗어나, 공공 교육과 국가 정체성 형성의 장으로 변모합니다. 루브르 박물관이 대표적 사례죠.

오늘날의 박물관은 그 역할을 다시 확장하고 있습니다. 단순한 전시 공간을 넘어, 사회적 담론의 장, 참여의 공간, 기억과 정체성의 재구성 공간으로 변화하고 있는 것입니다.

» 그래서 나온 새로운 질문!

"박물관은 꼭 커다란 건물 안에 있어야 할까?"

"우리 동네에도 박물관이 될 만한 소중한 이야기가 있지 않을까?"

이러한 질문 속에서 등장한 것이 바로 '지붕 없는 박물관', 에코뮤지엄(Ecomuseum)입니다.

» 에코뮤지엄이란?

에코뮤지엄은 단순히 유물을 전시하는 공간이 아닙니다. 자연, 문화, 사람의 삶과 기억 그 자체를 박물관으로 간주합니다. 이는 박물관이 '객관적 전시' 중심에서 '공동체의 기억과 참여' 중심으로 전환되는 과정을 상징합니다.

» 에코뮤지엄의 세 가지 핵심 요소가 있어요

첫째는 유산(Heritage)입니다.

에코뮤지엄에서 말하는 유산은 국가가 지정한 국보나 보물뿐만 아니라, 지역 주민이 오랫동안 지켜온 일상의 자산입니다. 정자나무 아래의 옛이야기, 사라진 삶의 기술, 고유 음식, 동네 전설 등 — 이 모든 것이 살아 있는 유산입니다.

이 유산은 단지 과거를 보존하는 것이 아니라, 현재와 미래를 성찰하는 집단기억의 실천 공간이 됩니다.

둘째는 참여(Participation)입니다.

에코뮤지엄은 전문가만이 주도하지 않습니다. 주민이 직접 기억을 발굴하고, 이야기를 해석하며, 콘텐츠를 만들어갑니다.

"누가 이야기를 하는가?"라는 질문에 공동체 전체가 응답하는 공간. 주민은 관람객이 아니라 큐레이터이자 이야기의 창조자입니다.

셋째는 활동(Activity)입니다.

에코뮤지엄은 정적인 공간이 아니라 살아 있는 배움의 현장입니다. 골목길 투어, 옛 기술 체험, 마을 축제, 구술사 모임 등 다양한 활동을 통해 유산은 현재의 맥락에서 재해석됩니다.

이 활동은 세대를 잇고, 지역과 외부를 연결하며, 공동체의 지속 가능한 삶의 기술을 전승하는 역할을 합니다.

» 에코뮤지엄이 묻는 질문이 있어요

"우리는 왜 박물관을 갖는가?"

에코뮤지엄은 이렇게 답합니다.

"우리의 장소, 기억, 문화, 생태적 삶을 보전하고 다시 상상하기 위해."

에코뮤지엄은 지역 전체가 박물관이 되고, 주민이 큐레이터가 되는, 탈중심적이고 참여적인 문화 실천의 장입니다. 이는 단지 과거를 보존하는 곳이 아니라, 공동체가 함께 살아갈 미래를 설계하는 공간입니다.

이제 '지붕 없는 박물관'이 좀 더 가까워졌나요?

어쩌면 여러분 주변의 풍경, 오래된 골목길, 이웃의 이야기 속에 이미 그 박물관은 존재하고 있을지도 모릅니다.

"무엇을 보존할 것인가?"에서

"누구와 함께 만들고, 어떻게 살아낼 것인가?"로 중심 질문을 전환한 에코뮤지엄.

이제 우리 함께 우리 동네 '지붕 없는 박물관'을 찾아 떠나볼까요?

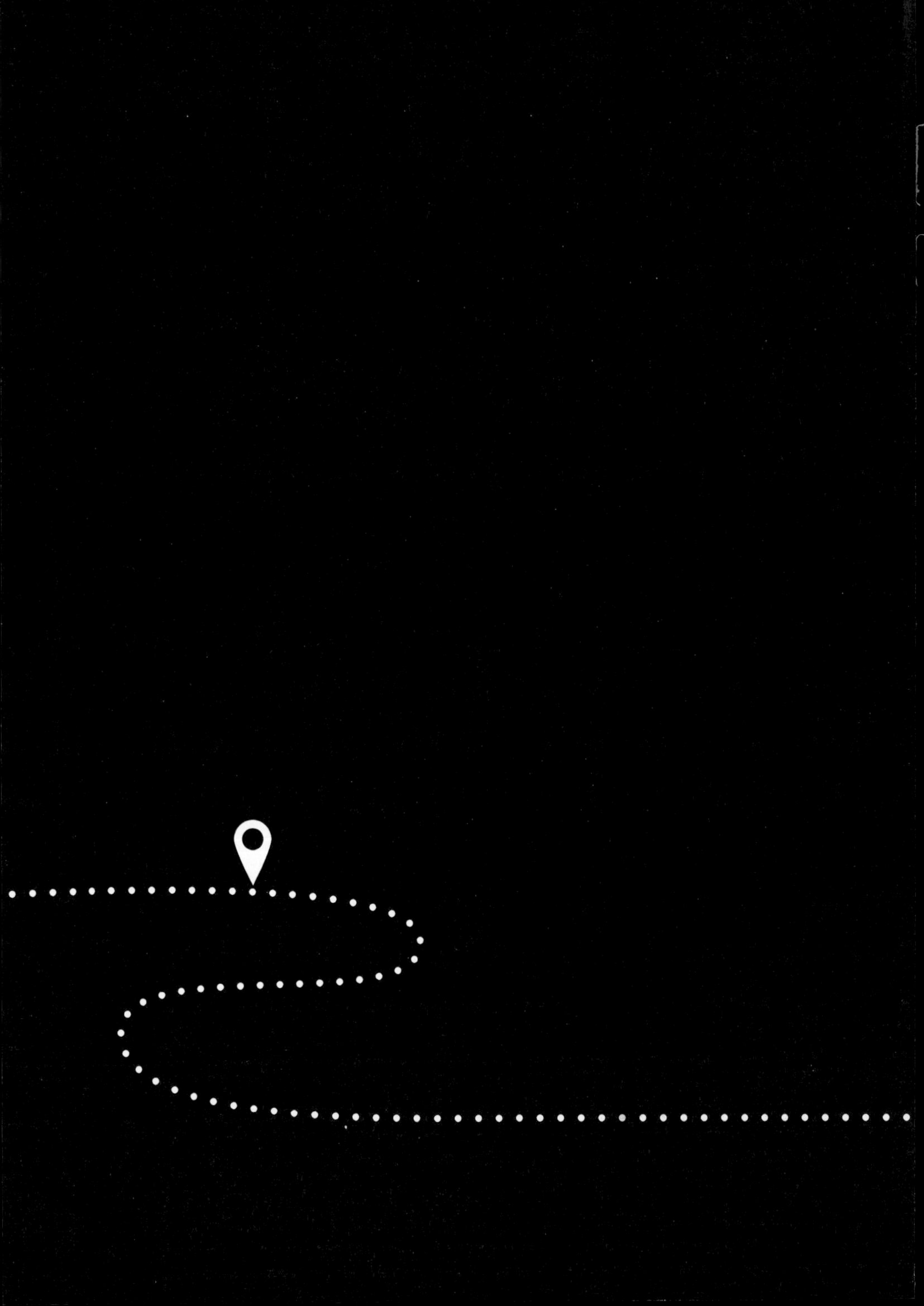

길에서 만난 런던

블랙캡, 튜브, 그리고 책방 골목까지

"런던에 가면 꼭 해보고 싶은 게 뭐야?"

"음… 나 솔직히 블랙캡 한번 타보고 싶어. 그냥 그 클래식한 느낌 있잖아."

런던의 블랙캡은 단순한 교통수단이 아니에요. 마치 런던이라는 도시의 얼굴 같은 존재죠. 검은색 바디에 둥근 헤드램프, 중후한 라디에이터 그릴까지, 딱 보면 '아, 이게 바로 영국 스타일이구나' 싶어요. 영국 신사의 모자를 쓴 듯한 디자인이라고 해야 할까요? 묵직하고 고전적인 느낌이지만 은근히 세련되고, 그래서 여행자들이 한 번쯤은 꼭 타보고 싶은 마음이 드는 거예요.

택시 안을 보면 더 흥미로워요. 한국에서는 보기 힘든 집이식 좌석도 있어서 처음엔 조금 낯설 수 있거든요. 하지만 그 생소함조차 여행의 재미 아닐까요? 요즘은 꼭 검은색만 있는 것도 아니에요. 점점 더 다양한 색상의 블랙캡도 등장하고 있어서, 런던 거리 자체가 하나의

블랙캡

전시장이 되는 느낌이에요.

"그럼 빨간 버스는 어때? 난 그 이층 버스 위에서 런던 시내를 보는 게 그렇게 낭만적이더라."

맞아요. 빨간색 이층 버스, 정말 런던의 또 다른 상징이죠. 19세기 마차에서 출발한 영국 버스는, 이 제는 빨간 이층 버스로 자리 잡아 시민과 관광객 모두의 발이 되어 주고 있어요. 이 독특한 색감과 형 태 덕분에 런던을 디자인적으로 도 기억하게 되는 것 같아요. 블랙 캡이 런던의 '신사'라면, 빨간 버 스는 런던의 '에너지'인 셈이죠.

런던버스

"그럼, 런던 지하철은 어때? 거기 '튜브'라고 부른다면서?"

맞아요, 공식 명칭은 '언더그라운드(Underground)'지만 다들 줄여서 '튜브(Tube)'라고 불러요. 1863년 1월 10일, 세계 최초로 지하철이 생긴 것도 바로 이 런던이에요. 지금도 도넛처럼 생긴 빨간 마크가 지하철역 입구를 장식하고 있는데, 그 자체가 하나의 도시 아이콘이 됐죠.

그런데 막상 타보면 생각보다 좁아요. 특히 덩치 큰 유럽인들과 마주 앉으면 무릎이 닿을 만큼 좁은 좌석 때문에 조금 당황스러울 수도 있어요. 그래도 여전히 런던 시민에게는 빠르고 효율적인 교통수단이고, 관광객에게는 그 자체로도 새로운 경험이죠.

"런던에는 아직도 빨간 우체통이 있어?"

"있지! 그것도 엄청 크고 동글동글한 게, 길 한복판에 딱 서 있어서 되게 눈에 띠어."

맞아요. 빨간 우체통은 그냥 우편물 넣는 상자가 아니라, 뭔가 이야기를 담는 상자 같아요. 지나가는 사람들이 무심코 보지만, 누군가에게는 아주 소중한 이야기가 들어 있는 공간이기도 하죠. 어쩌면 손 편지를 기다리는 그 우체통은, 요즘처럼 디지털 시대에도 여전히 묵묵히 자기 자리를 지키고 있는 듯해요.

"그리고 뮤지컬! 나는 런던에 가면 꼭 웨스트엔드에서 뮤지컬을 보고 싶어."

그거 정말 잘 생각했어요. 런던의 웨스트엔드는 공연예술의 성지 같은 곳이죠. 〈오페라의 유령〉은 매일 상연되고, 〈캣츠〉, 〈레 미제라블〉,

<미스 사이공> 같은 세계적인 뮤지컬도 바로 이곳에서 시작됐어요. 미국 브로드웨이가 화려하고 상업적인 느낌이라면, 런던은 예술성에 조금 더 집중한 작품들이 많아요. 공연장을 중심으로 갤러리, 서점, 아트

숍들이 늘어서 있어서 그냥 걷기만 해도 감성이 충만해지죠.

"기차 타고 좀 멀리 나가고 싶으면 어디로 가?"

"그럼 패딩턴역이지!"

패딩턴역은 1838년, 빅토리아 시대에 처음 개통된 역이에요. 웨일스와 서부 영국으로 향하는 주요 출발점이기도 하죠. 역 안은 전광판이 엄청나게 바쁘게 돌아가요. 같은 열차라도 게이트가 바뀔 수 있으니까 늘 긴장해야 하고요. 겉보기엔 조용하고 고즈넉하지만, 그 속은 무척

LEGO
BUILD SOMETHING
AWESOME!
SALE
WESTMINSTER
Caricature
Portraits

분주한 공간이에요. 역 안을 오가는 사람들 하나하나가 각자의 이야기
와 삶을 담고 있는 모습이 참 인상적이에요.

"런던 거리도 참 멋있지 않아?"

그럼요. 거리 자체가 런던의 정체성이에요. 후드티에 유니언잭(영국
국기)을 프린팅한 상점, 거리에서 캐리커처를 그려주는 예술가들, 그
리고 밤이 되면 조명 아래 조용히 손님을 기다리는 꽃가게까지. 어떤
풍경은 우리 부모님이 집에서 자식을 기다리는 마음과 닮았기도 해요.

"책 좋아하는 나 같은 사람에겐 책방 거리가 너무 좋더라."

세실 코트 거리, 기억나세요? 세인트 마틴 레인 근처에 있는 그 조용
한 골목요. 양쪽에 줄지어 있는 서점들이 정말 근사하죠. 왓킨스 북스
(Watkins Books), 텐더북스(Tenderbooks)와 같은 오래된 책방에서는
마치 시간과 대화를 나누는 느낌이에요. 오페라 극장이 자리한 유서
깊은 거리이기도 해서, 그 자체로 클래식한 감성이 흘러넘치죠.

TINDLEY
AND
EVERETT

"런던에 관한 책도 있다면서?"

"응,《런던 지도(London Mapped)》라고 들어봤어?"

이 책은 진짜 흥미로워요. 템스강을 중심으로 런던의 다양한 자원을 지도처럼 그려낸 아카이브 북이에요. 축구 경기장, 지하철 노선, 유명 인물까지 아티스트들의 감각으로 표현해서 하나의 예술작품이 됐죠. 단순한 지도책이 아니라, 추억을 담은 책이라고나 할까요.

"그래서 런던은 어떤 도시 같아?"

"글쎄… 그냥 오래된 것과 새로운 것, 예술과 일상, 조용함과 분주함이 다 어우러진 도시? 보고 듣고 느끼는 모든 게 이야기기 되는 도시 같아."

정말 그래요. 런던은 도시 전체가 하나의 서사이고, 그 길을 걷는 사람들은 각자의 장을 써내려 가는 중인 것 같아요.

대영박물관

대영박물관

그곳은 박물관이 아니었어

영국의 랜드스케이프, 스톤헨지

"혹시 스톤헨지 가봤어? 런던에서 갈 수 있다던데."

네, 패딩턴역 근처에서 출발하는 관광버스를 타면 쉽게 갈 수 있어요. 스톤헨지는 영국의 자존심 같은 문화유산이에요. 8미터 높이에 50톤이 넘는 거대한 거석들이 세워져 있는데, 선사시대부터 지금까지 묵묵히 자리를 지켜왔죠. 탁 트인 평원 위에 선 수호신 같다고 할까요?

특히 바람이 정말 거세게 불어요. 관광객들은 바람에 머리가 휘날리고 카메라를 겨우 붙들고 찍는데도, 다들 싫어하지 않아요. 그만큼 아름답고 신비한 풍경이 기다리고 있으니까요. 거센 바람 속에서도 꽃이 피고 새가 날고, 땅은 얼어도 시간은 흐르고, 그 모든 것을 묵묵히 견디는 스톤헨지. 가만히 서서 보고 있으면 마음이 참 평온해져요.

"스톤헨지는 영국 월트셔, 솔즈베리 평원에 있는 그 돌무더기라고도 할 수 있어. 누가 보면 그냥 오래된 유적지라고 생각할 수도 있는데, 실제로 그 공간은 훨씬 더 깊고 넓은 의미를 담고 있어. 그냥 박물관처럼

스톤헨지

유리관 안에 유물을 넣어놓은 게 아니라, 그 전체 공간 자체가 하나의 살아 있는 박물관인 거지."

"그 돌들이 있는 자리, 그 주변을 감싸고 있는 풍경이 정말 압도적이야. 바람이 쌩쌩 불고, 때로는 비가 내리고, 햇빛이 확 비치기도 하잖아? 그런 자연의 변화 속에서 스톤헨지는 묵묵히 그 자리를 지켜. 그러니까 그 모습에서 이상하게도 경건함이 느껴져. 바람과 맞서고 있는 듯한 돌들, 무언가를 오래도록 기억하는 듯한 풍경 말이야."

"그리고 재미있는 건, 그곳의 자연도 끊임없이 말을 걸어오는 것 같아. 봄이 되면 차가운 흙을 뚫고 여린 새싹이 올라오고, 그걸 따라 나비들도 하나둘씩 나타나지. 특히 '아도니스 블루'라고 불리는 나비가 초콜릿색 날개를 펄럭이며 나타나는데, 정말 마법 같아. 그런 모습들이 이 공간을 그냥 고고학 유적지 이상으로 만들어줘."

"스톤헨지를 보러 오는 사람들을 맞이하는 방식도 굉장히 담백하고 단순해. 복잡한 안내판이나 과한 시설 같은 건 없어. 단지 그 장소에 스며들듯 천천히 걸어가서, 그 돌들 앞에 서는 거야. 그러면 괜히 말을 아끼게 돼. 그 자체로 충분하니까."

"결국 스톤헨지는 보여주고자 하는 게 '전시물'이 아니라, 그 공간에서 느껴지는 시간과 자연, 인간의 흔적이야. 그래서 이곳은 우리가 흔히 말하는 박물관이라기보다 '에코뮤지엄'이라고 부르는 게 더 어울리는 것 같아. 자연과 문화, 삶의 흔적이 경계 없이 어우러진, 열린 박물관. 그 안에 들어선 순간, 우리도 그 일부가 되는 거지."

뮤지엄이 된 목욕탕, 로만 바스

잉글랜드 바스

» 영국 전통 브렉퍼스트, 올드 파운드 호텔

런던에서 바스로 향하던 길이었어요. 중간에 잠깐 머물 숙소를 찾아보다가 '올드 파운드 인(Old Pound Inn)'이라는 곳을 발견했죠. 알러(Aller)라는 작은 시골 마을에 있는 이곳은, 한눈에 봐도 영국 시골 정취가 물씬 느껴졌어요. 돌로 지어진 2층 건물인데, 묘하게 정감 가고 따뜻한 느낌이 들더라고요.

그런데 이 숙소가 특히 마음에 들었던 건, 바로 '영국 전통 브렉퍼스트' 때문이었어요. 호텔 후기를 보면 하나같이 "맛있는 아침 잘 먹고 갑니다, 감사합니다"라는 말이 빠지지 않더라고요. 실제로 입구에 붙어 있던 간판도 인상 깊었어요. "매일 직접 손수 만든 식사를 대접합니다." 이 한 문장에 묘하게 끌렸죠.

들어가 보니 호텔 주인아주머니가 직접 아침을 만들어 주시더라고

요. 진짜 '수제' 브렉퍼스트예요. 우리나라에서는 보통 해장국을 먹지만, 영국은 이 전통 브렉퍼스트가 숙취 해소에도 좋다고 해요. 처음엔 고개가 갸웃해졌지만, 그 나라 문화니까요. 영국 사람들은 이걸 '풀 잉글리시(Full English)' 또는 '풀 브렉퍼스트(Full Breakfast)'라고 부르더라고요.

아침 식사 구성이 정말 푸짐했어요. 계란 프라이랑 스크램블 중 고를 수 있었고, 베이컨, 다양한 소시지, 구운 콩, 토마토, 버섯, 토스트에

해시 브라운, 블랙 푸딩까지! 심지어 감자 케이크랑 시금치도 곁들여 나오는데, 정말 영국 아침 식사의 정수를 맛본 느낌이었죠.

원래 이 브렉퍼스트는 옛날 상류층이 먹던 고급 식사였대요. 산업혁명 이후로는 도시 노동자들도 이 아침 식사를 즐기게 되었고, 1950년대에는 영국인의 절반이 브렉퍼스트를 먹었을 정도라니, 그 역사가 참 흥미롭더라고요.

그러니 이런 역사가 담긴 전통 음식을, 그것도 한적한 시골 호텔에서 직접 맛보게 되다니, 정말 감사한 순간이었죠. 사실 전 영국 음식 하면 피시 앤드 칩스밖에 몰랐거든요. 그런데 브렉퍼스트라는 뜻밖의 발견이 있었으니, 그저 행운이었죠.

다만 아쉬운 점이 있다면, 레스토랑 안이 좀 어두워서 사진을 제대로 못 찍었어요. 조명이 부족해서 셔터 조절에 실패했죠. 사진이 좀 흔들렸지만, 그래도 기록은 남겨야겠다 싶어서 그냥 원고용 사진으로 쓰기로 했어요. 그 점은 양해 부탁드려요.

» 바스의 아트

바스(Bath)라는 도시에 처음 갔을 때, 이름부터 참 재미있었어요. 우리말로 '목욕탕'이라는 뜻이잖아요. 처음엔 "정말 목욕이랑 관련 있는 곳일까?" 싶었는데, 알고 보니 정말 그렇더라고요!

바스는 영국에서 유일하게 온천수가 나오는 곳이에요. 예전 로마 시대 때, 로마인들이 이 지역을 점령하면서 온천이 나는 걸 보고 "아, 여

로만바스뮤지엄

기다 목욕탕을 만들어야겠다!” 싶었던 거죠. 그래서 엄청나게 큰 목욕탕을 지었고, 그게 바로 지금 우리가 알고 있는 ‘로만 바스(Roman Baths)’예요.

처음엔 로마식 목욕탕으로 쓰이다가, 중세 시대에는 수도원으로 바뀌었대요. 그러다 17세기쯤 되면서 다시 사람들이 이곳을 찾기 시작했죠. 특히 귀족들이 몸과 마음을 쉬러 오는 휴양지로 바뀌었다고 해요.

재미있는 건, 이 로만 바스가 한 번에 완성된 게 아니라는 거예요. 기초는 로마 시대에 놓았고, 중세에는 ‘왕의 목욕탕(King's Bath)’ 같은 부분이 추가되었고요. 완전한 형태는 18세기쯤에야 지금 우리가 보는 모습으로 마무리되었대요.

지금은 옛날 로마 목욕 문화를 엿볼 수 있는 관광 명소가 되어 있어

서, 많은 사람이 그 유적을 보기 위해 바스를 찾죠. 도시 전체가 고풍스럽고 조용해서, 정말 걷기만 해도 힐링 되는 느낌이었어요. 목욕탕에서 시작된 도시라는 게 너무 매력적이지 않나요?

» 로마인의 휴양, 로만 바스

로만 바스와 성공회 대성당 사이에 있는 광장은 정말 사람 냄새가 가득한 곳이었어요. 광장 한복판에 서 있으면, 마치 전 세계 사람들이 이곳에 모여서 이야기꽃을 피우는 것 같은 느낌이 들죠. 다들 자유롭게 웃고 떠들고, 그 분위기 자체가 이미 축제 같달까요?

그 사이사이로는 끼 넘치는 거리 공연자들이 하나둘씩 나타나요. 유

럽의 광장이라면 어디든 흔한 풍경일 수 있지만, 바스에서는 그 감성이 조금 더 진하게 다가오더라고요. 통기타에 앰프를 연결해서 부르는 라이브 음악은 오고 가는 이들의 발걸음을 멈추게 하고, 어느 순간엔 젊은 여성이 긴 가죽 채찍을 들고 공연을 펼치기도 해요. 너무 신기하죠? 마치 "변화를 만드는 도시(Making Change)"라는 문구를 예술로 실현하듯, 이 도시 전체가 하나의 거대한 무대처럼 느껴졌어요. 음악도 있고, 춤도 있고, 진짜 예술로 가득한 바스의 거리였죠.

이 바스는 단순한 도시가 아니에요. 로만 바스 덕분에 유네스코 세계문화유산 도시로 지정된 곳이기도 하죠. 그런데 놀라운 건, 그게 전부가 아니라는 거예요. 문화유산이 도시 곳곳에 살아 숨 쉬고 있어서, 그냥 걷기만 해도 감탄이 나와요. 특히 로열 크레센트(Royal Crescent)라는 곳은 진짜 압권이에요. 커다란 초승달처럼 휘어진 반원형 건물이

줄지어 있는데, 거기 서 있는 것만으로도 "와…" 하는 탄성이 절로 나와요. 영국 최고의 건축물 중 하나로 꼽히는 데는 다 이유가 있구나 싶었죠.

바스는 사실 작고 아담한 도시예요. 그런데 그 매력 때문인지, 영화 촬영지로도 많이 쓰였어요. 〈레 미제라블〉이나 〈오만과 편견〉 같은 영화도 여기서 촬영됐고요, 제인 오스틴 같은 작가들이 이 도시를 배경으로 글을 썼대요. 《노생거 사원》, 《설득》 같은 작품들이요. 또 토비아스 스몰렛의 《험프리 클링커의 탐험》에도 바스가 등장하죠.

그래서 그런가 봐요. 이 도시가 단순히 로마 시대 목욕탕 유적으로 유명한 게 아니라, 문인들과 예술가들이 사랑한 공간이기도 한 거죠. 바스는 그냥 "쉬러 가는 도시"가 아니라, 예술이 살아 숨 쉬는 휴양지 같았어요. 머물렀던 그 짧은 시간 동안에도 온몸이 문화로, 감성으로, 예술로 채워지는 기분이었거든요.

바스의 거리 풍경

하드리아누스 경계를 넘다
잉글랜드 뉴캐슬과 드러릿지 만

» 드러릿지 만의 지킴이, 시민 엔지니어링

드러릿지 만(Druridge Bay)이라는 곳을 아시나요? 영국 북동부, 노섬벌랜드의 북해 해안에 자리한 곳인데요, 길이가 무려 7마일에 달해요. 런던에서 스코틀랜드의 수도 에든버러로 향하는 길목에서 만날 수 있는 아름다운 해안이에요. 바닷바람이 살랑살랑 불어오는 그곳에는 방문자센터가 하나 있어요. 그냥 지나칠 수도 있지만, 잠깐 들러보면 꽤 흥미로운 경험을 할 수 있죠.

방문자센터에서는 드러릿지 만의 자연환경에 대한 정보를 제공해 주기도 하고, 아이들을 위한 체험 프로그램도 다양하게 운영하고 있어요. 그런데 그날, 센터 근처에서 봉사활동 중이던 한 청년이 눈에 띄었어요. 뭔가 열정적으로 사람들과 대화를 나누고 있었는데, 우연히 마주친 저에게도 명함을 하나 건네주더군요.

그 명함에는 '시민 엔지니어링(Civil Engineering)'이라는 단어가 적혀 있었어요. 처음엔 시민 과학(Citizen Science)을 이야기하는 건가 싶었는데, 알고 보니 우리가 흔히 말하는 '토목공학' 쪽 일을 하는 거였어요. 그런데 그 청년의 말을 들어보니, 단순히 도로를 만들고 구조물을 짓는 기술자의 이미지와는 전혀 달랐죠.

드러릿지만 뮤지엄

그는 자신을 자연과학자라고 소개하면서, 수년째 이 지역에서 자원봉사 활동을 해오고 있다고 했어요. 무엇보다 흥미로웠던 건, 자신이 일하는 바다 — 드러릿지 만 — 에 대해 정말 애정을 가지고 있더라고요. "이 바다는 내 삶터예요," 하면서 바다를 중심으로 이 지역의 생태, 환경, 그리고 지역 사회의 이야기를 정말 열정적으로 들려줬어요.

그러면서 그 '시민 엔지니어링'이라는 단어의 의미를 다시 생각하게 됐죠. 기술을 통한 단순한 개발이 아니라, 자연과의 조화로운 공존을 전제로 한 공학, 즉 인간과 자연이 함께 살아갈 수 있도록 환경을 물리적으로 개선하는 일. 그런 엔지니어링 말이에요. 말하자면, 그 청년은 자연과 사회, 그리고 지역을 잇는 다리 같은 사람이었어요. 뭔가 교과

서에 나올 법한 정의 같지만, 그날 만난 그 사람 덕분에 '시민 엔지니어링'이라는 단어가 새롭게 다가왔어요.

» 북방의 천사, 바람 앞에 선 강철 천사

혹시 "북방의 천사"라고 들어보셨어요? 정식 명칭은 없지만, 대부분 그렇게 불러요. 앤서니 곰리(Anthony Gormley)라는 영국의 유명한 조각가가 만든 작품인데요, 정말 거대한 강철 조각상이에요. 키가 20미터, 양팔처럼 벌린 날개 길이는 무려 50미터나 되죠. 진짜 어마어마한 크기죠?

이 천사는 잉글랜드 북부, 뉴캐슬과 더럼 사이, 게이츠헤드라는 도시에 서 있어요. 에든버러로 향하는 고속도로를 타고 가다 보면 누구나 한 번쯤은 눈길을 주게 되는 작품이에요. 쇳덩이 하나로 이루어진 듯

보이지만, 그냥 조형물이 아니라 강한 메시지를 담고 있는 존재예요.

이게 만들어진 게 1990년대 중반쯤이에요. 당시 게이츠헤드는 경기 침체로 어려움을 겪고 있었어요. 그래서 시 당국이 지역을 살려보겠다고 공공미술 프로젝트를 시작한 거예요. 지역 주민들과는 갈등도 많았대요. "이런 걸 왜 세워야 하냐, 돈 낭비 아니냐?"라는 반대도 거셌고요. 그래도 시는 포기하지 않고 사람들과 끊임없이 대화하고 설득하면서 프로젝트를 밀고 나갔어요. 그리고 마침내, 1994년 앤서니 곰리가 이 북방의 천사를 완성하게 된 거죠.

지금은요, 이 천사를 보려고 일부러 그곳을 들르는 사람들도 많아요. 그냥 "멋지다" 하는 감탄을 넘어서, 뭔가 묵직한 감정을 건드리는 그런 존재랄까요. 언덕 위에 굳건히 서서 매서운 바람과 비, 눈보라를 다 맞으며 서 있는 저 강철 조각상을 보면요, '인간의 위대함'보다는 오히려 '우리가 뭔가 할 수 있을지도 모른다'라는 희망 같은 걸 느끼게 되는

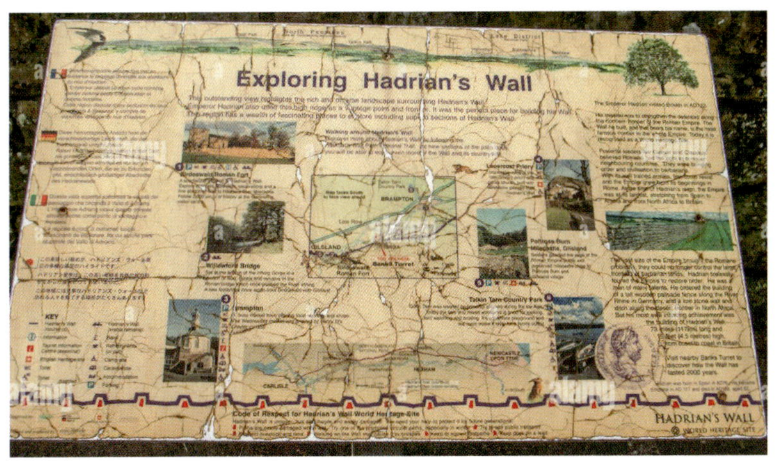

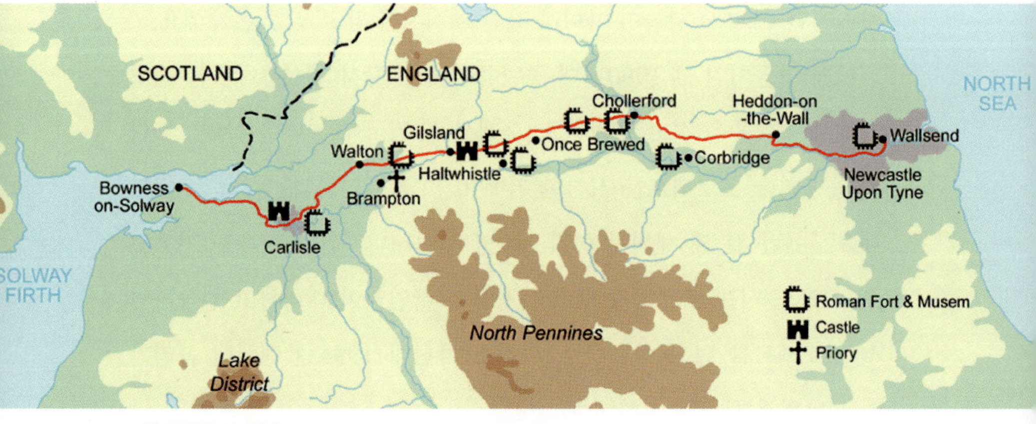

하드리아누스 경계

거예요.

그런데 이 천사가 서 있는 장소 자체도 되게 역사적인 의미가 있어요. 아세요? 로마 시대 이야기인데요. 기원전 5세기경, 유럽에서 건너온 켈트족이 브리튼 섬에 살고 있었거든요. 그러다 서기 43년에 로마군이 침입해서 400년 동안, 이 땅을 지배했어요. 그 당시 로마 황제였던 하드리아누스가 북쪽, 스코틀랜드 쪽 사람들의 공격을 막기 위해 성벽을 쌓았어요. 그게 바로 '하드리아누스 성벽'이죠.

이 성벽의 길이가 약 118km나 되었고, 원래는 높이도 56미터쯤 됐대요. 지금은 거의 다 무너지고 12미터 정도만 남아 있지만요. 이 성벽은 결국 잉글랜드와 스코틀랜드를 나누는 경계가 되었고요, 그 동쪽 끝 어딘가에 바로 북방의 천사가 서 있는 거예요.

뉴캐슬이라는 도시도 원래 이 성벽을 중심으로 로마군이 세운 성채 도시였다고 해요. 그러고 보면, 북방의 천사는 단순한 예술 조각이 아니라, 오랜 세월을 지나며 경계와 충돌, 그리고 공존의 상징이 되어온 이 땅 위에 서 있는 어떤 수호신 같은 존재일지도 몰라요.

저는 그런 생각이 들더라고요. 이 천사는 단지 예술작품이 아니라, 잉글랜드와 스코틀랜드, 그리고 그 사이에 있는 수많은 역사와 사람들의 마음을 지켜보며 평화를 기원하고 있는 건 아닐까 하고요. 북방의 천사에 대한 자세한 이야기를 뒤에서 다시 다루어 볼게요.

» 발레리 제과점, 찻잔 받침의 익살스러움

에든버러를 걷다 보면요, 참 마음이 포근해질 때가 있어요. 특히 주택가 골목을 지나갈 때요. 창문 아래에 가지런히 놓인 화단을 보면, 그 집 주인이 얼마나 소박하고 정갈한 사람인지 그냥 느껴져요. 작은 꽃들이 가지런히 놓여 있는데, 마치 "어서 와요" 하며 말을 거는 것 같기도 해요.

밤이 되면 또 다른 에든버러가 시작돼요. 이층 버스를 타고 시내를 도는 '호러 나이트 버스'라는 게 있거든요. 말 그대로 밤에 유령 이야기, 무서운 전설 같은 걸 들려주면서 에든버러 곳곳을 도는 버스인데요, 은근히 인기 많아요. 무섭긴 한데 또 재밌어서 한 번쯤

발레리 제과점

타볼 만해요.

그리고 제가 정말 인상 깊었던 곳이 하나 있어요. 아주 오래된 제과점인데요, 간판부터 분위기가 클래식해요. 무려 1926년에 문을 연 곳이래요. 수제 케이크랑 페이스트리로 유명해서, 현지 사람들뿐만 아니라 관광객들도 꼭 한 번 들러보는 곳이죠.

그 제과점에서 애프터눈 티를 시켰더니, 찻잔 받침이 너무 귀엽고 웃긴 거예요. 받침에 그려진 그림이 마치 한 쌍의 부부가 나란히 침대에 누워 자는 모습인데, 남편은 등을 돌리고 자는 모습이에요. 그게 어찌나 익살스럽고 현실적인지, 보는 순간 웃음이 났어요. 그런 작은 유머까지도 이 도시가 얼마나 따뜻한지를 느끼게 해주더라고요.

» 커뮤니티 트러스터, 안윅의 기억 창고

안윅(Alnwick)이라는 작은 마을에 갔을 때예요. 거기엔 정말 귀엽고 아담한 박물관이 하나 있더라고요. 이름이 '배일리프게이트 뮤지엄(Bailiffgate Museum)'인데, 해리포터 촬영지로 유명한 안윅 캐슬 바로 옆에 붙어 있어요. 처음엔 "어? 이렇게 작은 데도 박물관이 있어?" 싶었는데, 막상 들어가 보니 참 알차고 정겨운 공간이었어요.

이 박물관은 안윅과 노섬벌랜드 북부 지역의 역사를 다루고 있어요. 단순히 옛날 유물을 전시하는 게 아니라, 지역의 유산을 어떻게 잘 보존하고, 또 미래 세대에게 어떻게 전달할지에 대한 고민이 곳곳에 묻어났죠. 말하자면, '에코뮤지엄'이 추구하는 방향이랑 참 닮아 있었어

안윅

안윅의 커뮤니티 트러스트 안내판

요. 지역 자원을 지역민이 함께 해석하고, 활용하고, 또 거기에서 삶의 의미를 되새긴다는 점에서요.

이곳도 그런 의미에서 커뮤니티 기반으로 움직이고 있더라고요. 스코틀랜드에 있는 '스웨즈 커뮤니티 트러스트'처럼, 이곳도 시민들이 자발적으로 참여하고 기부하며 유지되는 구조예요. 영국은 내셔널 트러스트로도 유명하잖아요. 그런데 이런 '커뮤니티 트러스트'라는 말, 이름부터 너무 따뜻하고 좋지 않아요? 지역 사람들의 손으로 지켜내는 유산이라니, 생각만 해도 마음이 뭉클해요.

뮤지엄 안에는 예전 조상들이 쓰던 물건들이 놓여 있고, 그 시절 교실을 재현한 공간도 있어요. 그런데 더 인상 깊었던 건요—그 교실 안에 진짜 어르신들이 모여서 노래 연습을 하는 거예요! "뿌쁘 뿌쁘 뿌쁘 쁘쁘쁘~" 하면서요. 처음엔 깜짝 놀랐는데, 눈이 마주치자, 미소도 지어주시더라고요. 관계자분께 물어보니까, 예전에 동네 학교에서 부르던 노래를 함께 연습하고 있는 거라고 하더라고요. 매주 한 번씩 모여서 하는 거라고요.

그 모습이 참 인상 깊었어요. 그냥 연습을 넘어서, 그 공간에서 함께 노래를 부르며 옛 시절을 떠올리고, 다시 그 시절의 따뜻함을 느끼는 것 같았어요. 단순한 박물관 이상의 공간이었죠. 지역이 가진 기억과 추억이 사람들 속에서 살아 움직이고 있다는 게 참 아름다웠어요.

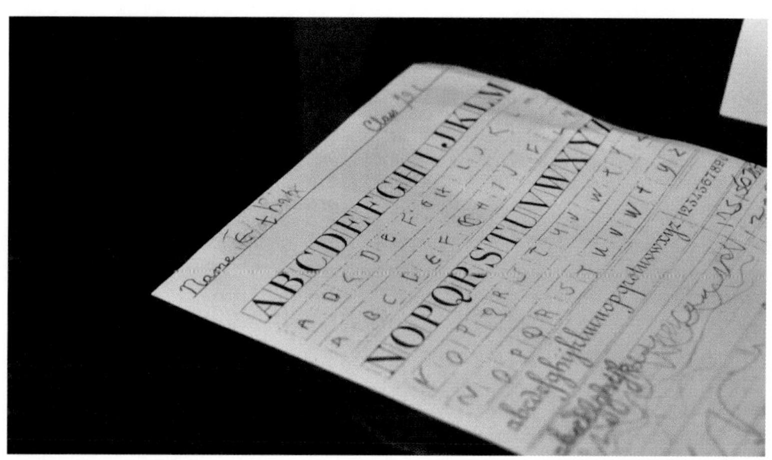

악보

한 천사가 일으킨 변화

앤서니 곰리의 북방의 천사

"혹시 '북방의 천사(Angel of the North)'라는 작품 들어보신 적 있으세요?"

"음, 이름은 들어본 것 같은데요. 정확히는 잘 모르겠네요. 어디에 있는 건가요?"

"영국 북동부, 뉴캐슬과 더럼 사이의 고속도로 입구 언덕에 우뚝 서 있는 거대한 조각상이랍니다. 무게만 해도 200톤이 넘고, 높이는 약 20미터, 양팔을 벌린 날개 길이는 무려 50미터나 된다고 해요."

"와, 정말 어마어마하네요. 누가 만든 건가요?"

"앤서니 곰리(Anthony Gormley)라는 조각가가 만든 작품이에요. 그는 인간의 몸을 매개로 인간과 공간, 그리고 영혼의 소통을 탐구하는 작가로 유명하죠. 이 '북방의 천사'도 단순한 조형물이 아니라, 지역과 사람들을 연결하는 상징적인 존재로 기획된 작품이에요."

"그 정도로 의미 있는 작품이면 지역 주민들도 처음부터 좋아했겠네요?"

북방의 천사

"의외로 그렇지 않았어요. 초반에는 지역 주민들의 반응이 굉장히 부정적이었죠. 어느 날 갑자기 동네 언덕 위에 커다란 쇳덩어리를 세우겠다는 얘기를 들었을 때, 쉽게 받아들일 수 없었던 거예요. 게다가 당시에는 공공미술이라는 개념도 낯설었고, 사업비도 약 16억 원이 들었으니 당연히 반발이 컸죠."

"그 정도면 반대할 만도 하네요."

"맞습니다. TV 수신 방해, 비행기 운항에 영향을 줄 수 있다는 걱정, 그린벨트 훼손 우려 등 여러 가지 불안이 제기되었어요. 심지어는 조각상이 운전자들의 시선을 끌어 사고가 날 수도 있고, 벼락을 맞을 수도 있다는 말까지 나왔을 정도예요."

"그런데 결국 그 작품이 세워졌잖아요. 누군가는 주민들을 설득했겠

네요?”

“그렇죠. 시 당국은 끝까지 포기하지 않았고, 지속해서 주민들과 소통하며 설득을 이어나갔습니다. 외부 자본 유치의 필요성을 강조하고, 예산 집행도 투명하게 공개했어요. 곰리 작가 역시 정말 열심히 발로 뛰었답니다. 학교에 직접 찾아가 교장 선생님이나 교사, 학생들에게 설명하고, 지역 주민들을 대상으로 워크숍도 열고, 작품의 모형과 드로잉도 공개했죠.”

“정말 정성을 많이 들였네요. 주민들도 결국 마음을 열었겠어요?”

“네, 시간이 흐르면서 점차 인식이 바뀌었어요. 처음에는 ‘흉측한 쇳덩어리’라며 거부감이 심했지만, 점차 ‘천사의 날개’처럼 보이기 시작한 거죠. 지금은 그저 거대한 조형물이 아니라, 지역 주민들이 공론과 숙의를 통해 함께 결정한 하나의 상징으로 자리 잡았어요.”

“이 사례 정말 의미 있네요. 공공미술이 단순히 멋진 조형물을 넘어서, 지역 공동체가 함께 만들어낸 결과물일 수 있다는 거니까요.”

“맞습니다. 사실 이게 에코뮤지엄이 지향하는 핵심 가치이기도 해요. ‘유산-참여-활동’이 어우러지는 과정에서 지역의 문화 기반이 형성되는 거죠.”

“그런데 궁금한데요, 그렇게 많은 반대가 있었는데도 어떻게 결국 세울 수 있었던 걸까요?”

“그건 시 당국과 작가, 그리고 지역 사회의 끈질긴 소통 덕분이에요. 당시 주민 설문조사에서도 무려 80%가 반대했다고 하니까요. 하지만 그 과정을 포기하지 않고, 지속해서 설명하고 참여를 유도했어요.”

"작가인 곰리는 구체적으로 어떤 노력을 했나요?"

"그가 보여준 태도가 정말 인상 깊었어요. 자신의 예술을 일방적으로 주장하지 않고, 주민들의 우려에 진심으로 귀 기울였죠. 특히 지역의 교장 선생님, 미술 교사, 학생들과 직접 대화하며 조각을 세우는 이유와 지역에 어떤 의미가 있는지를 정성껏 설명했어요."

"아이들에게 먼저 다가갔다는 점이 흥미롭네요."

"그렇죠. 아이들은 미래의 시민이기도 하고, 예술의 의미를 순수하게 받아들일 수 있는 감수성이 있으니까요. 아이들의 반응이 긍정적이니, 어른들도 자연스럽게 태도를 바꾸기 시작했죠. 게다가 시에서도 예산 운용을 투명하게 공개하고, 외부 자금으로 추진하겠다는 입장을 계속해서 밝혔으니, 신뢰가 쌓일 수 있었던 거예요."

"결국 '천사'가 주민들의 마음속에도 진짜 천사로 자리 잡은 셈이네요."

"그렇습니다. 처음엔 그저 커다란 쇳덩이에 불과했지만, 이제는 지역을 지켜주는 수호천사처럼 여겨지기도 해요. 어떤 주민은 '우리 동네를 지켜주는 존재 같다'라고 말했고, 또 어떤 사람은 '우리가 나아가야 할 방향을 바라보고 있는 것 같다'라고도 했답니다."

"예술이 단순히 감상용이 아니라, 실제로 지역 문화의 뿌리가 될 수 있다는 점을 잘 보여주는 사례 같아요."

"맞아요. 그래서 이 사례는 공공미술을 넘어서, 에코뮤지엄이라는 개념과도 깊이 연결돼 있어요. 에코뮤지엄은 단순한 전시 공간이 아니라, 지역의 유산을 보존하면서 주민들의 참여와 활동을 통해 그 유산이 계속 살아 숨 쉬도록 만드는 거거든요. '북방의 천사'는 그 과정을

충실히 실천한 대표적인 예라 할 수 있어요."

"결국 '유산-참여-활동', 이 세 가지가 함께 작동해야 진짜 의미가 생긴다는 거군요."

"맞습니다. 특히 이 사례를 보면 '공론'과 '숙의'가 얼마나 중요한지도 알 수 있어요. 주민들이 이해할 수 있도록 설명하고, 토론하고, 의견을 조율하면서, 결국 모두가 함께 만든 상징물이 되었으니까요. 단순한 조형물 하나가 아니라, 지역 주민들이 함께 결정하고 참여한 하나의 역사적 순간이었죠."

"이 조각상은 그 지역이 '변화'와 '정체성'을 고민한 결과물이기도 하네요."

"정확히 보셨어요. 어쩌면 이 조각상은 지역 주민들에게 하나의 '거

울' 같은 존재일지도 몰라요. 우리가 어떤 곳에 살고 있으며, 어떤 문화를 함께 만들어갈지 스스로에게 질문을 던지게 해주니까요."

"이런 시도, 한국에서도 충분히 가능하겠죠?"

"물론입니다. 중요한 건 단지 조형물을 세우는 것이 아니라, 그것이 만들어지는 과정에서 얼마나 많은 사람들이 함께 대화하고 참여했는가예요. 결국 에코뮤지엄이라는 개념도 '장소'보다 그 안에서 이뤄지는 '이야기'와 '사람 간의 관계'가 핵심이니까요."

두 명가의 콜라보

잉글랜드 맨체스터와 로치데일

» 지역이 유산이다

맨체스터 하면 뭐가 먼저 떠오르세요? 저는 두 가지가 생각나더라고요. 하나는 영국 산업혁명의 심장 같은 도시였다는 사실, 또 하나는… 바로 박지성 선수가 뛰었던 맨체스터 유나이티드 FC죠. 그런데 이 도시 근처에 '로치데일'이라는 조용한 소도시가 있어요. 인구는 10만 명 정도? 맨체스터에서 전철을 타면 20분이면 닿는 곳인데요, 가는 길이 참 인상적이었어요.

노란색 전철이에요. 전철 외관이 환한 노란색이라 그런지 기분이 상쾌해지는 느낌이 들더라고요. 플랫폼도 약간 곡선 형태라 전철이 스르륵 미끄러지듯 들어오는데, 마치 도시와 조화를 이루는 장면처럼 느껴졌어요. 전철 창밖으로는 드넓은 들판이 펼쳐지는데, 그 풍경을 감상하고 있으면 금세 도착합니다. 종착역, 로치데일역이에요.

〈Heritage Locally〉

사실 이 도시는 그 자체보다도 '협동조합의 발상지'로 더 유명하죠. 그런 배경 때문일까요, 거리를 걷는 기분도 묘하게 유쾌했어요. 오래되어 보이는 간판 하나가 눈에 띄었는데, 〈지역적 유산(Heritage Locally)〉이라는 문구가 적혀 있었어요. 보통 '헤리티지' 하면 국가 단위 프로젝트를 떠올리잖아요? 그런데 여긴 지역 차원에서 유산을 강조하고 있어서, 그 자체가 무척 신선하게 느껴졌어요.

특히 로치데일이라는 도시가 산업혁명의 상징이었던 자본주의에 맞서서, 노동자 중심의 협동조합을 만들고 지금까지도 그 가치를 유지하고 있다는 사실이 마음을 끌었죠. 그래서인지 단순한 안내판조차도 특별하게 보였고, 거리의 간판과 시설물 하나하나에도 의미가 담긴 것처럼 느껴졌어요.

예를 들어서요, 푸드뱅크 앞 리어카에는 꽃으로 예쁘게 장식이 되어 있었고, 그 옆에는 협동조합의 가치가 적혀 있었죠. 또, '주차 금지'라는 딱딱한 표지판 대신, 귀여운 빨간색 자동차 모양의 시설물이 그 역할을 대신하고 있었어요. 이런 작은 디테일들이 참 인상적이었어요.

그런 걸 보면서 문득 이런 생각이 들었어요. "지역유산이라는 게 거창한 무언가일 필요가 있을까?" 오히려 이곳 사람들의 일상이 유산이 되는 게 아닐까? 그들의 삶이 진짜로 구현되는 공간이라면, 그것만으로도 충분히 의미 있지 않을까? 그런 점에서 '에코뮤지엄'이라는 개념이 떠오르더라고요. 유산과 참여, 활동을 지역민이 주체적으로 만들어 가는 개념, 참 닮았다고 느꼈어요.

그렇게 로치데일을 돌아본 뒤, 다시 맨체스터로 향했죠. 그리고 찾은 곳이 바로 '맨체스터 과학산업 뮤지엄(Museum of Science & Industry)' 이에요. 이곳은 영국, 아니 산업혁명 그 자체를 상징하는 공간이죠.

뮤지엄에 들어서자마자 눈에 띈 건, 인포메이션 앞에 무리 지어 앉아 있는 아이들이었어요. 초등학생쯤 되어 보였는데, 누군가 발표를 하고 있더라고요. 발표하는 여성분 뒤에는 커다란 멀티 스크린이 있었고요. 그걸 배경 삼아, 영국 산업혁명에 대한 설명이 이어졌죠.

아이들이 발표자 입술, 손짓 하나까지 집중해서 듣고 있는 모습이 참 인상 깊었어요. 거의 한 시간 넘게 이어진 설명이었는데, 지루할 수도 있었을 텐데요… 자신의 나라, 자신의 역사 이야기를 들으니 그게 남다르게 다가오는 걸까요? "이 아이들은 과연 산업혁명을 어떻게 느낄까?" "영국이 세계에 미친 영향에 대해 어떤 생각을 할까?" 이런저런 상상이 스쳤어요.

전시관 안에는 면방직 관련 기계들이 줄지어 있었고, 1769년에 만들어진 아크라이트 수력 방적기도 문화유산으로서 당당히 전시돼 있었어요. 이 박물관의 위치도 특별한데요, 원래는 리버풀 로드 기차역이 있던 자리였어요. 1975년에 역이 문을 닫고 나서 맨체스터 시의회가 이 부지를 매입했고, 1983년 9월 15일—리버풀과 맨체스터를 잇는 철도가 개통된 지 딱 153년 되는 날—박물관을 새롭게 열었답니다.

맨체스터

역사와 현재가 만나는 공간. 그리고 사람들이 그 유산을 직접 만나고, 해석하고, 기억하는 곳. 이런 곳이야말로 진짜 '살아 있는 유산'이 아닐까 싶었어요.

» 맨체스터 축구 뮤지엄

맨체스터 빅토리아역 근처에 가면 유리벽으로 된 멋진 빌딩 하나가 눈에 띄는데, 바로 거기가 영국 국립 축구 뮤지엄이야. 원래는 랭커셔 프레스턴(Preston)의 딥데일(Deepdale)에 있었는데, 2012년에 맨체스터로 이전했다고 하더라고. 건물 외관이 마치 바둑판처럼 네모난 유리 패널로 둘러싸여 있어서 멀리서 봐도 확 눈에 띄어.

재밌는 건, 맨체스터 시민은 입장료가 무료라는 거야. 하지만 일반 성인은 11파운드 정도 내야 해. 영국 사람들 축구 사랑은 정말 대단하잖아. 그걸 이렇게 뮤지엄으로까지 만들 정도면 말 다 했지. 축구가 그냥 스포츠가 아니라 거의 산업이라고 느껴질 정도야.

나도 영국 여행 중에 한 번 프리미어 리그 경기장에 가 본 적이 있었어. 그날이 1월이었는데, 날씨가 막 영하로 떨어지진 않았지만 그래도 축구 보기엔 썩 좋은 날씨는 아니었거든. 그런데 경기 끝나고 나오는 사람들 규모에 정말 놀랐어. 진짜 장난 아니더라.

그리고 경기장 옆에 있는 축구 숍도 구경했는데, 그게 또 얼마나 재밌던지. 선수 유니폼부터 축구 관련된 온갖 기념품이 다 있었어. 어린 아이부터 어른까지 다들 뭔가 하나씩 들고나오는 걸 보면, 정말 축구가 삶의 일부라는 게 느껴졌지.

들리는 얘기로는, 어떤 유명 선수는 그 유니폼 판매 수익만 해도 연봉 수준이라고 하더라니까. 와, 진짜 이 나라 사람들 축구 얼마나 사랑하는지 알겠더라고.

경기 끝나고 돌아가려고 언더그라운드(지하철)를 탔는데, 이야… 이건 뭐… 경찰이 나와서 줄 세울 정도로 사람들이 많았어. 나도 어쩌다 그 시간대랑 겹치는 바람에 한 시간 넘게 줄 서 있었고, 전철에 탔을 때 소음이 어마어마했지. 아마도 홈팀이 이긴 날이었나 봐.

어떤 사람이 갑자기 전철 지붕을 손바닥으로 치면서 응원가를 부르기 시작하더니, 진철 안 사람들이 다 같이 따라 부르는 거야! 분위기 완전 폭발이었지. 뭐랄까, 축구에 대한 열정이 진짜 핏속에 흐르는 느낌이랄까?

영국이 축구 종주국이라고 하잖아. 그러니까 이 정도로 많은 이야깃거리를 가진 나라에 국립 축구 뮤지엄이 있는 건 당연한 일일지도 몰라. 나도 그게 좀 부럽더라고. 이렇게 하나의 스포츠를 문화와 역사로 묶어서 담아낸다는 거 자체가 멋지지 않아?

로치데일

» 오웬의 꿈과 로치데일

우리가 협동조합이나 사회적경제에 관해 공부하다 보면 꼭 한 번은 마주치게 되는 이름이 있어요. 바로 로버트 오웬, 18세기 말에 태어나 19세기 중반까지 살았던 인물이죠. 사실 저는 그 이름을 처음 들었을 때는 그냥 사상가 중 하나겠거니 했는데, 알고 보면 대단한 인물이에요. 공동체 운동, 협동조합 운동의 거의 창시자라고 해도 과언이 아니니까요.

이 로버트 오웬의 흔적을 고스란히 느낄 수 있는 곳이 있어요. 바로 맨체스터 지역에 있는 도시, 로치데일이죠. 우리가 직접 찾았던 로치데일

파이오니어 뮤지엄이 그 장소였어요. 뮤지엄에 들어서자마자 '아, 이게 바로 오웬의 정신이 살아 있는 곳이구나' 하는 느낌이 들더라고요.

오웬은 원래 방적공장을 운영하던 사람이었어요. 뉴라나크라는 곳에 방적공장을 운영하면서 노동자와 그 자녀들을 위한 유치원, 초등학교, 야간학교까지 만들었죠. 그 당시엔 하루 17시간 노동이 기본이었는데, 그는 과감히 10시간 반으로 줄였어요. 그리고 10세 이하 아이들의 노동도 금지했고요. 지금 생각해도 너무 앞선 결정이에요.

오웬은 노동자 복지를 강화하면 오히려 생산성이 올라간다고 생각했어요. 무조건 채찍질해서 일 시킨다고 일이 잘 되는 게 아니라는 거죠. 그래서 그는 공장에 자주관리제도를 도입하려고 애썼고, 노동자들이 값싸게 생필품을 살 수 있는 가게도 만들었어요. 이런 생각과 시도가 너무 혁신적이어서, 당시 유럽 각국에서 수만 명이 견학을 왔을 정도라고 하네요.

그의 꿈은 단순히 공장을 잘 운영하는 걸 넘어서 있었어요. 그는 미국 인디애나로 건너가서 '뉴 하모니'라는 자급자족 공동체를 만들려고 했거든요. 무려 8천 헥타르나 되는 땅을 사서요! 하지만 안타깝게도 그 실험은 2년도 채 되지 않아 실패했죠. 그래도 그의 이상은 사라지지 않았어요.

그의 뜻을 이어받은 사람들이 있었거든요. 이른바 오웬주의자들이죠. 1830년대에 접어들면서, 영국 전역에 무려 300개가 넘는 협동조합이 생겨났어요. 그들 중에 윌리엄 톰프슨과 윌리엄 킹 같은 인물은 특히 자주 관리와 노동자의 주체성을 강조했어요. 노동자들이 직접 출자

해서 회사를 만들고, 스스로 운영위원회를 구성해 운영해야 한다고 믿었죠. 이런 생각들이 모여 탄생한 협동조합이 바로 로치데일 협동조합이에요.

우리가 갔던 그 로치데일 파이오니어 뮤지엄은 그 협동조합이 처음 문을 열었던 자리에 세워진 거예요. 공식 명칭은 "로치데일 공정한 선구자 협회(Rochdale Equitable Pioneers Society)"였고요. 1844년 12월, 28명의 노동자가 1년 동안 1주일에 2펜스씩 모아서 만든 1파운드를 출자해 아주 소박한 점포를 열었어요. 그 점포에선 밀가루, 설탕, 버터, 양초 정도의 생필품만 팔았다고 해요. 야간에 일주일에 세 번만 문 여는 가게였지만, 그 점포가 오늘날 전 세계 협동조합의 원조가 되었다니… 정말 놀랍지 않나요?

사실 그들이 협동조합을 시작할 당시, 사회 분위기는 매우 암울했어요. 산업혁명 덕분에 겉보기엔 번영처럼 보였지만, 실상은 노동자들의 삶이 너무나 열악했거든요. 당시 맨체스터의 방적공장은 세계 최초로 증기기관을 이용한 대형 공장이었고, 노동자들은 말 그대로 착취당했어요. 노동자 합숙소 '천사의 초원'은 엥겔스*가 말하길 "지상의 생지옥"이었을 정도였어요. 그 와중에 1819년 피털루 학살 사건도 있었죠. 노동자들의 평화 시위에 기병대가 투입돼 무려 15명이 숨지고 600명이 넘게 다쳤어요. 그런 억압적인 상황 속에서 새로운 사회적 대안이 필요했고, 협동조합 운동이 그 틈새를 메운 거죠.

뮤지엄에 도착했을 때 우리를 따뜻하게 맞아준 분이 있었어요. 바

---

* 프리드리히 엥겔스(Friedrich Engels, 1820 – 1895)는 독일 출신의 철학자이자 사회운동가이다. 카를 마르크스와 함께 공산주의 이론을 만든 사람으로 잘 알려져 있다. 두 사람은 친구이자 동지였고, 《공산당 선언》(1848)을 함께 썼다.

로 리즈 맥클버(Liz Mclvor)라는 분인데, 명찰에 적힌 이름이 '협동조합 유산 신탁(Co-operative Heritage Trust)', 즉 협동조합 유산 신탁이에요. 이곳은 협동조합 운동의 역사를 보존하고, 다음 세대에게 전하는 역할을 한다고 하더라고요. 그녀는 우리가 협동조합의 정신을 직접 느끼고, 로치데일의 기억을 체험할 수 있도록 열정적으로 설명해 줬어요.

이런 경험을 하고 나니 '왜 우리는 이런 역사와 정신을 모르고 살았을까?' 하는 생각이 절로 들었어요. 단순히 경제를 넘어서, 공동체와 사람에 대한 애정과 신뢰가 느껴지는 순간이었어요. 협동조합이란 단어가 조금은 다르게 들리는 하루였죠. 그리고 자신들의 이야기를 박물관으로 만들었다는 것도 매우 흥미진진했어요. 로치데일뮤지엄에 대한 자세한 이야기는 뒤에서 다시 만나요.

사람과 공간을 품은 도시, 맨체스터

맨체스터 과학산업박물관

» 산업혁명의 도시, 맨체스터를 만나다

"영국이라고 하면 선생님은 가장 먼저 어떤 단어가 떠오르세요?"

"음… 로열 패밀리라든가 셰익스피어, 아니면 해리 포터 같은 게 생각나네요."

"다 멋진 답변이에요. 그런데 교육적으로는 뭐니 뭐니 해도 '산업혁명'이 가장 널리 알려져 있죠. 전 세계 학생들이 학교에서 배우는 주제이기도 하잖아요. 그리고 그 산업혁명의 중심에 있었던 도시가 바로 맨체스터입니다."

"아, 맨체스터요? 저는 축구 도시로만 알고 있었는데, 산업혁명의 심장이라니 정말 의외네요."

"그렇죠? 그래서인지 맨체스터에는 '맨체스터 과학산업박물관'이라는 아주 특별한 박물관이 있어요. 그야말로 과거 산업의 영광을 현재의 유산으로 엮어낸 공간이죠."

"오, 흥미롭네요. 그 박물관에서는 주로 어떤 것들을 볼 수 있나요?"

"박물관에 들어서면 가장 먼저 아이들이 바닥에 둘러앉아 있고, 그 앞에서 선생님이 프레젠테이션을 진행하고 계세요. 뒤편에는 커다란 파노라마 화면이 펼쳐져 있고요. 그 화면에서는 맨체스터의 탄생부터 산업화 과정, 그리고 노동자들의 삶까지 다큐멘터리처럼 이어지죠."

"아이들이 그걸 보면서 자신의 지역과 조상들의 이야기를 배우는 거군요. 왠지 가슴 뭉클할 것 같아요."

"맞아요. 시간이 짧은데도 불구하고 아이들의 집중력이 정말 대단해요. 지역에 대한 자긍심을 심어주기에 딱 알맞은 교육 공간이죠."

"박물관의 관장님도 뭔가 철학이 있으시겠어요."

맨체스터과학산업박물관

"물론이죠. 2019년 당시 관장이었던 샐리 맥도널드라는 분은 이렇게 말씀하셨어요. '우리는 세계사에서 아주 중요한 도시입니다. 세계 최초의 산업 도시였고, 도시화의 도전을 가장 먼저 겪은 곳이죠. 지금은 그래핀 같은 첨단 소재를 통해 미래를 만들어가고 있어요.'"

"그래핀이라면… 수정체 같은 건가요?"

"조금 다르죠. 그래핀은 아주 얇지만, 강도가 높고, 전도성이 뛰어난 신소재예요. 스마트 의류나 의료기기, 건축 자재 등 다양한 곳에 활용되고 있어요. 이게 맨체스터대학교에서 처음 추출됐거든요."

"와, 정말 과거와 현재, 미래가 자연스럽게 이어져 있는 도시네요."

"정확해요. 그리고 그 중심에는 언제나 사람이 있었죠. 샐리 관장님이 이런 말씀도 하셨어요. '세상을 바꾼 혁신은 실험실보다는 공장과 가정, 일상을 살아가는 사람들의 손에서 나왔습니다.' 바로 그 이야기

를 박물관에서 직접 경험할 수 있게 구성해 놓은 거예요.”

“정말 멋지네요. 그런데 왜 하필 맨체스터였을까요? 양모 산지도 아니었잖아요.”

“좋은 질문이에요. 사실 맨체스터는 처음엔 경쟁력이 없던 도시였어요. 그런데 미국에서 면화가 대량으로 생산되기 시작하면서 상황이 바뀌었죠. 면화가 리버풀 항을 통해 수입되면, 하천이 많은 맨체스터는 가공하기에 유리했고요. 근처에 석탄도 풍부했어요. 게다가 제임스 하그리브스의 방적기처럼 혁신적인 기술이 더해지면서 산업 도시로서의 기반이 완성됐죠.”

“정말 완벽한 조건들이 모였네요.”

“맞아요. 게다가 19세기 맨체스터는 ‘창고 도시’이기도 했어요. 거래가 활발해지면서 영국 전역의 상인들이 몰려들었고, 창고 건물들이 일종의 수출 보증 역할까지 했다고 해요."

"그럼, 지금의 박물관도 그런 역사적인 건물을 활용하고 있나요?"

"그렇습니다. 세계에서 가장 오래된 기차역과 창고가 복원되어 현재의 박물관 전시 공간으로 사용되고 있어요. 여전히 수압 크레인이나 호이스트 같은 산업유산도 그대로 남아 있어서, 정말 '살아 있는 역사'라는 말이 어울리는 곳이에요."

"진짜 그 시대로 시간 여행을 가는 느낌이겠어요."

"정확한 표현이네요. 창고 아래에는 로우어 캠필드 시장이 있고, 밖에는 데퍼드 발전소에서 가져온 거대한 기둥도 서 있어요. 도시 전체가 박물관이라고 해도 과언이 아닐 정도죠."

"전시관은 어떤 식으로 구성되어 있나요?"

"엔진관, 가스관, 방직 체험관, 우주과학관 등으로 나뉘어 있어요. 학년별로 박물관 교육자가 직접 맞춤형 수업을 해주시기도 하고요."

"우주과학관까지요? 과거의 산업 도시에서 미래를 상상하게 만든다니, 정말 대단하네요."

"그게 이 박물관의 가장 큰 매력이에요. 그리고 2007년부터는 '맨체스터 과학 페스티벌'도 열려요. 도시 전체가 9일 동안 하나의 거대한 과학 실험장이 되는 셈이죠."

» 과거와 미래가 공존하는 박물관

"아까 우주과학관 이야기를 들었을 때부터 계속 궁금했는데요, 정말 박물관 안에 우주 관련 전시가 있나요?"

"그럼요. 정말 신기하죠? 사실 이 박물관은 단순히 과거를 보여주는 공간이 아니라, 현재와 미래를 함께 보여주기 위해 기획된 곳이에요. 산업혁명의 유산 위에 최신 과학기술을 덧붙여 오늘날과 연결해 주는 거죠."

"전시관마다 주제가 다 다른가요?"

"네, 전시관은 총 네 개로 나뉘어 있어요. 가스관, 엔진관, 방직 체험관, 그리고 우주과학관까지 각각의 테마가 있고, 독립적이면서도 서로 유기적으로 연결돼 있답니다."

"저는 방직 체험관이 특히 재밌을 것 같아요. 혹시 직접 체험도 해볼 수 있는 건가요?"

"네, 맞아요. 실제로 실을 뽑고 짜는 과정을 눈으로 보고, 직접 만져보면서 배울 수 있어요. 단순히 '구경하는' 게 아니라 '참여하는' 공간이라는 점이 가장 큰 특징이에요. 아이들뿐만 아니라 어른들도 무척 흥미로워하신답니다."

"어른들도요?"

"네, 왜냐하면 이곳에서는 단순히 기계나 기술만을 설명하지 않거든요. 그 기술이 어떻게 사람들의 삶을 바꾸었는지를 이야기 중심으로 풀어가요. 그래서 훨씬 더 공감이 가고, 깊이 있는 체험이 되는 거죠."

"정말 현대적인 방식이네요. 교육 프로그램도 그런 철학이 반영돼 있나요?"

"그럼요. 박물관에서는 각 학년의 교육과정에 맞춰 맞춤형 프로그램을 운영하고 있어요. 특히 학교 선생님들과 박물관 교육자가 함께 협력해 수업을 설계한다는 점이 인상적이죠. 내용의 깊이나 체험의 질도 상당히 높답니다."

"교사와 박물관이 협업한다니 놀랍네요. 그러면 주입식 수업이 아니라, 현장에서 사고하는 방식의 수업이겠네요."

"정확하게 보셨어요. 아이들이 직접 눈으로 보고 손으로 만지면서, 자기 생각을 키워갈 수 있도록 설계되어 있어요. 그리고 박물관 안에서만 끝나는 것이 아니라, 밖에서도 다양한 활동이 펼쳐지죠. 대표적인 게 '맨체스터 과학 페스티벌'이에요."

"그건 어떤 행사인가요?"

"도시 전체가 하나의 실험실처럼 변하는 9일간의 과학 축제예요. 다양한 과학 체험과 전시, 워크숍 등이 도시 전역에서 펼쳐지죠. 이 박물관이 단지 건물 안에 머무르지 않고, 도시 전체를 교육의 장으로 확장하고 있다는 뜻이기도 해요."

"정말 멋지네요. 도시 전체가 박물관처럼 작동한다는 말이 실감나네요."

"그렇죠. 그래서 이 박물관은 '에코뮤지엄'적 성격을 가지고 있다고 말할 수 있어요. 공간을 넘어 공동체 전체를 아우르는 교육적 플랫폼인 셈이죠."

"에코뮤지엄이라고 하면 자연과 생태만을 다루는 줄 알았는데, 도시 유산도 포함이 되나 보군요?"

"네, 맞아요. 원래 에코뮤지엄은 지역의 자연과 문화유산 전체를 살아 있는 박물관으로 바라보는 개념이에요. 맨체스터 과학산업박물관은 이 철학을 도시 산업유산에 적용한 대표적인 사례라고 볼 수 있어요."

"산업과 과학, 공동체와 교육, 과거와 미래까지… 정말 다양한 차원
이 녹아 있는 공간이네요."

"네, 바로 그 점이 이 박물관의 가장 큰 매력이자 존재 이유예요. 단
순히 과거를 보존하는 것이 아니라, 그 유산을 바탕으로 현재를 살아
가고 미래를 상상하게 만드는 곳이니까요."

» 도시 전체가 박물관이 되는 순간, 에코뮤지엄적 전환

"아까 '에코뮤지엄' 이야기를 다시 듣고 나니, 맨체스터 과학산업박
물관은 정말 도시 전체가 박물관처럼 느껴지네요."

"그렇죠. 보통 우리는 박물관이라고 하면 울퉁불퉁한 벽에 유리 진
열장 속 유물을 떠올리기 마련인데요, 이곳은 그 틀을 완전히 깨버렸
어요."

"틀을 깼다니, 어떤 방식으로 그런가요?"

"맨체스터 과학산업박물관은 단순히 전시물을 놓는 공간이 아니라,
그 도시의 역사적 장소 자체를 박물관으로 삼았어요. 실제로 세계에서
가장 오래된 기차역이나 19세기 창고 건물, 심지어 옛 발전소의 기둥
까지 그대로 보존해 활용하고 있거든요."

"와, 그렇다면 단순히 전시물을 보는 것이 아니라, 그 공간 자체가
전시물이 되는 셈이네요."

"맞아요. 예를 들어, 박물관 외부에 세워져 있는 기둥이 하나 있는데
요, 그것은 원래 데퍼드 발전소에서 가져온 거예요. 1880년대에 전기

공학자 페란티가 전력 시스템을 설계했던 곳이지요."

"그 기둥 하나만 보더라도 당시 산업화의 이야기가 느껴질 것 같아요."

"정확하게 보셨어요. 그 외에도 '로우어 캠필드 시장'이라는 장소도 여전히 보존돼 있는데요, 1882년에 지어진 시장으로, 지금도 당시의 철제 기둥 구조가 남아 있고 박물관 일부로 활용되고 있어요."

"이런 공간을 보존하고 활용하는 것이야말로 도시문화유산을 대하는 올바른 방식 같네요."

"게다가 이 공간들은 단지 '보존'에만 그치지 않고, '현재의 삶'과도 자연스럽게 연결돼 있어요. 예를 들어, 과거에 방직공장이 있었던 공간에서는 오늘날의 스마트 섬유를 전시하고, 엔진관에서는 아이들이 직접 증기기관의 원리를 체험해 볼 수 있게 되어 있지요."

"그렇다면 일반적인 '체험형 박물관'과는 어떤 차이가 있는 건가요?"

"좋은 질문이세요. 일반적인 체험형 박물관은 체험 자체가 목적일 때가 많아요. 하지만 이곳은 체험을 통해 '삶의 역사'를 읽고, '내가 사는 도시'가 어떤 맥락 위에 있는지를 깨닫게 하는 데 중점을 두지요. 단순한 '놀이'가 아니라, '시민으로서의 성찰'로 이어지는 체험인 거예요."

"그렇다면 이 박물관은 도시재생이나 교육정책과도 관련이 있는 건가요?"

"그럼요. 이 박물관은 단순한 전시 공간이 아니라 맨체스터 지역 사회를 위한 학습 플랫폼 역할도 하고 있어요. 학교 교육과 연계되기도 하고, 과학 페스티벌을 통해 도시 전체에 활기를 불어넣고 있으며, 시민들이 직접 참여하여 다양한 프로그램을 함께 만들어가고 있지요."

"정말 에코뮤지엄의 핵심 철학과 맞닿아 있네요. 전문가만을 위한 박물관이 아니라 시민 모두를 위한 박물관이라는 점에서요."

"맞습니다. 이제 박물관은 단순한 지식의 상징이 아니라, '함께 살아가는 공간'이자, 공동체의 기억과 미래를 이어주는 장소가 되고 있어요."

"이야기를 듣고 보니, 맨체스터 과학산업박물관은 단순한 박물관이 아니라 도시의 '심장' 같은 존재로 느껴지네요."

"정확한 표현이세요. 이 도시는 과거에도, 지금도, 그리고 앞으로도 사람과 기술, 이야기와 공간이 살아 숨 쉬는 '살아 있는 박물관'이에요."

모두의 가게에서 시작된 변화

로치데일 협동조합 박물관

"로치데일요? 어디에 있는 곳인가요?"

"맨체스터 근처예요. 박지성 선수가 뛰던 팀 기억나시죠? 거기서 전철로 약 40분 정도 가면 도착해요."

저희는 영국 겨울의 차분하고 목가적인 풍경을 지나 로치데일로 향하는 전철에 올랐습니다. 목적지는 바로 로치데일 파이오니어 뮤지엄이었죠. 요즘 영국 곳곳에서는 〈유산을 발견하다(Discover Heritage)〉라는 안내판을 자주 볼 수 있는데요, 지역 유산에 관한 관심이 참 높다는 걸 실감할 수 있었습니다.

"여기가 바로 산업혁명의 그림자 속에서 협동조합의 씨앗이 틔워진 곳이에요."

"로치데일은 산업혁명 당시 자본가 중심 사회에 반기를 들고, 노동자 중심의 사회를 꿈꿨던 마을이에요. 이들이 선택한 방식이 바로 '협동조합'이었고, 그 흐름은 오늘날 사회적 경제영역으로 이어지고 있죠."

로치데일은 이탈리아의 볼로 냐, 스페인의 몬드라곤과 함께 세 계적으로 잘 알려진 협동조합 도 시입니다. 특히 '로치데일 협동조 합'은 전 세계 협동조합 운동의 출발점으로 평가받을 만큼 중요 한 의미를 지니고 있습니다.

"모두가 함께 소유하고, 함께 운영하자."

로치데일뮤지엄 로고

1840년대, 28명의 노동자가 토 드 레인 31번가에 모였습니다. 극심한 가난과 불공정한 유통구조 속 에서, "우리끼리 양질의 음식을 싸게 나눠 먹자"라는 생각에서 시작된 것이었죠. 그렇게 해서 1844년 12월 21일, '로치데일 파이오니어즈 상 점'이 문을 열었습니다.

이 상점의 정식 명칭은 로치데일 공정한 선구자 협회(The Rochdale Society of Equitable Pioneers), 즉 '공정한 개척자들의 협회'였습니다. 왜 '개척자'였을까요? 새로운 사회를 꿈꾸며 스스로 주인이 되어가는 실험이었기 때문입니다.

이후 1863년에는 협동조합 도매협회가 결성되면서 점점 더 큰 운동 으로 발전해 갔습니다.

"이 건물은 단순한 박물관이 아니에요."

1931년부터 토드 레인의 건물은 '로치데일 파이오니어 뮤지엄'으

Historic England
Ecclesiastical
Irreplaceable:
A History of England
in 100 Places
The Rochdale Pioneers Museum
100
PLACES
Duncan Wilson
Historic England
Mark Hews
Ecclesiastical
September 2018

ROCHDALE PIONEERS
SOCIETY
Registered Office

로 운영되기 시작했습니다. 현재는 '협동조합 유산 신탁(Co-operative Heritage Trust)'이라는 이름으로, 로치데일 협동조합의 역사와 정신을 보존하고 있습니다.

입구 간판만 봐도 그 의미가 느껴졌습니다. 이들이 자신들의 삶의 이야기를, 하나의 자랑스러운 유산으로 삼고 있다는 인상이 강하게 다가왔습니다. 현재 이 박물관은 협동조합 관련 자료들을 디지털로 정리하며, 지역 사회와 함께 살아 숨 쉬는 생태계를 만들어가고 있습니다.

"협력, 그것이 곧 유산입니다."

"로치데일이 강조하는 핵심은 단 하나, 바로 '협력'이에요. 사람들은 협력할 때 위대한 일을 이뤄낼 수 있다고 믿습니다."

박물관을 운영하는 트러스트는 단순히 과거의 자료를 보관하는 데 그치지 않고, 협동조합의 가치와 미래를 함께 상상해 가고 있습니다. 협동의 정신은 과거에만 머물지 않고, 지금도 살아 있는 실천으로 이어지고 있기 때문입니다.

잉글랜드 최초의 에코뮤지엄, 플로든 1513

잉글랜드 브랜스턴

» 에코뮤지엄의 시작

플로든 1513 에코뮤지엄의 설립은 보더스와 노스 노섬벌랜드 지역 주민들이 중요하다고 생각하는 20개 이상의 제안을 바탕으로 시작되었어요. 그들은 그중 12개의 장소를 선정했는데, 그중 8개는 잉글랜드에, 4개는 스코틀랜드에 있어요.

이 장소들은 플로든 전투와 깊은 연관이 있는 곳들로, 전투 전후의 사건들을 잘 보여줍니다. 그리고 이 장소들은 오늘날 국경 지역의 문화와도 밀접하게 연결되어 있는데, 사실 현재의 국경 문화의 상당 부분이 1513년에 일어난 사건에서 뿌리를 두고 있어요.

» 잉글랜드 최초의 에코뮤지엄

플로든 전투는 1513년 9월 9일, 스코틀랜드의 제임스 4세와 영국의 서리 백작 토머스 하워드가 이끄는 군대 간의 대규모 전투였어요. 전투는 브랜스턴 언덕 기슭, 아마도 브랜스턴 마을 바로 남쪽에서 시작됐고, 늦은 오후부터 시작해 3시간 정도 이어졌습니다. 전투의 결과는 처참했죠. 제임스 4세와 그의 귀족들, 그리고 약 1만 명에 달하는 스코틀랜드 군사들이 전사했어요.

전투의 배경은 이렇습니다. 1513년 초여름, 헨리 8세가 프랑스를 침공하자 프랑스와의 동맹을 맺고 있던 스코틀랜드의 제임스 4세는 잉글랜드 북부를 침략하기로 결심합니다. 그는 에든버러에서 군을 모은 뒤, 8월 25일에 군대를 이끌고 트위드 강을 넘어 잉글랜드 땅에 발을 디뎠죠. 그 후, 동쪽과 서쪽의 성들을 차례로 점령하며 보급선과 국경을 장악해 나갔습니다. 제임스 4세는 플로든 힐에서 진지를 구축하며 준비를 마쳤습니다.

반면, 영국군은 서리 백작이 이끌고 있었습니다. 서리 백작은 제임스 4세의 침략에 대응하기 위해 군대를 모으고, 9월 1일에는 군대를 소집하여 대치를 준비했어요. 9월 6일에는 제임스 4세에게 마지막 통지를 보냈고, 그 결과 9월 9일에 두 군대가 맞붙게 된 거죠.

전투는 제임스 4세가 세운 견고한 방어 시설이 있었던 플로든 힐에서 시작됐습니다. 그곳은 밀필드 평원을 굽어보며, 중요한 도로와 경로를 통제할 수 있는 위치였죠. 그러나 영국군은 제임스 4세의 진지로의 공격을 시도하지 않고, 대신 스코틀랜드 군의 보급선을 차단하려 했습니다.

전투는 결국 약 3시간 만에 끝났고, 제임스 4세와 그의 군대는 큰 피해를 보았습니다. 전투 후, 스코틀랜드군은 급히 후퇴하며 혼란스러운

플로든

상황에 놓였고, 영국군은 그들을 추격해 대규모 약탈을 벌였죠. 전투의 사상자는 매우 많았고, 특히 스코틀랜드군의 주요 귀족들이 전장에서 사망했습니다.

오늘날, 플로든 전투의 기념비로 1910년에 세운 화강암 십자가가 있으며, '플로든을 기억하며' 프로젝트를 통해 전투 전장을 관리하고 산책로를 만들었습니다. 이 전투는 브랜스턴의 플로든 전장으로 등록되어 있으며, 전투의 역사적인 중요성을 기리기 위한 많은 노력이 이어지고 있습니다. 플로든 1513은 잉글랜드 최초의 에코뮤지엄으로 소개되고 있어요.

» 모이고 잇고 연결하다

플로든 에코뮤지엄 이야기를 들려줄게요. 이건 단순한 박물관이 아니에요. 우리가 흔히 떠올리는 건물 안에 전시물이 모여 있는 그런 박물관이 아니라, 전쟁이 벌어졌던 진짜 장소들—들판, 마을, 교회, 기념비 같은 것들이 전부 하나의 박물관처럼 연결되어 있는 거예요. 이걸 '분산형 유적지'라고 부르죠.

처음엔 2008년에 몇몇 지역 사람들이 소규모로 모였어요. 뭔가 특별한 걸 해보고 싶었던 거죠. "우리가 가진 역사를 우리 손으로 잘 지켜보자"라는 마음이 모였고, 이게 점점 커졌어요. 그렇게 '플로든 1513 커뮤니티'가 생겼고, 여기엔 지역 주민뿐 아니라 여러 단체가 함께했어요. 정말 다양한 사람들이죠—역사에 관심 있는 사람, 지역 학교, 교회, 심지어 농장 주인까지요.

그 모임들에서는 "우리가 직접 뭔가를 해보자"라는 목소리가 많이 나왔어요. 그래서 사람들은 '플로든 프로젝트'라는 이름으로 각자 할 수 있는 걸 하나씩 시작했죠. 예를 들면, 누군가는 옛 전투 현장을 안내하는 산책로를 만들고, 누군가는 지역 학교 아이들과 역사 연극을 준비했어요. 재미있고 의미 있는 프로젝트들이 정말 많았죠.

이런 움직임이 커지니까 유럽연합에서 LEADER*라는 기금도 받게 됐어요. 덕분에 프로젝트를 전담해서 관리해 주는 사람도 고용할 수 있었죠. 그 사람들이 큰 역할을 했어요. 아이디어가 흩어지지 않게 정

---

* LEADER 프로그램은 유럽연합(EU)이 1991년부터 추진하고 있는 농촌 개발 프로그램이다. LEADER는 "Liaisons Entre Actions de Development de l'Economie Rurale"의 약자로, 직역하면 "농촌 경제 발전을 위한 행동 연대"를 의미한다.

리해 주고, 여러 활동들을 서로 잘 연결해 줬거든요.

그러다 보니 어느 순간, "이게 진짜 에코뮤지엄이구나" 하는 자각이 생겼어요. 웹사이트를 보면 알 수 있어요. 정말 많은 프로젝트가 정리되어 있고, 참여한 사람들의 이름도 300명이 넘어요! 마을 사람들부터 역사 전문가까지 다 함께 만든 거죠.

재미있는 건, 각각의 장소가 전하는 이야기가 다 다르다는 거예요. 어떤 곳은 전쟁이 벌어진 들판이고, 어떤 곳은 그 전투를 기념하는 교회예요. 누군가는 그 전쟁에서 가족을 잃었고, 누군가는 그걸 극복하고 오늘의 마을을 지켜온 사람들의 이야기를 전하죠. 그런 이야기들이 모이고 연결되면서, 500년 전의 그 복잡한 사건이 입체적으로 살아나요.

결국, 이건 그냥 옛날이야기를 전하는 게 아니에요. 사람들이 모이고, 함께 이야기하고, 스스로 의미를 찾아가는 과정이에요. 그리고 그게 플로든 에코뮤지엄의 진짜 힘인 것 같아요.

» 다음 세대를 향한 메시지

에코뮤지엄을 보면 하나같이 공통점이 있어요. 각자 나름의 연결망이 있고, 다양한 이해관계자들과 네트워크를 만들고 있다는 거죠. 지역 단체나 전문가들과 협력해서 자금도 받고, 필요한 전문 지식도 끌어오는 식이에요. 그런데 그 방식은 다 똑같지 않아요. 각 지역의 유산이 다르고, 지역 주민들이 겪는 상황이나 정체성 문제도 다르니까, 자연스럽게 접근 방식도 제각각일 수밖에 없죠.

하지만 이런 활동들이 항상 순탄한 것만은 아니에요. 정치적인 변화, 예산 삭감, 사람들 교체 같은 일들이 자꾸 발생하거든요. 그럴 때마다 프로젝트가 흔들릴 수 있어요. 그러니 지역 사회가 적극적으로 나서지 않았다면, 과연 이런 에코뮤지엄들이 지금처럼 존재할 수 있었을까요?

예를 들어 플로든을 생각해 보죠. 플로든 500주년이 그렇게 널리 알려지고 많은 사람의 관심을 받은 건, 에코뮤지엄 덕분이었어요. 만약 지역 주민들과 단체들이 "이건 우리가 지켜야 할 중요한 역사다!"라고 나서지 않았더라면, 그저 조용히 지나가 버렸을지도 몰라요. 그리고 누가 알겠어요, 그 유산이 지금쯤은 잊혔을지도요.

대부분의 에코뮤지엄은 뚜렷한 필요성과 과제를 기반으로 출발해요. 플로든 에코뮤지엄도 마찬가지였죠. "우리가 이 사건을 기억하고, 다음 세대에게 전해야 해"라는 분명한 목적이 있었고, 그래서 진짜 의미 있는 일을 해낼 수 있었어요. 단순히 옛 전쟁터를 보여주는 게 아니라, 방문객들이 그 역사 속 의미를 제대로 이해하고, 지역의 자연과 문화까지도 함께 느낄 수 있게 해줬죠.

또한 소규모 관광을 통해 지역 경제에도 도움을 주고 있어요. 사람들을 불러들이는 것 자체가 마을에 활기를 주니까요. 이게 가능한 건, 무엇보다도 지역 주민들의 참여가 있었기 때문이에요. 그들이 "이건 우리 것이고, 우리가 지켜야 해"라고 느꼈기에 가능한 일이었죠.

네트워크의 힘도 중요했어요. 단지 마을 사람들끼리만 모인 게 아니라, 역사 전문가나 유산 관련 기관, 자금 지원자들과도 관계를 잘 맺었어요. 특히 유럽연합의 LEADER 기금 같은 건 정말 큰 힘이 되었고요.

이런 외부 지원도 있었지만, 결국 중심에는 강력하고 세심한 리더십이 있었어요. 모든 이해관계자 사이에서 균형을 잡고, 때로는 갈등을 조율해야 했으니까요.

이런 프로젝트는 보통 갈등도 많고 조율도 복잡해요. 누군가는 역사 해석 방식에 대해 이견이 있고, 누군가는 보존 방식에 불만을 가질 수도 있죠. 하지만 플로든 에코뮤지엄은 그런 과정을 잘 거쳐오면서, 지금까지도 유산의 물질적 자산들—건물, 유적지, 심지어 사람들의 이야기와 같은 무형 유산까지도 잘 보존하고 있어요.

이건 단순히 과거를 기억하는 일에서 그치지 않아요. 현재와 미래를 연결하고, 마을의 정체성을 다지는 작업이기도 해요. 지역 재생에도 긍정적인 영향을 주고요.

마지막으로, 지속가능성 이야기를 빼놓을 수 없겠네요. 이런 유산 프로젝트는 단기적인 이벤트가 아니잖아요. 오랫동안 유지되려면 돈, 사람, 전략이 다 필요해요. 그러면서도 지역 사회가 계속 주도권을 가져야 하고요. 그래야 진짜 지속 가능한 지역 사회가 될 수 있어요.

그래서 앞으로도 플로든이 아이디어와 정보를 활발히 나누고, 사람들 간의 관계를 넓혀가면서 계속 성장하길 바라요. 그런 방식이라면, 분명히 이 멋진 에코뮤지엄은 오래도록 사람들의 기억 속에 살아있을 거예요.

소설, 《더블린 사람들》을 만나다

아일랜드 더블린

» 역사와 기억을 품은 성

더블린으로 가는 직항은 없어서, 저는 카타르 항공을 이용해 아랍에 미리트 두바이를 거쳐 카타르의 수도 도하에서 잠시 머물고, 그곳에서 아일랜드의 수도 더블린으로 향하는 동선을 선택했어요. 코로나 이후 아일랜드로 가는 항공편이 조금 복잡해진 느낌입니다. 두바이와 도하를 지나며 50도에 가까운 더운 날씨를 경험할 거라고 예상했는데, 오히려 그곳 기온이 매우 쾌적했어요. 아일랜드로 가는 여정 중 한여름을 느끼기에는 조금 더운 날씨보다는 쌀쌀하면서도 약간 더운 날씨였죠. 그 날씨가 제 고향의 늦가을이나 겨울 시작 때의 기온 같았어요. 그래서 낮에도 얇은 패딩을 입을 정도로 날씨가 이상했죠. 아일랜드의 7월은 비가 내리는 온화한 날씨였는데, 그곳에 있을 때는 항상 우비가 제 손에 들려 있었어요.

아일랜드 공항은 다른 국제공항들과 비교하면 꽤 소박한 느낌이었어요. 출입국 관리대는 세 개 정도만 열려 있었고, 오크 나무로 된 심사대는 아일랜드 특유의 고풍스러운 분위기를 자아냈어요. 여행에서 빼놓을 수 없는 것이 바로 도시의 성을 보는 것인데, 저는 아일랜드를 대표하는 더블린성을 방문했죠.

더블린성은 아일랜드에 유일하게 남아 있는 성이랍니다. 이 성은 13세기 초, 바이킹들이 정착하면서 건설되었고, 이후 영국이 아일랜드를 통치할 때 영국의 행정부 본부로 사용되었어요. 아일랜드 사람들에게는 영국의 통치가 그리 기억하고 싶은 역사가 아니죠. 사실, 제임스 조이스의 소설 《더블린 사람들》은 영국의 통치 아래에서 살았던 아일랜드 사람들의 어두운 삶을 묘사한 작품이에요. 그런 이유로 아일랜드 사람들에게 더블린성은 그 시대를 떠올리게 하는 아픈 기억을 가지고 있는 곳이기도 해요. 아일랜드가 독립한 후, 1922년부터 이 성은 아일랜드의 품에 안기게 되었답니다.

더블린성은 잉글랜드 왕 헨리 3세(1207~1272)가 통치하던 13세기 중반에 건설되었고, 그 규모는 최대 4.8미터에 달했어요. 성에는 높은 커튼홀과 사방에 망루 역할을 하는 탑들이 있었죠. 성이 세운 언덕은 꽤 높은 곳에 자리 잡고 있어서, 그만큼 전략적인 위치였을 거예요. 물론, 1684년 4월에 큰 화재가 발생해 성은 상당히 큰 피해를 보았죠. 그러나 다행히도 더블린성의 지하에는 바이킹들이 방어 시설로 사용하던 시설들이 잘 보존되어 있어요. 이런 역사적인 배경을 알면 더블린성을 보는 게 더욱 의미 있게 느껴졌답니다.

더블린성

» 더블린의 역사와 문화가 숨 쉬는 거리

템플바(Temple Bar)라는 이름을 처음 듣고 불교 사원을 떠올릴 수도 있지만, 사실 이곳은 불교와는 전혀 관련이 없어요. '템퍼(Temper)'라는 단어에서 유래한 것으로, 16세기 영국의 한 가문이 아일랜드에 정착하면서 그들의 영지와 정원을 만들었던 지역에서 유래했다고 합니다. 또 다른 설에 의하면, '절제'라는 뜻을 가진 '템퍼'에서 유래했다는 이야기도 있어요. 그리고 '바(bar)'는 원래 '계단'이나 '길'을 의미하는 단어로, 'barr'에서 유래했다고 알려져 있죠.

템플바 지역은 고대 켈트족이 거주했던 곳으로, 가장 중요한 부족은

픽트족과 피르볼그족이었어요. 이후 로마 제국의 멸망과 중세 시대를 거쳐, 성 패트릭에 의해 아일랜드 사람들은 기독교로 개종하게 되죠. 기독교가 아일랜드 문화에 큰 영향을 미친 후, 9세기와 10세기에 바이킹의 침략을 받으면서 아일랜드는 아일랜드인과 노르만인으로 나뉘었어요. 이후 클론타프 전투에서 바이킹이 추방되고, 아일랜드는 독립적인 삶의 형태를 점차 만들기 시작했죠. 그 당시 템플바 지역은 '세인트 앤드류스 교구(St. Andrews Parish)'라고 불렸고, 노르만족의 깃발 아래 있던 교외 지역이었어요. 템플바는 당시 성벽 밖에 있었고, 아일랜드인의 끊임없는 공격 때문에 버려지기도 했죠.

하지만, 시간이 흐르면서 템플바 지역은 점점 변화하기 시작했어요. 한때는 매음굴로 넘쳐났던 거리도 점차 도심과 가까워졌고, 17세기와 18세기에는 많은 예술가와 상인들이 이곳에 정착하게 되었어요. 이곳은 상점과 극장, 작업장이 생기면서 더욱 활기찬 지역으로 변해갔죠.

템플바의 역사에서 중요한 사건 중 하나는 비로 1742년 4월 13일, 세계적으로 유명한 합창곡 '할렐루야(Hallelujah!)'가 헨델의 메시아로 초연된 것이에요. 또한 1840년, 전설적인 아일랜드 술집인 '템플 바(Temple Bar)'가 문을 열었고, 그 외에도 1870년부터 1940년까지 비영리 기구들이 생기면서 아일랜드 사진 센터와 영화 연구소, 다양한 문화 기관들이 이곳에 자리 잡기 시작했죠. 이 모든 변화가 템플바를 오늘날의 모습으로 만들었어요.

지금은 아일랜드 더블린에서 꼭 가봐야 할 명소로 손꼽히는 템플바. 더블린 사람들은 정말 흥이 넘치는 것 같아요. 그들이 만들어낸 기네

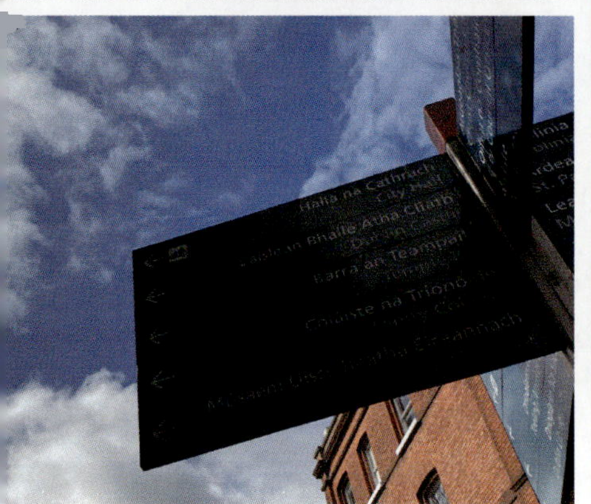

더블린거리

스 맥주나 아이리시 커피, 위스키 제임스 등은 한국에서도 대중적으로 사랑받고 있죠. 템플바는 술과 노래로만 가득한 곳이 아니라, 아일랜드 문화의 깊이를 느낄 수 있는 장소이기도 해요. 좁은 홀에 사람들이 다닥다닥 붙어 앉아 있는 모습이 우스꽝스러우면서도 아일랜드 사람들의 여유로운 삶을 엿볼 수 있죠. 중년의 아저씨가 통기타로 분위기를 띄우는 모습도 그곳만의 독특한 매력이에요.

그뿐만 아니라, 템플바에서는 아일랜드의 정신을 되새기는 전시회도 열리곤 해요. 사회적인 이슈를 다룬 전시나 문화 행사가 자주 열리고, 그중 하나는 아일랜드의 지속가능성을 주제로 한 '컬티베이트 센터(Cultivate Center)'인데, 이곳은 협동조합으로 운영되며 다양한 제품과 책, 전시회를 진행하고 있어요. 특히 건물 뒤편에 도시정원센터도 운영 중인데, 템플바에서 지속 가능한 삶의 방식을 제시하는 중요한 장소로 자리 잡고 있죠.

템플바는 1840년부터 영업을 시작했으며, 현재까지도 많은 아일랜드 사람의 사랑을 받고 있어요. 2011년에는 데이비드 브라운이 템플바에서 114시간 6분 30초 동안 기타를 연주한 기네스 기록도 세웠죠. 아일랜드 전통 음악의 중심지로 알려진 이곳은, 아일랜드에서 가장 많은 위스키를 보유한 펍으로도 유명합니다.

» 제임스 조이스와 더블린

아일랜드의 수도 더블린은 서울의 육분의 일, 정도 크기고, 약 50만 명의 인구를 가진 중소도시입니다. 그런데 이 작은 도시는 제임스 조이스라는 위대한 작가 덕분에 전 세계적으로 유명해졌죠. 제임스 조이스는 1882년 더블린에서 태어났고, 22살이 되던 해에 아일랜드를 떠나 이탈리아, 스위스, 프랑스 등지에서 망명 작가로 살았습니다. 결국 59세의 나이로 스위스에서 생을 마감하게 되죠.

제임스 조이스 동상

조이스는 자신의 첫 작품인 더블린 사람들과 마지막 작품인 피네간의 경야를 모두 더블린을 배경으로 썼습니다. 그는 더블린을 깊이 이해하고 싶었고, 언젠가는 그 도시를 완벽하게 알게 되면 세계의 다른 모든 도시도 알 수 있을 거라고 믿었어요. 그러니까 더블린은 그에게 단순한 고향 이상의 의미를 지닌 곳이었죠.

더블린 사람들은 사실 영국의 지배하에 있던 아일랜드의 현실을 그리고 있습니다. 조이스는 그 작품을 통해 당시 더블린 사람들의 삶을 그리며, 그들이 겪었던 정치적, 종교적 억압을 비판했습니다. 이 소설은 15개의 단편으로 구성되어 있고, 각 단편은 일상적인 삶 속에서 무기력하고 마비된 사람들의 이야기를 담고 있습니다. 그들의 삶은 정치적 이념과 종교적 교리에 갇혀 있고, 다른 나라로 떠나려고 하면서도 결국에는 운명에 순응하는 모습이죠.

조이스는 이렇게 마비된 삶을 살아가는 사람들의 이야기를 통해 그들이 벗어나야 할 현실을 깨닫는 순간, 즉 '에피퍼니'(Epiphany)라는 개념을 제시합니다. 일상 속의 작은 사건이나 경험을 통해, 사람들은 비로소 진실을 깨닫고, 정신적인 해방을 얻을 수 있다는 메시지를 전하고 있죠. 마지막 단편인 죽은 자에서는 눈을 덮은 대지를 바라보며 깨달음을 얻는 장면이 등장하는데, 이는 결국 이 소설이 말하고자 하는 핵심이기도 합니다.

그렇다면 제임스 조이스가 더블린 사람들에게 무엇을 말하려고 했을까요? 당시 더블린은 영국의 오랜 지배를 받으며, 아일랜드의 민족주의가 최고조에 달했던 시기였어요. 아일랜드인들은 영어라는 제국의 언어에 대해 강한 반감을 느꼈고, 민족의 언어인 켈트어를 사용해야 한다는 운동도 일어났습니다. 또한, 가톨릭 교리 역시 당시 사람들의 일상에 강하게 속박을 가했죠. 이러한 정치적, 종교적 억압 속에서 제임스 조이스는 자신만의 자유로운 영혼을 찾기 위해 아일랜드를 떠나 유럽의 중심지인 파리로 갔습니다.

그는 망명객이라는 제목의 유일한 희곡을 쓸 정도로 자신을 망명 작가라고 생각했죠. 그리고 그 망명이 없었다면, 아마도 그는 세계적인 작가가 될 수 있었을까요? 아일랜드의 정치적 상황과 종교적 억압이 그를 떠나게 만들었고, 그것이 결국 그의 작품 세계를 형성하는 중요한 계기가 되었던 것 같습니다. 제임스 조이스는 아일랜드에서의 억압적인 환경 속에서 자유를 찾아 떠난 망명 작가였고, 그로 인해 더 많은 사람에게 영향을 미칠 수 있는 작품들을 남기게 되었습니다.

» 죽음의 공포와 고통의 시간

아일랜드 대기근은 그 자체로 아일랜드 역사에서 가장 고통스럽고 끔찍한 사건 중 하나였죠. 이 사건은 1845년부터 1852년까지, 무려 7

년 동안 계속되었어요. 그 당시 아일랜드의 인구는 약 850만 명 정도였는데, 대기근이 끝났을 때는 그 수가 600만 명 정도로 줄었죠. 그만큼 많은 사람들이 목숨을 잃었고, 대기근을 피해 해외로 이주한 사람들도 많았어요.

이 대기근의 원인은 바로 감자역병이었어요. 감자는 아일랜드 사람들의 주식이었기 때문에, 이 역병이 퍼지면서 식량난이 시작되었죠. 그런데 아일랜드 사람들은 그때 잉글랜드에 도움을 요청했지만, 잉글랜드 정부는 이를 거절했어요. 당시 잉글랜드 지주들은 아일랜드 사람들의 불행을 "하나님의 뜻"이라며 돌리기도 했고, 아일랜드 사람들이 "게으르고 멍청하다"라며 비난했죠. 게다가 아일랜드 사람들은 세금을 내지 못해 강제로 쫓겨나기도 했어요. 그들은 굶어 죽거나 전염병에 걸려 거리에서 죽어갔고, 한 끼의 음식을 구하려고 벨파스트의 빈민 구제기관까지 걸어가기도 했습니다.

그리고 지금도 더블린의 리피강 옆에는 아일랜드 대기근을 상징하는 조형물이 있어요. 이 조형물은 당시의 처참한 상황을 그대로 전달해 주죠. 조형물 속의 표정은 정말 사람의 마음을 흔들기에 충분해요. 아이를 어깨에 메고 걸어가려는 아버지의 모습, 그날의 공포와 고통이 그 표정에서 그대로 느껴집니다. 아일랜드 사람들은 7년 동안, 죽음의 공포와 싸우며 살아갔던 거죠. 그리고 그 시간을 겪은 이들의 고통은 지금도 여전히 많은 이들에게 깊은 인상을 남기고 있습니다.

» 119.5초 기다림의 미학, 기네스 박물관

더블린의 기네스 박물관에 갔을 때, 정말 흥미로운 경험을 했다. 기네스 맥주가 어떻게 시작됐는지 알 수 있는 곳이라 기대가 컸다. 아서 기네스가 1752년에 시작한 양조장 이야기도 들었고, 1759년에는 더블린 도심의 버려진 양조장을 9천 년 계약으로 임대해서 본격적으로 기네스를 양조하기 시작했다고 한다. 정말 대단한 사업가였던 거지. 그리고 아서 기네스가 독특하게 보리를 볶아서 기네스를 만들었다는 것도 알게 됐다. 그 덕분에 지금 우리가 알고 있는 부드럽고 탄탄한 거품의 기네스가 탄생한 거다. 기네스를 따를 때 119.5초를 기다려야 완벽한 한 잔이 나온다고 하는데, 그만큼 기다리면서 즐길 수 있는 여유를 준다는 점이 참 매력적이었다.

그런데 박물관 앞에서 꽤 예상치 못한 일이 벌어졌다. 기네스를 구경하고 나서 마차를 타고 다른 곳으로 가기로 했는데, 거기서부터 뭔가 이상했다. 마차를 타기 전에 가격표를 봤는데, 세 명이 탈 수 있는 마차였고, 가격이 적혀 있었다. 그런데 마부와 그의 친구 두 명이 뭐라고 소곤소곤 이야기하더니, 갑자기 둘이 합류해 함께 타게 된 거다. 기분 좋게 출발했는데, 행선지에 도착했을 때 일이 꼬였다. 현금으로 결제하려고 하니까, 마부였던 젊은이가 "인원별로 요금을 더 내라"라는 거다. 처음엔 그런 말이 없었는데, 갑자기 추가 요금이 생겼다는 거지. 그래서 현금이 없다고 하니까, ATM에 가서 돈을 뽑으라고 하더라. 실랑이가 시작되었고, 마부는 계면쩍게 가만히 있었다. 결국 유로 몇 푼

가네스 박물관

을 던져주긴 했지만, 그게 끝이 아니었다. 또 말에게 팁을 달라고 하더라. "말이 수고했으니, 팁을 달라"라는 거다. 아, 정말 기분이 상했다.

결국, 그 마차는 관광객을 속이려는 사기꾼들로 가득한 경험이었고, 기분 좋았던 기네스의 맛도 전부 날아가 버렸다. 기네스 박물관 앞에서 마차를 타고 싶다면 몇 가지 주의할 점이 있다. 첫 번째, 마부 외에 다른 친구가 마차에 탄다면 거의 100% 거간꾼이다. 둘이 소곤소곤 이야기하기 시작하면 사기를 치려는 작전이 시작된 거다. 그리고 행선지에 도착하고 나면, 원래 가격 외에 추가 요금을 요구하고, 그게 끝나면 또 팁을 요구한다. 정말 조심해야 한다. 이런 경험을 하니까 정말 기분이 상했어.

경관의 미학, 모허의 절벽

아일랜드 클래어주 버런 모허의 절벽 방문자센터

아일랜드 여행을 간다면, 꼭 들러야 할 곳 중 하나가 바로 모허의 절벽(Cliffs of Moher)이에요. 아일랜드 사람들도 "여기 안 가봤으면 아일랜드 안 가 본 거다"라고 할 정도니까요. 이 절벽은 클래어주의 버런(Burren) 지역 남서쪽, 대서양을 향해 우뚝 솟아 있어요. 맑은 날이면 저 멀리 골웨이 베이의 애런 제도와 코네마라의 언덕, 계곡까지 한눈에 들어옵니다.

총길이 18km에 이르는 이 해안 절벽은 자연 그대로의 모습을 최대한 보존하려고 애쓴 흔적이 느껴져요. 안내 펜스도 눈에 잘 띄지 않게 자연석으로 만들어져 있고, 과하게 설치되지 않아서 시야를 방해하지 않아요. 마치 "여긴 자연이니 스스로 조심하세요"리는 메시지를 주는 것 같죠. 물론 위험한 곳에는 작게 "떨어지면 죽을 수 있습니다"라는 경고문이 붙어 있긴 해요.

재밌는 건, 이 절벽에서 멀리 바다 건너 캐나다 북단까지 이어지는

모허의 절벽

115

대서양의 드넓은 수평선을 볼 수 있다는 점이에요. 저는 예전에 스코틀랜드 스카이섬에서 네이스트 포인트 등대로 가던 길이 떠올랐어요. 그 길이 제 인생에서 가장 아름다웠던 길 중 하나였거든요. 모허의 절벽도 그만큼 감동적이지만, 관광객이 너무 많다 보니 그 고요한 아름다움을 오롯이 느끼기엔 조금 힘들기도 했어요. 그래도 그 절벽 앞에 서 있으면, 인간이 얼마나 작은 존재인지 새삼 느껴지더라고요.

그런데 이 모허의 절벽이 단순한 관광지만은 아니에요. 유네스코 세계지질공원으로 지정되어 있어서, 절벽 보존과 지속 가능한 관광, 그러니까 에코투어리즘에 대한 고민도 깊이 하고 있죠. 이들은 지역 사회와 함께 '버런 생태관광 네트워크(Burren Ecotourism Network)'를 만들고, 지속 가능한 관광지로 발전시키려는 비전을 품고 있어요. 단순히 사람들 끌어모아 돈 벌자는 게 아니라, 자연과 함께 공존하려는 태도가 인상적이었어요.

그리고 방문자센터도 참 특이했어요. 마치 땅속에 묻혀 있는 벙커 같다고 해야 할까요? 멀리서 보면 그냥 지면에 난 큰 구멍처럼 보여요. 우리나라 같았으면 절벽 전망이 제일 좋은 곳에 카페랑 레스토랑 만들었을지도 모르겠다는 생각이 들더라고요. 그런데 여긴 그 반대예요. 방문자센터 안에서는 바깥 풍경 감상보다는, 아일랜드의 형성과 지질 역사 같은 걸 영상으로 보여줘요. 마치 아일랜드라는 대지의 서사를 듣는 기분이랄까요?

저는 에코뮤지엄에 관심이 많아서 그런지, 이 방문자센터가 지역과 어떻게 연계되어 있는지 더 눈여겨보게 됐어요. 알고 보니, 이곳은 버런 생태관광 네트워크와 협력하면서 이 지역을 지속 가능한 관광지로

모허의 절벽 방문자센터

발전시켜 왔다고 하더라고요. 앞으로도 그런 방향으로 계속 나아갈 계획이라고 하네요.

이 버런 생태관광 네트워크는 2008년 '버런 커넥트 프로젝트'에서 시작되었어요. 이들은 몇 가지 중요한 원칙을 가지고 운영되는데요, 예를 들면 지역 사회와의 협업, 버스킹이나 음악으로 방문객에게 즐거움을 주는 것, 생물다양성과 지질학, 조류학 등 주제를 깊이 있게 이해하고 배우는 것, 그리고 반경 45km 이내에서 생산된 수공예품과 식품을 제공해서 활기찬 지역 경제를 만드는 것 등이에요. 실제로 비누, 뜨개

질, 초콜릿, 스테인드글라스 같은 제품을 만드는 40개 이상의 소규모 업체가 이 네트워크에 참여하고 있대요. 또, 아일랜드 위스키도 판매해서 로컬 경제를 살리려는 노력도 하고 있고요.

이렇게 보니까, 모허의 절벽은 단순한 자연 풍경 그 이상의 의미가 있는 곳이에요. 자연이 주는 감동은 물론이고, 그 자연과 사람, 지역이 어떻게 조화를 이루며 살아갈 수 있는지를 보여주는 좋은 사례 같아요. 한마디로, 에코투어리즘의 교과서 같은 공간이라고 해도 과언이 아니겠죠.

예이츠의 도시

아일랜드 슬라이고

» 아일랜드 문학의 상징, 예이츠

슬라이고(Sligo)는 아일랜드 서쪽에 있는 작은 해안 도시로, 인구는 약 2만 명 정도입니다. 이 도시가 특별히 유명한 이유는 아일랜드를 대표하는 시인 겸 극작가인 윌리엄 버틀러 예이츠(William Butler Yeats) 때문입니다. 예이츠는 노벨 문학상을 수상한 바 있습니다.

슬라이고라는 이름은 "조개가 풍부하다"라는 의미를 담고 있는데, 매우 시적인 이름이지요. 예이츠는 더블린에서 태어났지만, 어린 시절을 슬라이고에서 보냈습니다. 어릴 때부터 시를 좋아했으며, 아일랜드 전설과 신비주의에 깊이 매료되었고, 그런 요소들이 그의 작품에 강하게 반영되었습니다.

슬라이고에는 예이츠를 기념하는 전시관도 있으며, 그곳의 전시품은 다소 낯설고 몽환적인 느낌을 주기도 합니다. 이는 예이츠의 사상

예이츠_슬라이고

과 세계관을 전달하려는 의도에서 그렇게 구성되었다고 합니다.

예이츠의 사랑 이야기도 매우 드라마틱합니다. 20대 시절, 그는 모드 곤(Maud Gonne)이라는 여인과 깊이 사랑에 빠졌지만, 그녀와의 사랑은 결국 이루어지지 않았습니다. 예이츠는 평생 그녀를 마음속에 품고 살았으며, 그 감정은 그의 시 세계에 큰 영향을 끼쳤습니다. 결국 예이츠는 1916년에 자신보다 27살 어린 조지 하이드 리스(Georgie Hyde-Lees)와 결혼하게 되었으나, 모드 곤은 그의 인생에서 영원한 뮤즈로 남아 있었습니다.

슬라이고의 거리를 걷다 보면 예이츠와 모드 곤의 모습을 그린 벽화도 볼 수 있습니다. 특히 비 오는 날, 그 벽화는 예이츠의 시처럼 처연하고 애잔한 느낌을 줍니다.

슬라이고라는 도시는 아일랜드 서쪽 해안에 있는 작은 도시로, 인구는 약 2만 명 남짓합니다. 제가 방문했을 때는 비가 내리고 있었는데, 슬라이고 강의 물줄기가 꽤 거세더라고요. 강과 하구 주변에는 조개가 정말 많았고, 심지어 주변에는 넓은 조개껍데기 더미가 쌓여 있을 정도였어요. 이 지역은 예전부터 조개가 풍부한 곳이었다는 것을 알 수 있었습니다.

그래서인지 '슬라이고(Sligo)'라는 이름은 "조개가 풍부한 곳"이라는 뜻을 가지고 있더군요. 도시 이름에 자연환경이 그대로 담겨 있는 셈입니다.

도시 중심에는 큰 주차장이 하나 있고, 그 옆에는 초국적 기업이 운영하는 대형 마트도 자리 잡고 있습니다. 익숙한 풍경을 볼 수 있는데요, 그 광장을 기준으로

THE
YEATS SOCIETY
SLIGO

A Pocket
Biography of Yeats
GILL

길이 몇 갈래로 나뉘어 있습니다. 도시가 크지 않아서 걸어서 이삼십 분 정도면 거의 다 돌아볼 수 있어, 산책하듯 슬슬 걷기에 아주 좋은 곳입니다.

슬라이고 방문자센터에 가면 재미있는 지도도 하나 있는데, 그곳에 서는 '슬라이고에서 할 수 있는 30가지' 또는 '60가지 즐길 거리' 같은 콘텐츠를 소개해 주고 있습니다. 그 지도를 하나 들고 다니면 꽤 유용하게 활용할 수 있더라고요.

이 도시는 또한 특별한 공간들이 있습니다. 예를 들어, 벤위스킨 센터(Benwiskin Centre)는 숙소이자 커뮤니티 센터 역할을 하는 곳입니다. 사회적 기업 형태로 운영되며, 관광, 원격 근무, 지역 커뮤니티 서비스도 함께 지원하고 있더군요. 또 하나 인상 깊었던 곳은 슬라이고 카운티 유산 및 계보 센터(County Sligo Heritage and Genealogy Centre)인데, 여기에서는 슬라이고의 뿌리나 가족 계보를 연구하고 보존하는 일을 하고 있습니다. 아일랜드 전통이나 역사를 좋아하시는 분들께는 정말 흥미로운 장소입니다.

» 섬, 이니스프리

앤젤라 칼리지 러프 길 슬라이고(Angela's College Lough Gill Sligo)에 도착했을 때, 가장 먼저 느껴졌던 것은 그 여유로움이었습니다. 한여름임에도 불구하고 손님이 거의 없는 듯한 고요한 분위기였죠. 캠퍼스는 조용하고 공기도 맑아 정말 쾌적했습니다. 안내해 주신 젊은 스

예이츠_이니스프리

태프는 어찌나 친절하고 유쾌했는지, 말하는 내내 에너지가 넘쳐 흘렀습니다. 잠깐 묵으러 온 손님일 뿐인데도, 그 만남이 어색하지 않고 매우 기분 좋게 다가왔습니다.

다음 날 아침, '이니스프리'를 한번 가 보려고 했습니다. 알고 보니 캠퍼스 앞에 있는 제법 큰 호수가 바로 길호(Lough Gill)였고, 그 가운데 작은 섬이 하나 있었어요. 바로 예이츠가 시에서 언급한 이니스프리가 있는 곳이었습니다. 숙소에서 차로 약 15분 정도 거리에 있었죠. 아침 식사를 마친 후, 곧바로 그쪽으로 향했습니다.

호수를 따라 굽이굽이 도는 길이 꽤 운치 있었습니다. 차를 몰며 지나가다 보니 조용한 마을도 하나 지나쳤고, 어느 공터에서는 어른과 아이들이 신나게 뭔가를 즐기고 있었습니다. 그렇게 약 40분 정도 달리니 마침내 고즈넉한 장소, 길 끝에 도달했습니다. 우리 식으로 말하

자면 '둘레길' 같은 분위기였고, 간판에 슬라이고 웨이(Sligo Way)라는 글씨가 적혀 있었습니다. 그런데 놀라운 것은 예이츠라는 이름에 비해, 이니스프리를 알리는 것이 빛바랜 작은 안내판 하나뿐이었다는 점입니다. 한국처럼 다양하고 화려한 포토존이나 조형물이 있을 법한데, 이곳은 정말 소박한 모습이었습니다. 오히려 그런 점이 더 좋았던 것 같아요.

그날은 비가 추적추적 내리고 있었는데, 호숫가에는 집 한 채만이 보였고, 고요한 호수가 그 앞에 펼쳐져 있었습니다. 하늘빛과 물빛이 겹치며 풍경은 말로 표현할 수 없을 정도로 고즈넉하고 깊었습니다. 멍하니 한참을 그 앞에 서 있었는데, 마치 아무도 없는 세상에 나 혼자 있는 느낌이었어요. 그런데 그게 외롭지 않고, 오히려 황홀할 만큼 아름다웠습니다. 이니스프리는 그렇게 조용히, 따뜻하게 저를 맞아주었어요.

예이츠가 살던 그 시절도 이랬을까? 하는 생각이 들었습니다. 그가

이 호수를 돌며 바라보았을 작은 섬, 그리고 그걸 보며 썼다는 시 〈이니스프 리의 섬(The Lake Isle of Innisfree)〉⋯⋯. "나 일어나 이제 가리, 이니스프리로 가리. 거기 윗가지 엮어 진흙 바른 작은 오두막을 짓고⋯"로 시작하는 그 시가 떠오르며 바라본 이니스프리는, 그저 풍경이 아니라 그의 삶의 철학과 마음이 담긴 장소처럼 느껴졌습니다.

스코틀랜드의 네이스트 포인트 라이트하우스를 본 이후로 이렇게 마음 깊이 스며든 장소는 처음이었어요. 이니스프리, 정말 잊을 수 없는 곳입니다.

이니스프리의 섬

예이츠(Yeats)

나 일어나 이제 가리, 이니스프리로 가리.

거기 윗가지 엮어 진흙 바른 작은 오두막을 짓고,

아홉 이랑 콩밭과 꿀벌통 하나

벌 윙윙대는 숲속에 나 혼자 살리.

거기서 얼마쯤 평화를 맛보리.

평화는 천천히 내리는 것.

이침의 베일로부터 귀뚜라미 우는 곳에 이르기까지.

한밤엔 온통 반짝이는 빛

한낮엔 보랏빛 환한 기색

저녁엔 홍방울새의 날갯소리 가득한 그곳.

나 일어나 이제 가리, 밤이나 낮이나

호숫가에 철썩이는 낮은 물결 소리 들리나니

한길 위에 서 있을 때나 회색 포도 위에 서 있을 때면

내 마음 깊숙이 그 물결 소리 들리네.

바다의 시간을 담은 뮤지엄

아일랜드 킨세일 뮤지엄

킨세일에 처음 도착했을 때, 조금 의외였어요. 항구 도시라면 보통 회색빛에 무거운 분위기를 떠올리기 마련인데, 여긴 전혀 그렇지 않더라고요. 도시 전체가 파스텔 톤으로 알록달록하게 칠해져 있어서, 마치 동화 속 마을 같았어요. 주황색, 보라색, 노란색… 집들의 색깔 하나하나가 너무 예뻐서 사진 찍을 틈도 없이 두리번거리게 됐죠.

여긴 아일랜드 남부에 있는 작은 해양 도시 킨세일이에요. 아일랜드어로는 '시온 차일레(Cionn tSáile)'라고 하는데, '소금물의 머리'라는 뜻이라네요. 인구는 5천 명 남짓밖에 안 되지만, 자연도 아름답고, 무엇보다 도시 자체가 예술작품 같아서 아일랜드에서 가장 아름다운 도시 중 하나로 꼽힌다고 해요. 특히 '채색의 도시'라는 별명이 괜히 붙은 게 아니에요.

그런데 이곳이 또 '미식의 도시'로도 유명하더라고요. 바다를 끼고 있으니까, 해산물도 신선하고, 거리에 늘어선 카페, 펍, 레스토랑이 지

킨세일 뮤지엄 전경

나가는 사람들을 유혹해요. 정말 그냥 걷기만 해도 맛있는 냄새가 따라다니는 느낌이에요. 그래서일까요, 아일랜드 정부에서 '작고 아름다운 마을' 상을 수상한 곳이기도 해요.

우리는 킨세일 다운타운을 거닐다가 우연히 한 건물 앞에서 발길을 멈췄어요. 겉보기엔 그저 낡은 창고 같았는데, 알고 보니 이곳이 '킨세일 뮤지엄'이었어요. 바로 옆 마켓 광장엔 올드 타운 홀('Old Town Hall')도 있었고요. 아무 생각 없이 서 있다가 건물에 붙은 '뮤지엄(Museum)'이라는 글자가 눈에 띄어 안으로 들어가 보기로 했죠.

입구에는 킨세일 지도가 하나 걸려 있었고, 표를 끊으려 하니 제법 인상 좋은 아저씨가 한 사람당 5유로라고 하더라고요. 입장료를 내고 들어가면서, 뭘 볼 수 있을까 좀 기대도 됐죠.

알고 보니 이곳은 꽤 오래된 건물이었어요. 1600년경에 지어졌고, 1706년에 증축도 했다고 하네요. 외관이 꽤 고풍스러운데, 아일랜드 지역 양식이 아니라 '네덜란드 스타일'이라네요. 입구는 베네치아식 창문으로 되어 있고요. 그래서인지, 이 건물은 주변 마을 어디서도 보기 어려운 독특한 느낌이 있었어요.

예전에 서스턴 해독이라는 대법원장이 여기에 법원도 세웠다던데, 그 때문인지 역사적으로 중요한 자료들이 많았어요. 예를 들어, 제1차 세계대전 때 독일 잠수함 U보트가 침몰시킨 RMS 루시타니아 사건이 이곳과 관련이 있어요. 그 사건의 조사도 여기서 이루어졌고, 관련 기록도 박물관에 보관돼 있었죠.

그 외에도 킨세일 전투라든가, '킨세일 자이언트'라고 불렸던 거인 패트릭 코터 오브라이언 이야기도 흥미로웠어요. 그는 8피트 3인치, 거의 2.5미터에 가까운 키를 가진 사람인데, 18살에 '기형적인 자연의 산물(freak of nature)' 쇼에 출연하면서 유명해졌대요. 공연을 마친 뒤에는 좁은 숙소에서 지내며 건강이 좋지 않았고, 결국 젊은 나이에 세상을 떠났죠. 사후에도 그의 키에 관한 관심이 끊이질 않아서, 무려 12피트 깊이의 시멘트 속에 철장으로 감싸서 매장했다고 해요. 그의 부츠가 지금도 박물관에 전시되어 있었는데, 정말 크더라고요.

한때 킨세일에는 조선소도 세 군데나 있었고, 1612년에는 세계 최대급 배를 세 척이나 만들 정도로 기술력이 뛰어났다고 해요. 박물관엔 당시 조선 산업과 관련된 다양한 전시물도 있었어요. 조선공들, 돛, 배럴, 로프 같은 것들… 거기에 쇠를 녹이는 풀무 소리 같은 소리 콘텐츠도 있어서 눈과 귀가 함께 즐거웠죠. 정말 생생하게 느껴졌어요.

그리고 당시 네덜란드 동인도회사의 본사가 킨세일에서 차로 16분 거리인 이니샤논(Innishannon)에 있었다고 하더라고요. 그래서인지 박물관 건물의 건축양식도 네덜란드 스타일을 따랐던 게 아닐까 싶었어요.

가장 인상 깊었던 건 루시타니아호의 앵커, 1601년 스페인이 아일랜드를 도우려다 실패했던 킨세일 전투의 유물, 1763년에 침몰했던 배에

서 나온 부러진 닻 같은 유물들이었어요. 전시품은 거창하진 않았지만, 그 속에 담긴 시간은 정말 깊고 무거웠어요.

　사실 외관만 보면 조금 남루하다고 생각할 수도 있지만, 그 안에 담긴 이야기들은 너무나도 장엄하고 감동적이었어요. 그 바다의 시간, 사람들이 살아낸 시간 앞에 우리도 잠시 멈춰 서서 귀를 기울이게 되었죠.

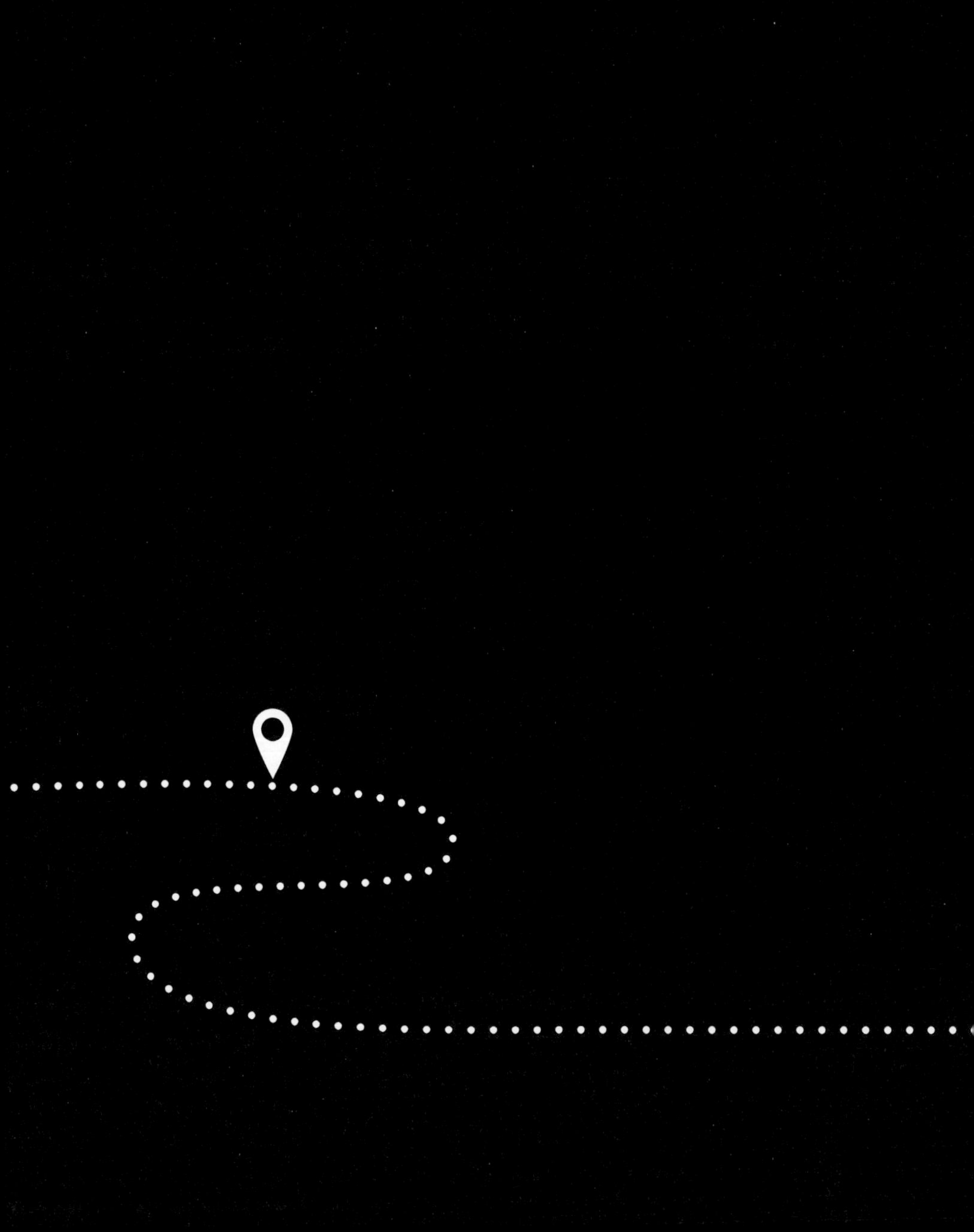

달을 향한 대포

스코틀랜드 에든버러

» 도시가 박물관이다

에든버러성은 스코틀랜드에서 정말 빼놓을 수 없는 명소예요. 매년 여기서 우드스탁 축제가 열리는데, 성 앞 광장에서 펼쳐지는 그 축제의 분위기는 정말 독특하고 매력적이죠. 또, 직물 박물관도 있고, 스코틀랜드 몰트위스키를 맛볼 수 있는 곳도 많아서, 정말 다양한 즐길 거리가 가득해요.

에든버러성에 들어서면, 정말 멋진 광경이 펼쳐져요. 500년 전의 신도시가 눈앞에 펼쳐지고, 그곳에서 넓게 펼쳐진 스코틀랜드의 풍경을 한눈에 감상할 수 있는 기회는 정말 특별하죠. 그 풍경이 얼마나 멋진지, 정말 한 장의 사진처럼 기억에 남아요.

그날 저녁은 특히 사진을 찍기 좋은 시간이었어요. 대포 앞에서 찍은 사진인데, 땅거미가 내려앉고 하얀 달빛이 성을 비추는 모습이 정

에든버러성

말 멋지더라고요. 그러고 나서 사진을 조금 편집해 봤더니, 마치 영화 속 한 장면 같은 느낌이 들었어요. 이게 바로 여행의 짜릿함 아닌가 싶어요. 그냥 지나치기엔 너무 아까운 순간들이니까요.

» 사람의 길, 길에서 만나는 사람의 미학

스코틀랜드의 아름다움은 정말 자연 속에서 살아 숨 쉬는 원초적인 느낌을 주는 것 같아요. 그곳의 길을 걷다 보면, 뭔가 도시에선 찾을 수 없는 소박하고 평화로운 분위기가 가득하죠. 화려하지 않고, 마치 "가는 곳이 길이다"라는 말이 자연스럽게 떠오를 만큼, 그 길에는 별다른

경계가 없는 느낌이에요.

멀리서 보면 자연과 경계가 없는 그 길 위에서, 걷고 있는 사람이 때때로 자연의 일부처럼 보이기도 해요. 여행에서 찍은 사진을 보면, 사람 한 명이 있는지 없는지에 따라 그 느낌이 정말 달라지더라고요. 가끔은 걷는 길 위에 사람이 들어와 자연과 하나가 되었을 때, 그 순간이 얼마나 아름다운지 느껴지곤 했죠. 스코틀랜드에서는 그 길 자체가 그런 특별한 경험을 선사해요. 정말 자연과 하나가 되는 느낌을 주는 곳이죠.

» 성 밖의 해넘이, 에든버러성에서 본 에든버러

2001년, 911테러가 일어났던 그해, 저는 북유럽 생태공동체를 답사하면서 에든버러를 처음 만났어요. 그때로부터 시간이 많이 흘러 2019년에 다시 스코틀랜드를 종주하면서 에든버러를 다시 찾았죠. 18년 만에 돌아온 이곳은 그동안 다녀온 여행지 중에서도 제 마음에 깊이 남아 있는 곳 중 하나예요.

특히 이곳은 위도가 꽤 높은 지역이라 그런지, 하늘이 마치 눈앞에 있는 것처럼 가까운 느낌이 들어요. 그리고 에든버러성에서 바라보는 도시의 풍경은, 잠깐 머물러 가는 여행자에게 정말 호사스럽고 감사할 정도로 아름다워요.

에든버러 성문을 나서면 톨부스 커크(Tolbooth Kirk)라는 대성당이 보이는데, 그 위용이 정말 대단해요. 그 모습은 지나가는 사람들에게 훌륭한 사진을 제공해 주기 충분하죠. 이 대성당은 건축가 J 길레스피 그레이엄과 아우구스투스 푸긴이 설계했고, 1842년부터 1845년 사이에 건축되었어요. 원래는 스코틀랜드 교회 총회의 회의장으로 설계되었는데, 지금은 매년 에든버러성 광장에서 열리는 우드스탁 페스티벌 때마다 매표소나 안내 센터로 사용된다고 해요.

그런데 에든버러성에서 바라보는 저녁노을이 정말 멋져요. 그 풍경을 보면 모든 시름이 다 사라지고, 그 아름다움에 취해 눈물이 나올 정도로 감동적인 순간을 느낄 수 있어요.

» 지구의 첫 뉴타운, 에든버러 타운의 새것과 날것

에든버러는 마치 중세 그 이전의 시간이 그대로 살아있는 곳 같아요. 이 도시에는 올드타운과 뉴타운이 공존하는데, 그 두 지역이 각기 다른 매력을 지니고 있어요. 둘 다 오래된 건축물들이 가득하지만, 그 세월의 깊이는 우리가 생각하는 것 이상으로 깊고 풍부하죠. 지금 우

리가 바라보는 시각에서도 올드타운과 뉴타운 모두 여전히 매력적인 건축물들이 많아서, 시간 여행을 온 듯한 기분을 느낄 수 있어요.

올드타운은 에든버러성과 홀리루드 하우스 궁전 사이의 로열 마일까지를 의미해요. 이 지역에는 12세기부터 17세기까지 건축된 건물들이 남아 있어요. 에든버러의 건축과 거리는 걷는 이에게 감성을 아주 깊게 전해줘요. 해리포터나 반지의 제왕 같은 유명한 판타지 소설들이 에든버러의 풍경에서 영감을 얻었다고 할 만큼, 이 도시가 주는 인문학적 상상력은 정말 풍부해요. 좁고 구불구불한 자갈길과 고풍스러운 중세 건축물들이 마치 과거와 지금이 맞닿아 있는 것처럼 느껴져요. 해가 지고 붉은빛 수은등이 켜지면, 그 거리의 아름다움은 더욱 빛을 발해요. 그 길 위에 있는 고풍스러운 펍이나 상점들은 그 자체로 명소처럼 느껴지고, 걷는 내내 마치 유물을 만지는 기분이 들어요. 에든버러는 세계에서 가장 유령이 많다고 할 정도로, 과거에 얽힌 이야기

들이 많이 담겨 있는 곳이에요.

반면 뉴타운은 1766년에서 1820년 사이에 조성된 곳으로, 세계 최초의 뉴타운이라 할 수 있어요. 뉴타운의 건축물들은 그루지아 시대의 신고전주의 양식으로 지어졌는데, 그 양식은 고대 그리스의 영향을 받은 거예요. 이곳은 지금도 손색이 없을 정도로 기품이 넘치는 동네로, 올드타운과는 다른 분위기를 자랑해요. 여기에는 디자이너 가게, 칵테일 바, 레스토랑, 아트 갤러리 등 현대적인 공간들이 많아요. 뉴타운의 주요 도로인 조지 스트리트와 프린스 스트리트는 아주 잘 정비되어 있고, 그 끝에는 웨스트엔드와 칼튼 힐이 자리 잡고 있어요. 또, 프린시스 스트리트 가든은 시민들의 휴식처이자 아름다운 공원으로, 올드타운과 뉴타운을 자연스럽게 나누는 경계이기도 해요.

에든버러는 이렇게 오래된 것과 새것이 공존하는 멋진 도시죠. 북쪽의 아테나라고 불릴 만큼, 이 도시는 인간 지성에 대한 깊은 고민이 깃

든 곳이에요. 그 고민은 오래된 건축물들이 말해주는 듯해요. 에든버러에서 마시던 칵테일 한 잔이 그리워질 정도로, 이 도시는 여행하는 내내 매력을 발산하는 곳이에요.

» 시간의 거리, 에든버러 로즈 스트리트

에든버러는 시간이 얼마나 지나갔는지 알기조차 어려운 도시예요. 고대에서 중세로 이어지는 시간 속에서 건축물들이 차곡차곡 들어서면서 올드타운이 형성되었고, 17세기 중반에는 세계 최초의 계획도시인 뉴타운도 만들어졌죠. 이 두 지역 사이에는 사람과 사람을 이어주는 길이 생겼어요. 올드타운의 길을 걸으면 마치 검붉은 벽돌 사이로 시간을 걷는 느낌이 들어요. 고풍스러움과 역사적인 깊이가 묻어나는 그런 느낌이죠. 반면, 뉴타운은 계획도시처럼 깔끔하고 정돈된 거리들이 이어져 있어서 또 다른 매력을 보여줘요.

그중에서도 에든버러의 상징적인 길이 바로 로즈 스트리트예요. 이 거리는 에든버러 출신의 건축가 제임스 크레이그가 1767년에 디자인했어요. 크레이그는 뉴타운 설계의 일환으로 이 거리를 만들었고, 지금은 많은 사람들이 이곳에서 밥도 먹고 술도 마시며, 차 한 잔의 여유를 즐기는 공간이 되었어요. 로즈 스트리트는 에든버러 뉴타운의 명소로, 사람들에게 사랑받는 거리로 자리 잡고 있죠.

여왕의 나들잇길
스코틀랜드 피틀로크리

» 소박한 겨울 동화, 그 겨울의 피틀로크리

피틀로크리, 스코틀랜드의 퍼스셔(Perthshire) 카운티에 있는 작은 도시. 템멜(Tummel) 강가에 자리 잡은 이 도시는 인구가 3,000명도 채 되지 않는 조그만 곳이에요. 하지만 그 기운이 참 정겹고 따뜻해요. 저는 겨울에 갔기 때문에 아마 더 그런 것 같기도 해요. 오전 11시쯤 가게들이 하나둘 열리기 시작하고, 오후 3시 반쯤 되면 점포들이 슬슬 문을 닫고 정리하더라고요. 스코틀랜드는 위도가 높다 보니, 겨울에는 해가 빨리 저요. 오후 3시 반에서 4시 정도가 되면 이미 땅거미가 내려앉는 느낌이었어요.

작은 도시지만, 휴양지로도 유명한 곳이에요. 스카이섬으로 가는 길목이기도 하고, 여왕이 한때 나들이하던 템멜호수 근처, 퀸즈 뷰도 바로 이곳에 있어요. 도심은 아주 작아서 도보로 10분이면 끝이 나요. 이 피틀로크리는 사실, 영국인들이 가장 살고 싶어 하는 도시 중 하나로 손꼽히기도 해요. 정말 동화 속 한 장면처럼 소박하고 아기자기한 분위기가 사람들을 사로잡아요.

겨울에 갔더니 더 소박한 매력이 있었어요. 서리 낀 빨간 꽃잎들, 동네 한구석에 조용히 손님을 기다리는 작은 책방, 그리고 투박한 느낌의 가게들이 전하는 지역 맛집 소개. 이런 것들이 다 정겹고 푸근한 느낌을 줬어

피틀로크리_여왕나드리

요. 마치 겨울 동화 속에 들어온 듯한 기분이었죠. 피틀로크리, 정말 소박하게 만난 스코틀랜드의 작은 마을이었어요.

» 시간을 담은 돌다리, 텀멜브릿지(Tummel Bridge)

텀멜브릿지, 아니면 올드 브릭스톤 다리(Old Brickstone Bridge)라고도 불리는 이 다리는 1730년에 지어진, 정말 오래된 돌다리예요. 검

은 자연석을 하나하나 정성스럽게 쌓아 올려 만든 이 다리는 텀멜호수에서 흘러내린 물이 강으로 이어지는 길목에 있어요. 사람들은 이 다리를 지나면서 이 지역의 풍경을 한층 더 가까이에서 느낄 수 있었겠죠.

세월이 많이 흐른 지금도 그 다리는 여전히 그 자리를 지키고 있어요. 다리 사이사이에 낀 돌이끼는 이 다리가 얼마나 오래된 것인지를 말해주는 듯해요. 그 자체로 고풍스러운 멋이 느껴지죠. 하지만 그 옆에는 볼품없이 현대식 다리 하나가 놓여 있어요. 아마 이 다리는 사람들이 지나가기에 좀 더 편리하도록 만들어졌을 텐데, 다리의 아름다움이나 미학은 예전의 돌다리만큼 와닿지 않아요. 오래된 다리의 세월이 만들어낸 그 멋이 현대적인 것과는 비교할 수 없죠.

텀멜브릿지를 건너면 바로 마주하는 시골 농가가 있어요. 그곳은 검

은색 흙이 조금씩 드
러나 있는 길과 연결
돼 있죠. 농가의 마
당에는 하얀색 닭 한
마리가 한가롭게 놀
고 있어요. 닭은 이

리저리 돌아다니며 벌레를 찾아 고개를 기울이고 있죠. 마치 자신만의
시간을 보내는 듯한 모습이에요.

농가 입구에는 쇠 철로 된 작은 간판이 있어요. "코치 하우스(Coach
House)"라고 적혀 있고, 그 옆에는 소 한 마리가 함께 서 있어요. 이곳
은 정말 평화롭고 소박한 느낌이 물씬 풍기죠.

» 세 여왕의 방문, Queen's View

텀멜호수는 에든버러에서 인버네스로 가는 길목에 있어요. 스코틀
랜드 퍼스에 있는 퀸즈 뷰(Loch Tummel Queen's View)는 그야말로
유명한 관광지예요. 이곳은 세 명의 여왕이 이 호수의 아름다운 풍경
을 보기 위해 방문한 것으로 알려져 있죠. 호수 위의 산에서 바라보는
경관은 정말 경이로울 정도로 아름다워요.

처음 이곳을 방문한 여왕은 로버트 더 브루스 왕의 아내인 이사벨라
여왕이었고, 그다음엔 에든버러 홀리루드 궁전의 주인공인 메리 여왕,
마지막으로 빅토리아 여왕이 이곳을 찾았어요. 그래서 텀멜호수는 스

QUEEN'S VIEW

코틀랜드를 여행하는 사람들이 꼭 가야 할 명소로 꼽히죠. 퀸즈 뷰를 안내하는 석판에는 "1866년에 빅토리아 여왕이 방문한 곳으로 유명하지만, 사실은 로버트 더 브루스의 아내 이사벨라 여왕의 이름을 따서 만들어졌다고 합니다."라고 적혀 있어요. 이 안내판은 아마도 잉글랜드의 여왕들보다 스코틀랜드 여왕들이 먼저 방문한 점을 강조하려는 의도가 담겨 있는 것 같아요.

그리고 이곳 방문자센터 앞에는 빨간 우체통이 있어요. 우체통에는 여왕을 상징하는 크라운 왕관 문양이 그려져 있고, 매일 12시 45분에 우편물을 수거한다고 적혀 있어요. 이 우체통을 보면, 마치 스코틀랜드 왕궁에 편지를 보내는 듯한 느낌이 들어요. 정말 특별한 분위기죠.

겨울왕국에서 만나는
영국 최초의 에코뮤지엄

스코틀랜드 하이랜드

» 카라로 1927, 한밤의 인버네스

인버네스에 도착한 첫날 밤, 그곳은 정말 낯설게 느껴졌어요. 오후 3시가 되자 겨울 해는 금세 땅거미를 불러오더라고요. 고위도 지역이라 그런지 시간이 조금만 지나면 해가 지는 것 같았어요. 3시 반쯤, 4시가 되니 어두운 그림자가 서서히 깔리기 시작했죠. 그 사이 거리에는 불빛이 하나둘 켜지기 시작하고, 사람들의 발걸음도 조금 더 바빠지는 느낌이었어요.

어둠이 서서히 내려앉은 그 틈 사이에 들른 카페는 정말 예스럽고 정겨운 분위기였어요. 나무로 덧댄 벽을 등지고 앉아 위스키 한잔을 마시면서, 남은 술병들이 마치 병정놀이처럼 나란히 서 있는 게 인상적이었어요. 이 병들은 누군가를 기다리고 있는 것처럼 보였죠. 그리고

하이랜드

영수증을 주인분이 누런 종이에 볼펜으로 꾹꾹 눌러 적어주는데, 그 순간에 정말 사람 사는 느낌이 뭉클하게 다가왔어요.

카라로 커피숍의 커피잔은 인버네스에서 시간을 기록하는 특별한 존재 같아요. 커피잔에 적혀 있는 숫자, 1927년. 그 숫자는 마치 이 커피숍이 시작된 해를 알려주는 연표처럼 느껴지죠. 만약 개업 초기부터 이 잔으로 커피를 마셨던 손님들이 있다면, 그동안 얼마나 많은 사람들이 이곳에서 커피를 즐기고, 또 어떤 사연들을 남겼을지 궁금해지네요.

그리고 아침 산책을 하다가 만난 테일러 숍의 쇼윈도도 꽤 인상적이었어요. 스코틀랜드 전통 복장이 전시되어 있었는데, 그 멋스러움이 정말 눈에 띄었어요. 그런데 그 옷을 보고 나서 놀랐던 건, 가격 라벨이었어요. 우리 돈으로 계산해 보니 250만 원 정도 되더라고요. 물론 가격을 떠나서 그 옷은 정말 멋졌어요. 생각해 보니 우리 한복도 그 이상의 가격을 할 때가 있으니까, 그런 점에서는 비슷한 부분도 있네요. 짧은 시간이었지만, 인버네스는 오래된 미학과 재미있는 경험을 선사해 준 여행이었어요.

» 눈의 나라에 가는 길

하이랜드는 에든버러를 지나 인버네스로 가는 길에 만나는 독특한 동선이에요. 이 길을 따라가면 애버딘셔, 아가일 뷰트, 머리, 퍼스 킨로스 같은 곳을 지나게 돼요. 그런 곳들을 지나면서 하이랜드 카우도 만나볼 수 있고, 푸른 초원 위에 풀을 뜯고 있는 많은 양도 볼 수 있어요. 그런 풍경을 보면 정말 평화로운 기분이 들어요. 넓은 초원에서 살아가는 가축들이나, 그 풍경 속에서 시간은 느리게 흐르는 것 같아요. 그렇지만 한편으로는 그 광활한 자연을 보면서 대자연의 힘도 느껴져요.

그런데 하이랜드를 가다 보면, 때때로 운전 중에 갑자기 휘몰아치는 하얀 눈보라를 맞을 때도 있어요. 그때 자동차를 세우고, 창문을 열면 온통 하얀 눈밭이 펼쳐지는데, 그 장면을 보면 정말 감동적이에요. 도로는 사람들이 지나가는 곳밖에 없고, 나머지 공간은 전부 하얗게 덮여 있어요. 그 변화무쌍한 날씨를 바라보는 건, 마치 자연과 하나 되는 듯한 기분이 들게 해요. 하이랜드는 여전히 우리에게 낯선 여행지 같아요. 낯설기 때문에 마음이 더욱 동요하고, 그 동요가 오히려 여행을 더 특별하게 만들어 줘요.

» 하이랜드 인근의 네스호(Loch Ness)

스코틀랜드 하이랜드 근처에 있는 네스호를 만난 건 정말 특별한 순간이었어요. 아침 햇살이 네스호 위로 떠오르는데, 그 모습이 마치 달을 품고 새벽을 먹고 있는 듯한 느낌을 주더라고요. 인버네스 숙소를 떠나 스카이섬으로 가는 길에 잠깐 들렀던 네스호는 커다란 호수였는데, 그 위용은 의외로 엄청 크고 강렬했어요. 그런데 그럼에도 불구하고 호수의 물빛과 구름 사이로 비가 지나고 나서 올라오는 햇살은 몽환적이고 신비스러운 느낌을 줬어요. 물과 구름 사이로 비치는 햇살의 여운이 마치 네스호의 전설처럼 신비롭고, 그 순간이 마법처럼 느껴졌죠.

» 호수의 성, 에일린 도난 성(Eilean Donan Castle)

에일린 도난 성(Eilean Donan Castle)은 정말 특별한 곳이에요. 이 성은 스코틀랜드 서부 하이랜드에 있는 세 개의 바다 호수가 합류하는 지점에 있는데, 그 풍경이 정말 멋져요. 성의 이름은 580년쯤 아일랜드에서 온 도난(Donan) 주교의 이름을 따서 지어진 거라고 해요. 이 성은 원래 섬을 방어하기 위한 목적으로 만들어졌다고 하네요. 사실 이 지역은 800년대부터 1266년까지 바이킹들이 계속 습격했던 곳이라, 그들을 막기 위해 13세기 중반에 이 성이 세워졌다고 해요.

시간이 흐르면서 이 성은 계속해서 확장되기도 하고 축소되기도 했어요. 그중에서도 성의 천수각은 이 섬에서 가장 눈에 띄는 망루 역할을 했죠. 14세기 말에는 성의 크기가 당시 크기의 5분의 1로 줄어들었

다고 전해져요. 또한 1719년에는 자코 바이트가 지원한 스페인 군인들과의 전투가 있었던 곳이기도 해요.

그 후, 1911년에 존 맥레이-길스트랩(John Macrae-Gilstrap) 중령이 이 섬을 사들였고, 이 성은 200년 가까이 방치되다가 20여 년간의 재건 과정을 거쳐 1932년에 공식적으로 재건되었어요. 지금은 스카이섬으로 가는 길에 만날 수 있는 중요한 역사 문화 자원이죠. 하얀 눈이 내린 호수 위에 자리 잡은 작은 성은 정말 고즈넉하고, 오고 가는 사람들의 길을 잠시 멈추게 할 만큼 아름답고 평화로워요.

» 길 끝의 아트숍, Kyle Art Market

피틀로크리에서 출발해서 인버네스를 거쳐 스카이섬으로 가는 카일 라인(The Kyle Line)은 정말 멋진 철도 여행 코스예요. 이 길은 철도로 스카이섬에 갈 수 있는 유일한 방법이라, 그 자체로 특별한 느낌이 들었죠. 스카이 브리지까지 가는 동안, 스카이섬의 아름다운 풍경을 감상할 수 있었어요. 브리지 근처에는 주민들을 위한 편의시설과 카페도 있고, 그중 하나가 정말 아기자기한 작은 숍이었어요. 그 숍은 2평 남짓한 크기로, 스카이섬과 하이랜드, 그리고 스코틀랜드에 관한 책들, 엽서, 소품 등을 판매하고 있었어요. 운이 좋았던 건지, 그곳에서 스카이섬과 하이랜드를 소개하는 두꺼운 중고 책 도록을 구할 수 있었어요. 정말 반가운 발견이었죠!

그런데 스카이섬에 도착하기 전에 미리 알아둬야 할 중요한 점이 하나 있어요. 이 섬에는 공중화장실이 없다는 사실! 그래서 섬에 들어가기 전에 몸을 미리 비우거나 물을 마시지 않는 게 좋죠. 화장실이 없다 보니, 섬에 도착하기 전에 각별한 준비가 필요해요. 더 놀라운 건, 화장실 관리자가 저녁 퇴근 시간이 되면 집에 간다는 사실이에요. 그래서 코인을 넣고 들어가는 화장실에 관리인이 없으면 어떻게 해야 할지 상상할 수 있죠. 저도 방문했을 때 화장실 문제로 당황했었는데, 그때 동네 여성분이 코인을 넣고 들어갈 수 있게 도와주셔서 큰 도움이 되었어요. 그런 소소한 도움 덕분에 스카이섬 여행이 더 특별해졌던 기억이 나네요.

» 섬의 기억

스카이 브리지를 건너 브로드포드를 중심으로 양 갈래 길을 따라가면, 오른편에 슬라핀 호를 끼고 엘골 직전에 만날 수 있는 코티지가 있어요. 코티지는 전통적인 시골집이나 작은 집을 의미하는데, 사실 각 나라마다 전통적인 게스트하우스를 부르는 이름이 다 달라요. 예를 들어, 쿠바에서는 '까사', 일본에서는 '도미토리'라고 부르죠. 영국에서는 이런 전통 민박을 '코티지'라고 불러요.

메리스 댓치트 코티지(Mary's Thatched Cottage)는 바로 그 지역 전통을 담은 게스트하우스예요. 보통의 게스트하우스와는 다르게, 이곳은 스카이섬의 자연과 풍경을 그대로 담고 있어요. 자연석을 이용한 돌벽과 억새로 만든 지붕이 특징인데, 이 모든 재료는 스카이섬에서 구할 수 있는 것들이죠.

코티지로 가는 길은 구불구불한 도로인데, 길이 좁아서 마주 오는 차와 자연스럽게 양보하게 돼요. 그런 여유가 또 이 여행의 묘미인 것 같아요. 구불구불한 길과 높은 고도를 넘어서면, 따뜻하고 아늑한 풍경이 펼쳐지고, 그곳에서 보내는 하룻밤은 정말 특별한 경험이 돼요. 이 코티지는 단순한 게스트하우스가 아니라, 스카이섬의 아름다움과 고요함을 오롯이 담고 있어, 방문객들에게 스카이섬만의 기억을 선물하는 곳 같아요.

» 16해리 하얀 등대, 네이스트 클리프 포인트 라이트하우스(Neist Point Lighthouse)

네이스트 클리프 포인트 라이트하우스에 도달했을 때, 그 뷰 포인트에서 잠시 멈춰 서게 되었어요. 그 순간, 등대가 눈에 들어오자, 모든 감각이 멈춘 듯한 기분이 들었죠. 그 자리에서 느껴지는 고요함과 외로움도 강하게 다가왔어요. 눈앞에 펼쳐진 깊고 넓은 검푸른 바다를 바라보며, 네이스트 등대가 얼마나 외로웠을까 생각이 들더군요. 한 줄기 빛이 되어 항해자들에게 길을 안내하는 그 모습이, 아름다움과 고독, 외로움을 모두 품고 있는 듯했어요. 사실 이 등대는 스코틀랜드에서 가장 사랑받는, 가장 유명한 등대이기도 하죠.

그 등대 아래로는 헤브리디스 제도와 페로제도가 있고, 그 위엔 아이슬란드까지 이어져 있어요. 이 등대를 따라 직선으로 쭉 가면 캐나

다의 네인(Nein)까지 닿을 수 있다고 해요. 이곳에 살던 사람들이 쪽배에 몸을 싣고 미지의 세계로 겁 없이 떠나고 싶어 했을 것 같다는 생각도 들었어요.

이 등대는 1900년대 초에 사람이 일하는 등대였다고 해요. 당시 스카이섬도 지금처럼 인구가 많지 않았고, 등대 주변은 정말 외진 곳이었을 거예요. 그 등대지기는 아마 밤마다 별을 바라보며, 아침 해가 뜰 때까지 홀로 서서 배들에 길을 안내하며 외로움을 달랬겠죠. 낮에는 밭에 씨를 뿌리고, 초록 새싹이 올라오길 기다리며 삶의 기운을 더했을 텐데, 그가 느꼈을 행복은 어떤 것이었을까요?

이제는 자동화 시스템 덕분에 무인 등대가 되어, 사람의 손길은 찾아볼 수 없어요. 이제 이곳은 경관을 즐기러 오는 방문객들에게 잠시 쉼을 주는 장소가 되었죠. 해발 43m 높이에 자리한 이 등대는 앞바다를 29.632km, 즉 16해리까지 비출 수 있다고 해요. 한때 이 등대의 주탑은 개인 소유의 별장으로 사용되기도 했고, 당시 보급품을 옮기던 크레인도 그대로 남아 있다고 하네요. 네이스트 포인트 라이트하우스 앞에 서면, 그 선 굵은 능선과 펼쳐진 바다, 저녁노을이 정말 경이롭게 다가와서, '내일'이라는 말조차 잊게 되는 순간이에요. 네이스트 포인트 라이트하우스는 내 인생에서 한 번만이라도 만나고 싶은, 그런 특별한 등대였어요.

» 영국 최초의 에코뮤지엄
스태핀 공룡 박물관(Staffin Dinosaur Museum)

스카이섬은 지질학적으로 정말 특별한 곳이에요. 이 섬에는 매우 오래된 암석들이 많거든요. 예를 들어, 우리는 약 28억 년 된 루이스 편마암으로 이루어진 슬리트 반도의 동쪽 해안에 머물렀어요. 근처에는 그보다 훨씬 젊은, 약 5억 5천만 년 된 토리도니아 사암이 있고요. 또

스태핀박물관

한, 스카이섬은 한때 광활한 사막이었기 때문에 트라이아스기 암석도 존재해요. 그리고 훨씬 더 젊은 팔레오세 시대의 스카이 화산 암석들이 이곳에서 장엄한 쿨린 산맥을 이루고 있어요.

스카이섬의 동쪽에는 아주 특별한 박물관이 있어요. 1976년에 두갈드 로스가 처음 설립한 스태핀 공룡 박물관이 바로 그것인데, 이곳은 영국 최초의 에코뮤지엄으로, 말 그대로 모든 쥐라기 공원의 꿈과 같은 곳이에요. 스카이섬의 쥐라기 암석들은 한때 따뜻하고 얕은 바닷물이 이 지역을 덮었던 시기에 생성되었고, 그 덕분에 이곳에서는 훌륭한 화석들이 많이 발견됐어요. 특히 스카이는 쥐라기 화석으로 유명하고, 하부 쥐라기 말기의 헤탕기부터 상부 쥐라기 말기의 옥스퍼드기까지 다양한 지질학적 유적지를 방문할 수 있어요.

그중에서도 가상 상상력을 자극하는 건 바로 공룡 발자국이에요. 스카이 지역에서는 스테고사우루스, 메갈로사우루스, 케티오사우루스, 하드로사우루스, 케올로피시스 같은 다양한 공룡들이 있었던 흔적을 발견할 수 있었어요. 그리고 박물관에는 이런 공룡들의 흔적도 전시돼 있어서, 그때 당시의 생명체들이 어떻게 살았는지에 대한 상상력을 한 껏 자극해요.

박물관에서 가장 큰 볼거리는 암모나이트 화석이에요. 이 화석들은 정말 인상적이고, 스카이섬을 방문한다면 꼭 들러볼 가치가 있는 곳이 에요.

해체주의 건축의 품격, 리버사이드 뮤지엄

스코틀랜드 글래스고

» 글래스고를 만드는 사람들

글래스고는 스코틀랜드에서 가장 큰 항구 도시이자 상공업의 중심지예요. 60만 명 규모의 도시로, 영국 내에서는 세 번째로 많은 인구를 자랑하죠. 그런데 글래스고 출신 사람들을 특별하게 부르는 이름이 있어요. 바로 '글래스위전(Glaswegians)'인데, 이 이름에는 그들만의 자부심이 묻어나죠. 그리고 글래스고에는 또 하나의 특이한 점이 있어요. 바로 '글래스고 현상'이라고 불리는 현상이죠. 과도한 사망률과 질병률 때문에 붙여진 이름인데,

글래스고

유럽 다른 지역들과 비교했을 때 글래스고의 건강 상태가 좋지 않았다는 거죠.

18세기 스코틀랜드 계몽주의의 중심지였던 글래스고는 그 이후로도 빠르게 성장했어요. 북아메리카와 서인도제도의 무역 중심지로 부상하며, 산업혁명 시기에는 글래스고를 포함한 인근 도시들이 급격히 발전했죠. 화학, 섬유, 공학뿐만 아니라 조선업과 해양 선박 분야에서도 글래스고는 세계 최고 수준에 이를 정도로 활발한 도시였답니다. 특히 빅토리아와 에드워드 시대에는 글래스고가 대영제국 제2의 도시로 불릴 만큼 중요했어요.

그런데 글래스고가 단순히 산업의 중심지일 뿐만 아니라 학문적으로도 큰 영향을 끼쳤다는 사실, 알고 계셨나요? 1451년에 개교한 글래스고 대학은 600년 이상의 역사를 자랑하는 대학으로, 영국 내에서도 연구 중심 대학으로 손꼽힙니다. 영국에서 옥스퍼드와 케임브리지 대학이 유명하다면, 스코틀랜드에는 글래스고 대학이 그 자리를 차지하고 있죠. 사실 글래스고 대학의 설립은 스코틀랜드 왕 제임스 2세의 요청에서 시작되었어요. 제임스 2세는 영국과 비슷한 수준의 대학이 필요하다고 느꼈고, 그 요청을 받은 교황은 글래스고의 추기경인 윌리엄 턴불에게 대학 설립을 부탁했죠.

그래서 1410년에 설립된 세인트 앤드루스 대학에 이어, 40년 후인 1451년에 글래스고 대학이 개교하게 됐어요. 이로써 글래스고 대학은 영국에서 네 번째, 스코틀랜드에서 두 번째로 설립된 대학이 되었답니다.

이렇게 오랜 역사를 자랑하는 만큼 대학 건물은 시간이 묻어나는 외관을 가지고 있어요. 그 외벽에는 '사람들은 글래스고를 만든다(People make Glasgow)'라는 문구가 적혀 있어요. 이 문구는 이 대학이 지역 사회와 그 가치를 얼마나 중요하게 생각하는지를 잘 보여주죠. 요즘처럼 글로벌 표준이나 신자유주의를 강조하는 세상에서 '글래스고 사람은 글래스고를 만든다'라는 메시지는 그들이 얼마나 자부심을 품고 있는지 알 수 있게 해요. 캠퍼스의 계단에서는 교수와 학생들이 자유롭게 앉아 토론을 하기도 하고, 그런 모습에서 글래스고 사람들의 자부심과 정신을 느낄 수 있답니다.

» 거리의 희극

글래스고의 거리를 걷다 보면 참 재미있는 장면들이 많아요. 마치 길 위에 자전거가 사람을 기다리는 것처럼 보이기도 하고, 밤새 술에 취한 듯한 기분으로 돈키호테 동상에 공사장 고깔이 모자를 대신하고 있는 모습도 볼 수 있죠. 이런 것들이 바로 글래스고 거리 특유의 매력인 것 같아요.

또 하나 인상적인 건 산업혁명 당시 사람들이 집집마다 가지고 있었을 재봉틀이 전시된 작은 숍들인데, 이곳들은 마치 오래된 뮤지엄처럼 느껴져요. 그 자체로 역사적인 의미를 지닌 장소들이죠. 그리고 거리 곳곳에 있는 벽화들도 빼놓을 수 없어요. 건물 벽면을 가득 채운 거리 벽화는 그야말로 거리 예술의 정수를 보여주죠.

이런 다양한 오브제들, 예를 들면 자전거나 동상, 벽화 같은 것들은 글래스고 사람들이 만들어내는 일상적인 재미와 개성을 잘 보여주는 것 같아요. 정말 거리에서만 느낄 수 있는 특별한 분위기가 있는 곳이에요.

» 스테인드글라스의 매혹

글래스고 대성당, 또는 세인트 망고 대성당(St. Mungo's)은 스코틀랜드에서 가장 오래된 성당이에요. 이 성당은 그만큼 스코틀랜드의 역사와 깊은 연관이 있어요. 1238년에 건축된 이 성당은 종교개혁 당시 장로교 교리를 채택하면서도 살아남은, 중세 시대의 유일한 성당이랍니다. 사실, 가톨릭과 개신교를 넘나들며 긴 세월을 견뎌온 이 성당은 글래스고 사람들에게 정말 중요한 의미를 지니고 있어요. 마치 자존심과도 같은 곳이죠.

성당의 지하에는 스코틀랜드 역사와 관련된 인물들의 무덤도 있어요. 예를 들어, 잉글랜드와의 전쟁에서 중요한 역할을 했던 윌리엄 월리스와 로버트 브루스의 무덤이 그곳에 있어요. 그래서 이 성당은 단순한 종교적인 의미를 넘어

스테인드글라스

스코틀랜드의 역사까지 품고 있는 장소랍니다.

그런데 글래스고 대성당의 가장 큰 매력 중 하나는 바로 색 유리창, 즉 스테인드글라스예요. 이 성당의 높은 지붕과 한쪽 벽면을 채우고 있는 스테인드글라스는 정말 아름다워요. 특히 그 스테인드글라스를 만든 수도사들의 땀방울보다는, 색판 유리 사이로 비추는 햇살이 만들어내는 미학이 이 성당의 아름다움을 한층 더 돋보이게 해요. 그런 점에서 대성당은 단순히 종교적인 공간을 넘어, 미학적인 공간으로도 많은 사람들에게 사랑받고 있답니다.

» 자하 하디드의 해체주의 건축, 글래스고 리버사이드 뮤지엄

글래스고 리버사이드 뮤지엄은 외관부터 정말 특별해요. 마치 치약을 짜 놓은 듯한 독특한 디자인으로, 건축에서 상상력 넘치는 아이디어를 엿볼 수 있죠. 이 뮤지엄은 항구 도시인 글래스고의 역사와 선박을 비롯한 운송에 관한 이야기를 핵심 소재로 삼고 있어요. 그리고 이

뮤지엄의 건축을 맡은 사람이 바로 자하 하디드(Zaha Hadid)라는 유명한 건축가예요. 그녀는 이라크 바그다드 출신으로 영국에서 활동한 사람인데, 우리에게도 잘 알려진 인물이에요. 예를 들어, 서울의 동대문 디자인플라자도 그녀의 작품이죠. 동대문운동장이 해체된 후 들어선 이 건물 역시 자하 하디드의 디자인으로, 정말 독특한 형태로 많은 사람들에게 인상 깊게 다가왔어요.

리버사이드 뮤지엄의 건축 프로젝트는 2002년에 시작됐고, 2004년 설계 공모에서 당선된 후 본격적으로 진행되었어요. 2007년에 공사가 시작돼서 2011년에 완공되었고, 약 1,300억 원 정도가 소요된 대규모 건축 프로젝트였죠. 자하 하디드가 설계한 뮤지엄의 외관 자체가 정말 예술적이고 상상력을 자극하는 모습이에요.

자하 하디드는 정말 화려한 경력을 자랑하는 건축가예요. 여러 국제 건축 공모전에 입상하면서 건축 이론에도 큰 영향을 끼친 인물이죠. 그녀가 만든

리버사이드뮤지엄

작품 중에서는 홍콩의 픽 클럽이나 웨일스의 카디프베이 오페라 하우스 같은 건축물들이 세계적으로 많은 영감을 주고 평가받고 있어요. 또, 그녀는 1979년에 제이 프리츠커가 만든 프리츠커상을 받은 최초의 여성 건축가로도 유명하죠. 프리츠커상은 건축 분야에서 가장 권위 있는 상으로, 그녀의 건축이 얼마나 뛰어난지를 잘 보여주는 사례예요.

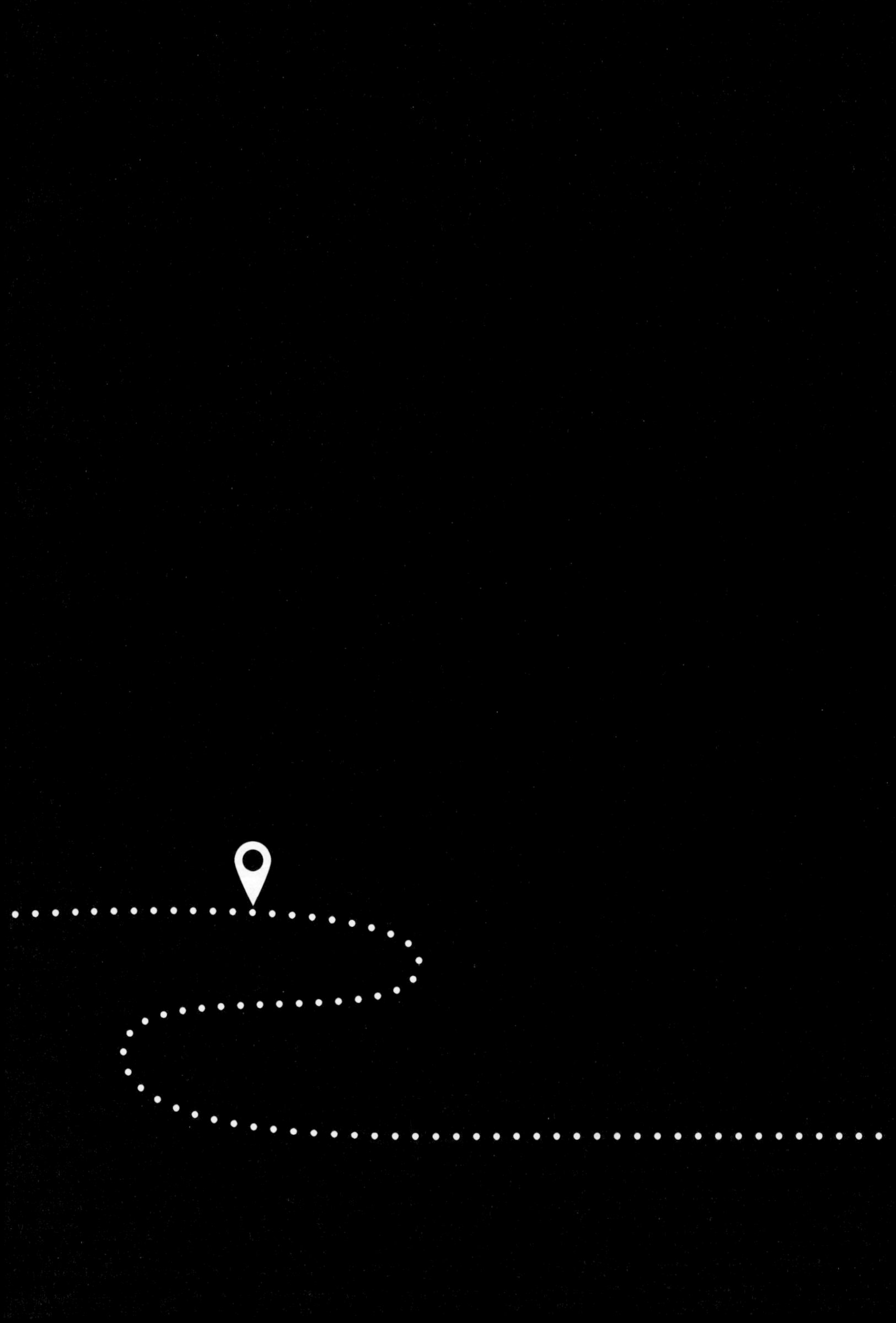

시간을 걷는 마을

덴마크 코펜하겐 프릴란드스무세트(Frilandsmuseet) 야외박물관

» 세계에서 가장 오래된 야외박물관이 어디일까?

한국에는 어디에 있을까요? 아마도 용인에 있는 한국민속촌입니다. 한국민속촌은 우리나라 전통 가옥과 거리를 재현한 야외박물관의 한 형태입니다. 이런 곳이 세계 곳곳에 많아요. 그중에 가장 대표적인 야외박물관이 스웨덴의 스칸센 박물관입니다. 전문용어로는 오픈 에어 박물관 또는 야외박물관으로 불러요. 이것도 지붕 없는 박물관의 일종이에요.

세계에서 가장 크고 오래된 박물관 중의 하나는 덴마크에 있어요. 처음 이곳에 방문했을 매우 놀라웠습니다. 덴마크의 집을 그대로 전시해 놓은 거예요. 외형만 전시해 놓은 것이 아니라 실내도 살았던 모습 그대로 전시를 해놨어요. 식탁 위에 있는 나무 기둥에 숟가락 꽂이가 있는 모습은 너무 재미있었어요. 잔디에 놓인 몇 개의 식탁을 겸비한 벤치에 준비해 온 도시락을 먹는 아이들의 모습도 매우 귀여웠습니다. 아이들은 선조들이 농장에서 짐을 나를 때 사용하던 나무 웨건에 올라타서 서로 끌어주며 깔깔대고 있습니다. 북유럽을 답사하면서 집의 지붕에 풀이 올

덴마크야외박물관

려져 있는 것이 생태건축의 한 형태인 줄 알았는데 이곳에 와서 그 궁금증이 풀렸습니다. 우리나라 선조들이 집 주변의 풀이나 억새를 이용하여 지붕을 만들었듯이 이곳에서도 전통적으로 주변의 풀을 이용해서 집의 지붕을 만든 것이 매우 인상적이었어요.

그 박물관이 프릴란드스무세트(Frilandsmuseet)입니다. 덴마크의 수도 코펜하겐 북쪽에 있는 프릴란드스무세트는 마치 다른 세상으로 들어가는 듯한 풍경을 보여주는 박물관입니다. 아주 유서 깊은 덴마크의 전원적인 풍경을 그대로 보여주고 있습니다. 자갈길을 따라 거닐며 농

부, 부유한 제분업자, 마을 직조공, 구빈원 수감자 등 옛 사람들의 가구가 완비된 집을 방문하며 수 세기 전으로 시간 여행을 떠나는 듯한 기분을 쉽게 느낄 수 있습니다.

이 박물관은 야외에 옛날 건물들을 그대로 옮겨 놓아 실제처럼 꾸며진 거대한 마을 같은 공간입니다. 이 박물관은 약 40헥타르(축구장 70개 이상 크기!) 넓이의 땅 위에 다양한 전통 농가와 건축물 100여 채 이상을 전시하고 있고, 이 건물들은 전부 진짜 옛날 사람들이 살았던 집이나 일터에서 직접 가져온 것입니다.

» 어떤 건축물이 있을까요?

프릴란드스무세트에는 덴마크를 중심으로 북유럽 여러 지역에서 가져온 건축물들이 전시되어 있습니다. 건물은 대부분 1650년부터 1950년 사이에 실제로 지어진 것들이며, 각 건물은 그 시대와 지역의 삶의 모습과 기술을 그대로 담고 있는 살아있는 유산입니다. 각각의 건물은 단순히 오래된 집이 아니라, 그 시대와 지역 사람들의 생활 방식, 기술

수준, 사회 구조, 자연과의 관계까지 담고 있는 살아 있는 문화유산입니다. 이 박물관에 들어서면 마치 수백 년 전 농촌 마을 한가운데에 들어선 듯한 기분이 듭니다.

농가(Farmhouses)

가장 많이 눈에 띄는 건물 유형은 '농가'입니다. 예전 덴마크와 북유럽 사람들은 대부분 농촌에서 살면서 농사를 지었기 때문에, 농가는 가장 기본적인 삶의 공간이었습니다.

이들 농가는 가족이 함께 사는 공간이자, 일터이기도 했습니다. 주방, 거실, 침실, 창고가 한 지붕 아래에 있고, 때로는 가축과 함께 사는

구조도 많았습니다. 이곳 농가들은 크기와 구조, 사용된 재료가 지역에 따라 달라, 건물만 봐도 어떤 지역에서 왔는지 알 수 있습니다. 어떤 농가는 벽이 진흙과 짚으로 이루어져 있고, 어떤 곳은 튼튼한 벽돌로 지어진 경우도 있습니다. 또 지붕은 보통 볏짚이나 갈대로 덮여 있어, 겨울에는 따뜻하고 여름에는 시원한 구조로 되어 있습니다.

작은 집(Cottages)

프릴란드스무세트에는 부유한 농가 외에도 하인이나 가난한 사람들이 살았던 작은 집들도 있습니다. 이 집들은 규모가 작고 아주 소박하지만, 그 안에는 검소하면서도 지혜롭게 살아간 흔적이 고스란히 남아 있습니다. 한두 개의 방으로 구성되어 있고, 조리 공간도 아주 작습니다. 하지만 가구는 실용적이고, 벽난로나 난로 등 생존에 꼭 필요한 구조는 잘 갖추어져 있습니다. 이 작은 집들을 보면, 당시 사회의 계층 구조와 생활의 격차를 현실적으로 느낄 수 있습니다.

작업장과 공방(Workshops)

과거 농촌에서는 모든 것이 손으로 만들어졌기 때문에, 다양한 작업장과 공방도 매우 중요한 공간이었습니다. 프릴란드스무세트에는 대장간, 방직소, 목공소 등 여러 형태의 수공예 작업장이 전시되어 있습니다.

예를 들어 대장간은 금속을 녹여 농기구를 만들던 곳으로, 무거운 쇠망치와 모루, 가마가 그대로 보존되어 있습니다. 목공소에는 톱과 대

패, 다양한 목재 조각 도구들이 놓여 있고, 방직소에는 실제 실을 짜는 베틀과 실타래가 정돈되어 있어, 예전 사람들이 어떤 방식으로 옷과 도구를 만들었는지를 직접 볼 수 있습니다.

헛간과 창고(Barns and Storehouses)

농사와 가축을 중심으로 살아가던 당시 사람들에게는 헛간과 창고가 아주 중요했습니다. 프릴란드스무세트에는 곡식을 보관하던 창고, 건초를 쌓아두던 헛간, 가축을 사육하던 우리 같은 구조물들이 많이 있습니다.

이 건물들은 단순히 창고가 아니라, 겨울을 준비하고 가족의 생계를 지탱하는 데 중요한 역할을 했습니다. 짚으로 만든 지붕과 나무 벽으로 만들어졌으며, 비와 눈을 막고 통풍이 잘되도록 지어진 점이 특징입니다.

풍차와 수차(Windmills and Watermills)

프릴란드스무세트에서 꼭 봐야 할 대표적인 건축물 중 하나는 풍차입니다. 특히 1662년에 지어진 칼스트럽 풍차(Karlstrup Windmill)는 덴마크에서 가장 오래된 풍차 중 하나로, 당시 곡물을 갈아 밀가루로 만드는 데 쓰였습니다.

풍차는 단지 멋진 풍경이 아니라, 바람이라는 자연의 힘을 이용해 노동력을 절약한 지혜로운 에너지 기술의 상징입니다. 내부에는 톱니바퀴, 회전축, 제분기 등이 그대로 보존되어 있어, 실제로 풍차가 어떻게 돌아가고 곡물이 어떻게 가루로 바뀌는지를 직접 관찰할 수 있습니다. 또 물레방아를 이용한 수차도 전시되어 있는데, 물의 힘을 이용한 농촌 기술을 보여주는 훌륭한 사례입니다.

예배당과 작은 교회(Chapels and Churches)

과거의 농촌 공동체에서 종교는 사람들의 정신적 중심이었습니다. 프릴란드스무세트에는 작은 예배당도 보존되어 있습니다. 작고 소박하지만, 나무로 만들어진 제단, 오래된 촛대, 단순한 목제 벤치들이 놓여 있어, 당시 농민들이 어떻게 공동체 예배를 드렸는지 상상해 볼 수 있습니다.

이처럼 프릴란드스무세트에 전시된 건축물들은 모양과 구조, 기능이 각각 다르지만, 모두가 연결되어 옛날 마을 하나를 통째로 재현한 것처럼 구성되어 있습니다. 각 건물의 배치도 실제 옛날 마을의 구조를 따르고 있어, 건물 사이를 걷다 보면 어느새 한 마을의 주민이 된 듯한 기분을 느낄 수 있습니다.

이곳의 건물들은 단순히 보기 좋게 꾸며진 전시물이 아니라, 원래 있던 장소에서 해체해 옮겨온 '진짜 건물'들입니다. 목재 하나, 벽돌 하나, 기와 한 장까지 다 옮겨서 원형 그대로 다시 조립한 것이기 때문에, 건물 하나하나가 그 자체로 살아 있는 역사책이라 할 수 있습니다.

이 건물은 어디서 왔나요?

프릴란드스무세트에 전시된 건축물들은 단순한 모형이나 복제품이 아닙니다. 이곳의 모든 건물은 실제로 사람들이 살았던 진짜 집과 작업장, 헛간, 풍차 등을 원래 있던 마을에서 직접 옮겨온 것입니다. 그래서 건물 하나하나에 옛날 사람들의 삶의 흔적이 고스란히 담겨 있습니다.

이 건물들은 덴마크 전역뿐만 아니라, 페로제도, 스웨덴 남부, 독일 북부처럼 다른 북유럽 지역에서 온 것도 있습니다. 각 지역은 날씨나 환경이 다르므로, 그에 맞는 건축 방식도 다릅니다. 예를 들어, 바람이 센 지역에서는 집을 낮고 튼튼하게 지었고, 비가 많이 오는 지역에서는 물이 잘 빠지도록 지붕을 뾰족하게 만들었습니다. 이렇게 건축물들을 보면, 사람들이 자연에 어떻게 적응하며 살아갔는지를 알 수 있습니다.

하지만 이 건물들을 박물관으로 옮기는 일은 정말 쉬운 일이 아니었습니다. 먼저, 원래 위치에 있던 건물을 하나하나 자세히 조사하고 사진을 찍으며 기록합니다. 그리고 기둥, 벽, 지붕, 창문, 문짝까지 모든 부품에 번호를 붙여 정확히 해체합니다.

해체된 부품들은 잘 포장해서 트럭이나 배로 운반한 다음, 박물관 부지에서 원래 모습 그대로 다시 조립합니다. 이 과정은 퍼즐을 맞추는 것처럼 아주 정밀하게 진행됩니다. 손상된 부분은 비슷한 재료로 보완하지만, 최대한 원래 부품을 그대로 사용하는 것이 원칙입니다.

이렇게 정성껏 옮겨온 건물들은 단순히 외형만 옛날 모습이 아니라, 안에 들어가 보면 실제로 그 시절 사람들이 살던 모습 그대로 꾸며져 있습니다.

부엌에는 가마솥과 나무 숟가락, 침실에는 짚이 들어간 매트리스, 헛간에는 농기구와 마차가 놓여 있어, 그 시대의 분위기를 생생하게 느낄 수 있습니다.

예를 들어, 1662년에 지어진 칼스트럽 풍차(Karlstrup Windmill)는 덴마크 시골 마을에서 옮겨온 건물입니다. 예전에는 바람의 힘을 이용해 곡물을 빻아 밀가루를 만들던 곳입니다. 지금도 박물관에서는 이 풍차가 돌아가는 모습을 볼 수 있고, 안에 들어가면 톱니바퀴와 기계 장치가 어떻게 작동하는지 직접 볼 수 있습니다.

이처럼 프릴란드스무세트의 건물들은 단순한 전시물이 아니라, 진짜 사람이 살았던 삶의 현장을 옮겨 놓은 공간입니다. 건물 속에는 가족들의 생활, 지역의 문화, 자연에 적응하는 지혜가 담겨 있고, 그것을 지금 우리가 눈으로 보고 직접 느낄 수 있는 것입니다.

이처럼 프릴란드스무세트의 모든 건축물은 단순히 '예쁜 옛날 집'이 아니라, 사람들의 삶과 기술, 자연과의 관계, 공동체의 지혜를 담은 증거물입니다.

그리고 이 모든 건물은 오랜 시간, 많은 사람의 정성과 노력으로 현재의 모습으로 재탄생한 것입니다.

청소년들이 이곳을 방문한다면, 건물 하나하나를 보며 단지 '오래된 집'이 아니라, 그 안에 살아 숨 쉬는 수백 년의 이야기와 지혜를 느낄 수 있게 될 것입니다.

» 왜 이렇게까지 정성 들여 옮겼을까요?

프릴란드스무세트에서는 건물 하나를 옮길 때도 아주 많은 시간과 노력을 들입니다. 단순히 옛날 건물처럼 생긴 모형을 새로 짓는 것이 아니라, 실제로 사람들이 살았던 진짜 집을 해체하고, 그대로 옮겨와 다시 조립하는 방식으로 전시하고 있기 때문입니다. 그렇다면 왜 이렇게까지 정성 들여 옮겼을까요?

그 이유는 바로 진짜 옛날 사람들의 삶을 가장 생생하고 정확하게 보여주기 위해서입니다.

사람들이 예전에는 어떤 집에서 살았는지, 어떤 환경에서 일했는지, 어떤 물건을 쓰고 어떤 방식으로 생활했는지를 그냥 사진이나 그림으로 보는 것만으로는 잘 느껴지지 않기 때문입니다. 그래서 프릴란드스 무세트는 직접 그 집을 통째로 가져와서, 그 시대와 공간을 눈으로 보고, 발로 걷고, 몸으로 느낄 수 있게 만든 것입니다.

건물 하나하나에는 단순한 구조만 있는 것이 아니라, 사람들의 일상과 감정, 생각, 전통, 그리고 자연과 함께 살아가는 지혜가 담겨 있습니다.

예를 들어 어떤 집은 가족들이 한 방에 모여 함께 자고, 부엌에서 불을 지펴 따뜻한 죽을 끓이며 서로를 돌보던 흔적이 그대로 남아 있습니다. 또 어떤 작업장에서는 사람들이 도구를 만들며 하루하루를 보내던 모습이 느껴지고, 풍차나 수차 같은 건물에서는 자연의 힘을 이용해 일을 하던 방식도 배울 수 있습니다.

이처럼 옛날 건물을 실제로 옮겨 놓으면, 그 시절 사람들의 삶을 상상하는 것이 훨씬 쉬워지고, 마치 타임머신을 타고 그 마을에 들어간 것 같은 특별한 경험을 할 수 있습니다.

또한 이런 경험은 단지 재미있는 구경거리가 아니라, 우리가 지금 살아가는 방식과 비교해 보며 '지속 가능한 삶'이란 무엇인지 생각해 보는 기회가 되기도 합니다.

그래서 프릴란드스무세트는 건물을 단순히 예쁘게 꾸며놓는 게 아니라, 그 안에 담긴 사람들의 이야기, 지역의 역사, 그리고 오래된 삶의 지혜를 함께 보여주고자 정성과 노력을 다해 건물을 옮기고 보존하는 것입니다.

» 이곳에는 참여를 위한 다양한 활동이 있어요

북유럽의 전형적인 풍경 중 하나는 바로 풀밭 위를 자유롭게 거니는 양 떼입니다. 알고 계셨나요? 1800년대 초반, 대부분의 사람들은 시골에 살면서 필요한 옷감이나 직물은 직접 만들어 사용했습니다. 그 시절, 양털은 일상생활에서 아주 중요한 자원이었고, 양모를 다듬고 실을 잦는 일은 가족 모두의 일과였습니다.

프릴란드스무세트에서는 그 시대의 생활을 직접 체험할 수 있는 특별한 프로그램을 운영하고 있습니다. 이 프로그램에서는 박물관 안에 있는 여러 농장을 방문하면서, 뜨개질 길드와 뜨개질방의 역할을 배우고, 다양한 무늬와 색으로 장식된 침구나 산책용 외투 등 농촌 사람들의 손길이 담긴 직물 문화를 살펴볼 수 있습니다.

예를 들어, 올메르두그(Olmerdug), 볼스터(Bolster), 흐베르가른(Hvergarn), 바드멜(Vadmæl)과 같은 오래된 직물 이름의 차이점도 배울 수 있습니다.

또한, 박물관에서 기르고 있는 전통 품종 양의 올해 수확한 양모를 직접 만지고, 손으로 빗질하고 실을 자아 보는 방적 체험도 할 수 있습니다. 체험자들은 박물관이 보관하고 있는 오래된 뜨개질 패턴을 따라 넥타이용 숄을 뜨는 것부터, 고운 색의 실로 땋은 리본이나 짜인 끈을 만드는 전통 기법까지도 배울 수 있습니다.

이 과정을 통해 참가자들은 조상들이 사용했던 오래된 기술과 지혜를 손끝으로 느껴보고, 그 지식을 바탕으로 지속 가능한 새로운 디자인을 창조할 수 있는 기회도 얻게 됩니다.

과거 농촌에서의 삶은 어른들만의 일이 아니었습니다. 그 시절 농장에는 아이들도 가족의 일원으로 함께 일했기 때문입니다.

아버지, 어머니, 형제자매, 그리고 닭, 말, 돼지, 소, 양 등 많은 동물과 함께 온 가족이 한 울타리 안에서 살아갔습니다. 남자든 여자든 모두가 일상 업무에 참여했습니다.

소년들은 어른이 되는 법을 배우기 위해 들판에서 일하거나 마구간에서 동물을 돌보는 일을 했고, 소녀들은 집안에서 난로를 관리하거나 버터를 만들고, 양모 손질을 도왔습니다. 하지만 매일 일만 했다면 얼마나 지루했을까요? 아이들도 가끔은 놀이를 즐길 시간이 있었습니다. 이 프로그램에서는 과거 농부 아이들이 어떤 놀이를 했는지 직접 체험할 수도 있습니다.

하루 동안 시골 생활을 체험하는 이 프로그램은 옛날 농촌의 집, 정원, 들판, 동물들을 모두 둘러보며, 농부들이 어떤 환경에서 살고 일했는지를 깊이 있게 배울 수 있게 해줍니다.

대형 저택이나 소박한 농가에서 살던 농부들의 주방, 밭, 일터, 그리고 그 모든 일상 사이에서 잠자고, 먹고, 함께 살아가던 방식을 관찰할 수 있습니다.

힘든 농사일과 축제의 즐거움, 가족과 하인들이 함께 살아가는 모습, 그리고 한 해의 계절 흐름에 따라 변화하는 삶의 리듬까지 이해하게 됩니다.

그리고 무엇보다도 많은 사람들이 기대하는 것은 바로 먹는 즐거움입니다. 박물관 안쪽 '역사의 안뜰'에서는 매일 저녁 지역 특산물로 만든 전채요리와 전통 음식에서 영감을 받은 요리가 준비되어, 프로그램의 하루를 맛있고 따뜻하게 마무리할 수 있습니다.

이 체험은 단순히 과거를 흥미롭게 보는 것에서 그치지 않습니다. 옛날 사람들의 생활을 온몸으로 느끼고, 그 안에 담긴 지혜와 기술을 통해 오늘을 새롭게 바라볼 수 있는 특별한 기회입니다. 이것은 에코뮤지엄의 활동이라고 할 수 있지요.

타임머신 없는 시간 여행

덴마크 오르후스 덴 감레 비 야외박물관

» 덴 감레 비(Den Gamle By) 이야기

덴 감레 비(Den Gamle By)는 덴마크 제2의 도시인 오르후스 (Aarhus)의 중심에 있는 야외박물관입니다. '덴 감레 비'는 덴마크어로 '옛 마을'을 뜻하며, 과거 도시의 건축물과 생활 문화를 직접 보고 체험할 수 있도록 조성된 공간입니다. 이 박물관은 세계 최초의 도시형 실외 역사박물관(open-air museum of urban history)이라는 점에서 국제적인 주목을 받는 유서 깊은 장소입니다.

» 어떻게 시작됐을까?

이 마을 박물관은 1914년에 처음 문을 열었어요. 시작은 단출했지만, 지금은 세계 최초의 실외 도시 역사박물관(open-air museum of urban history)으로 불릴 만큼 유명하답니다. 아이디어는 건축가이자 박물관장인 피터 홈(Peter Holm)이 냈어요. 그는 옛날 도시의 모습을 그대로 보여주고 싶었고, 그래서 1500년대부터 1800년대까지의 전통 건물들을 다른 지역에서 옮겨와 이곳에 세웠어요.

» 어떤 모습일까?

덴 감레 비는 단순히 오래된 집을 모아놓은 곳이 아니에요. 마을 안을 걷다 보면, 옛날 상점, 학교, 공방, 가정집까지 다양하게 만나볼 수 있어요. 그뿐만 아니라, 당시 복장을 입은 사람들이 실제로 마을 안에서 생활하는 모습도 볼 수 있어요. 말을 타고 다니거나 수레를 끌고 다니는 모습도 종종 보인답니다.

덴 감레 비는 단순히 과거의 건물을 보는 데 그치지 않고, 그 안에서 살아가는 사람들의 삶과 사회의 변화를 함께 보여주는 데 초점을 맞추고 있습니다. 박물관은 총 세 시기를 중심으로 구역이 구성되어 있으며, 이를 통해 방문객이 시간의 흐름을 따라 도시의 변화를 체험할 수 있도록 설계되어 있습니다.

가장 오래된 구역인 1864년 마을은 산업화 이전의 덴마크 도시를 재현한 공간입니다. 이곳에서는 목재 구조의 전통 가옥, 수공예 공방, 작은 상점 등이 배치되어 있으며, 자급자족적인 삶의 형태를 간접적으로 경험할 수 있습니다. 다음으로 1927년 구역은 전기와 자동차가 도시 생활에 점차 도입되기 시작한 시기를 배경으로 하며, 신문, 금융기

관, 근대 상점, 대중문화의 요소들이 등장하는 사회적 변화를 반영하고 있습니다. 마지막으로 1974년 마을은 비교적 최근 시대의 일상생활을 재현하고 있으며, 텔레비전, 전화기, 냉장고 등의 가전제품과 함께 20세기 중반 가정의 인테리어와 생활 방식을 보여주고 있습니다.

» 왜 특별할까?

덴 감레 비는 세계에서 가장 먼저 만들어진 도시형 야외박물관이에

요. 스웨덴에 있는 스칸센(Skansen)이라는 시골 마을 스타일 박물관은

잘 알려졌지만, 도시의 삶을 재현한 건 덴 감레 비가 처음이었죠. 이곳은 단순한 관광지가 아니라, 사람들이 어떻게 살았는지를 생생하게 체험하고 느낄 수 있는 공간이에요.

또한, 덴 감레 비는 다양한 테마 전시와 행사, 워크숍도 열고 있어서 청소년부터 어른까지 모두에게 열린 역사 교실 같답니다.

현재 덴 감레 비에는 75채 이상의 전통 건물이 있고, 덴마크 전역에서 옮겨온 진짜 건물들이에요. 전통 빵집에서 옛날 빵을 사 먹거나, 1920년대 이발소에서 실제로 머리를 자를 수도 있어요. 또 1970년대 가정집에서는 당시 유행하던 가전제품이나 장난감을 구경할 수도 있죠.

» 걸으며 배우는 시간의 마을

덴 감레 비는 교육적인 측면에서도 매우 중요한 가치를 지니고 있습니다. 특히 청소년들에게는 역사와 문화를 머리로만 배우는 것이 아니라, 몸으로 체험하면서 배울 소중한 기회를 제공합니다. 이러한 경험은 과거의 생활 방식과 사회 구조에 대한 이해를 깊게 해주며, 현재의 삶과 비교하는 성찰의 기회를 마련해 줍니다. 또한 이 박물관은 지역 정체성과 문화적 연속성의 중요성을 인식하게 하며, 국내외 방문객 모두에게 덴마크 도시문화의 뿌리를 이해하는 데 도움을 주고 있습니다.

덴 감레 비의 가장 큰 특징은 단순한 시각적 관람을 넘어 체험 기반의 역사 교육을 제공한다는 점입니다.

역사 복장을 입은 배우들이 해당 시대의 역할(예: 제빵사, 구두 수선공, 학교 선생님 등)을 맡아 살아 있는 마을을 연출하고 있으며, 전통 상점에서는 실제로 19세기 방식으로 구운 빵이나 수공예품을 구입할 수 있습니다.

공방 체험을 통해 대장장이, 목수, 인쇄소 작업 등을 직접 체험하거나 시연을 관람할 수 있으며, 실제 사용 가능 이발소에서는 1920년대식 면도나 이발 서비스를 받을 수 있습니다. 가정 내부 전시는 각 시대의 가정환경, 전자제품, 장난감, 교육 자료 등 다양한 일상 요소를 충실하게 복원하여 관람객의 몰입을 돕습니다.

» 기억의 골목에서 미래를 걷다

이 박물관의 가장 큰 특징은 관람객이 단순히 전시를 보는 것을 넘어서, 과거를 직접 체험할 수 있다는 점입니다. 각 시대의 복장을 한 배우들이 실제로 마을 곳곳에서 활동하며, 제빵사, 대장장이, 선생님, 상점 점원 등의 역할을 합니다. 관람객은 전통 방식으로 구운 빵을 직접 구매해 볼 수 있으며, 1920년대 이발소에서는 실제로 면도나 이발 체험을 할 수 있습니다. 또한, 각 가정집 내부는 그 시대의 생활용품, 장난감, 가구 등으로 세밀하게 구성되어 있어 관람객이 마치 당시의 공간 속으로 들어간 듯한 몰입감을 느낄 수 있습니다.

덴 감레 비는 단순한 과거의 재현을 넘어, 과거와 현재, 그리고 미래를 연결하는 문화적 다리 역할을 하고 있습니다. 이곳을 방문하는 사람들은 도시의 시간이 어떻게 흘러왔는지, 사람들의 삶이 어떻게 변화해 왔는지를 직접 보고 느낄 수 있습니다. 덴 감레 비는 오늘날에도 여전히 생동감 있는 역사 교육의 장이자, 덴마크를 대표하는 문화유산 공간으로서 커다란 의미를 지니고 있습니다.

패스트 푸드의 상징, 맥도날드 박물관

미국 샌버나디노

한때 미국 로스앤젤레스 근교에서 작은 영화관을 운영하던 두 형제가 있었어요. 그들은 바로 리처드 제임스 맥도날드와 모리스 제임스 맥도날드, 우리가 오늘날 너무도 잘 알고 있는 '맥도날드'의 창업자들이죠. 1930년대 대공황이 미국을 덮치면서 그들의 영화관 '더 비콘(The Beacon)'은 문을 닫을 수밖에 없었어요. 하지만 여기서 끝이 아니었답니다.

1937년, 형제는 캘리포니아 몬로비아의 경마장 앞에서 핫도그를 팔기 시작했어요. 아주 소박한 시작이었죠. 그렇게 모은 돈을 밑천 삼아, 노동자들이 많았던 샌버너디노라는 도시에서 본격적으로 식당을 열기로 마음먹습니다. 자동차 운전자가 급격히 늘던 시절이었기에, 그들은 운전자들이 차에 탄 채로 음식을 주문하고 받을 수 있는 '드라이브인 레스토랑'을 열었어요. 이게 바로 맥도날드의 전신이죠.

초창기에는 '카홉(carhop)' 서비스라고 해서, 롤러스케이트를 탄 여

195

맥도날드

성 종업원들이 자동차로 직접 음식을 가져다주었답니다. 당시엔 그런 서비스가 꽤 인기를 끌었죠. 하지만 시대는 빠르게 변했고, 특히 제2차 세계대전 이후 '베이비붐' 세대가 등장하면서, 가족 단위의 손님들이 점점 늘어났어요. 이에 따라, 맥도날드 형제는 더욱 간편하고 빠른 서비스를 제공하는 방식으로 바꾸기로 했죠.

그들은 메뉴를 단 9개로 줄이고, 자동차 산업의 대량생산 방식에서 힌트를 얻어 '스피디 서비스 시스템(Speedy Service System)'이라는 혁신적인 운영 방식을 도입했어요. 즉, 햄버거를 일관된 방식으로 빠르게 조리해 내는 체계를 갖춘 것이죠. 원래는 '맥도날드 페이머스 바비큐(McDonald's Famous BBQ)'라는 이름이었지만, 1948년에는 아예 햄버거 중심의 식당으로 바꾸면서 이름도 바꾸게 됩니다.

그렇게 사업은 점점 성공 궤도에 올라섰고, 형제는 1953년 애리조나주 피닉스에 황금 아치가 들어선 맥도날드 1호점을 열며 프랜차이즈 사업을 시도하게 돼요. 하지만 생각처럼 쉽진 않았죠. 매장 관리가 너무 어렵고, 통제가 안 되다 보니 결국 프랜차이즈 확장은 포기하게 돼요.

이때 한 인물이 등장하죠. 바로 멀티믹서(밀크셰이크 기계)를 팔고 있던 레이 크록(Ray Kroc)이에요. 그는 맥도날드 형제가 한꺼번에 여러 대의 믹서를 주문했다는 사실에 흥미를 느끼고 직접 매장을 방문하게 됩니다. 그리고 직접 눈으로 그 빠르고 효율적인 운영 방식을 보고 완전히 매료됐어요. 그는 이 시스템이 프랜차이즈에 딱 맞는 모델이라 확신하고, 프랜차이즈 사업을 함께 하자고 제안하죠. 맥도날드 형제는 처음에는 반대했지만, 결국 1955년 레이 크록은 일리노이주 디스플레인스(Des Plaines)에 첫 정식매장을 열며 본격적으로 프랜차이즈 사업을 시작합니다.

초기에는 경쟁이 심해져 이익을 내기 힘들었지만, 레이 크록은 기발한 전략을 생각해 냅니다. 바로 매장을 직접 짓지 않고, 대신 매장이 들어설 땅을 먼저 사들인 뒤 점주들에게 임대하고 임대료를 받는 방식으로 수익을 올린 것이죠. 이렇게 그는 본격적으로 맥도날드를 전 세계 브랜드로 키워나가기 시작합니다.

하지만 여기에는 갈등도 있었어요. 1961년, 레이 크록과 맥도날드 형제 사이의 의견 차이는 결국 갈등으로 번졌고, 크록은 270만 달러를 주고 맥도날드 형제로부터 상표권, 디자인, 로열티 등 모든 권리를 사들입니다. 이 270만 달러는 15년간의 로열티를 0.5% 기준으로 계산한 금액이었어요. 그러나 크록은 형제들과 나눴던 구두 약속은 이행하지 않았다고 해요. 심지어 크록은 인수 당시 맥도날드 형제의 1호점이 인수에 포함되지 않았다는 사실을 알게 되자 분노했고, 그들이 더 이상 황금 아치 로고를 사용하지 못하게 했어요. 그뿐만 아니라, 그 1호점 근처에 가맹점을 열어 형제들의 식당을 몰아내기까지 했죠.

맥도날드 형제는 결국 상호명을 빅엠('Big M')으로 바꾸고 식당을 계속 운영했지만, 1968년에 문을 닫고 말았어요. 이후 1970년에는 닐 베이커(Neal Baker)라는 사람이 이 건물을 인수해 빵집을 열었지만, 건물 안전 문제로 인해 1972년에 철거되고 말았죠.

이후 시간이 흘러, 1998년이 되었을 때 이 터는 압류 상태였고, 일본계 미국인 앨버트 오쿠라(Albert Okura)가 13만 5천 달러에 이곳을 구입하게 됩니다. 그는 치킨 레스토랑 체인인 후안 폴로(JUAN POLLO)의 창립자로, 이곳에 현대식 건물을 짓고 절반은 본사 사무실로, 나머지 절반은 맥도날드 박물관으로 활용하기 시작했어요.

그리고 또 하나 흥미로운 사실이 있어요. 2005년, 앨버트 오쿠라는 캘리포니아의 유명한 66번 도로에 위치한 '앰보이(Amboy)'라는 고스트 타운을 42만 5천 달러에 구입합니다. 지금 그는 이곳을 관광 명소로 키우면서 지역 발전을 위해 힘쓰고 있어요. 과거 맥도날드의 첫 시도가 이루어졌던 장소가, 이제는 또 다른 방식으로 사람들의 기억과 문화 속에 살아나고 있는 거죠.

헨리 포드 뮤지엄, 디에고 리베라를 만나다

헨리 포드와 디에고 리베라, 뮤지엄과 갤러리

"디트로이트에 다녀왔어."

"아, 모터 시티! 자동차 도시잖아?"

"맞아. 비행기에서 내리자마자 눈에 띄는 게 있었어. PURE라고 적힌 표지랑 가을빛 물든 메이플 잎. 뭔가 상성적인 느낌이더라."

"디트로이트는 정말 자동차 도시지. GM, 포드, 크라이슬러— 미국 자동차 빅 쓰리의 본거지잖아."

"응, 도심을 벗어나면 금세 야생의 세계로 이어지더라고. 알고 보니 위스콘신주 근처래. 거기 샌드 카운티는 알도 레오폴드가 토

포드 뮤지엄 정문

디에고 벽화

지공동체 개념을 펼친 곳이고."

"그런 자연과 산업이 공존하는 도시라니 흥미롭다. 근데 헨리 포드 뮤지엄은 어땠어?"

"정말 인상 깊었어. 놀랍게도 그 뮤지엄, 헨리 포드가 자기 돈으로 만든 거래. 정부 예산도 아니고 말이야."

"와, 스케일이 남다르네. 뭐가 전시되어 있어?"

"자동차 역사부터 시작해서, 미국 산업의 발전 과정을 한눈에 볼 수 있어. 포드 모델 T, 대통령들이 탔던 차량, 레이싱카, 심지어는 자동차 관련 없는 유물까지도 있더라고."

"자동차랑 상관없는 건 뭐가 있었는데?"

"에이브러햄 링컨이 암살당할 때 앉아 있었던 의자랑, 에드거 앨런 포의 책상이 있었어. 그리고 '다이맥시온 하우스'라는 공간에선 버크민스터 풀러가 1940년에 상상한 미래 주택도 전시되어 있고."

"정말 다양하구나. 단순한 자동차 박물관이 아니라 미국의 역사와 문화가 담겨 있네."

"맞아. 자동차가 어떻게 미국인의 삶을 바꿨는지 보여주는 곳이지. 그리고 그린필드 빌리지도 인상 깊었어."

"그건 또 뭐야?"

"헨리 포드 뮤지엄 옆에 있는 야외 전시장인데, 17세기 미국 마을을 재현한 곳이야. '이글 태번'이라는 식당도 있었는데, 거기서 당시의 식

리베라 작품

단으로 음식을 내줘."

"시간 여행하는 기분이겠네. 디트로이트엔 그 외에 또 어떤 미술관이 있던가?"

"디트로이트 미술관! 꼭 가야 할 이유가 있어. 바로 디에고 리베라의 벽화 때문이야."

"아, 멕시코의 유명한 화가? 프리다 칼로의 남편이기도 했고."

"맞아. 그가 그린 〈디트로이트 인더스트리〉라는 벽화는 정말 압도적이었어. 프레스코화로 27개 패널에 디트로이트 산업과 포드 자동차 공장의 모습이 정교하게 표현돼 있었거든."

"산업화의 영광만 담은 건 아니겠지?"

"그렇지. 오히려 그 산업을 위해 자신을 갈아 넣은 노동자들의 모습에 초점이 맞춰져 있었어. 리베라는 컨베이어 벨트를 비롯한 포드 시스템을 그림으로 옮기면서 인간 노동과 기계문명이 어떻게 맞물리는지를 진지하게 담아냈지."

"그래서 감동적이었다는 거구나."

"응. 미술관 궁정 벽 전체에 펼쳐진 그 벽화 앞에 서 있으니, 산업화의 빛과 그림자가 한눈에 들어오더라."

날것 그대로 마주한 뮤지엄

독일 다하우 수용소

» 날것 그대로 마주한 다하우

"여기가 바로 다하우 수용소예요. 독일 최초의 강제수용소로, 1933 년에 군수품 공장 부지에 지어진 곳이죠."

나는 안내자의 말을 들으며 주위를 둘러봤어요. 뮌헨에서 북서쪽으로 약 16km 떨어진 조용한 소도시, 다하우. 한때 전 유럽을 공포에 몰아넣었던 나치 정권의 상징적인 장소가 여기에 이렇게 고요히 남아 있을 줄은 몰랐어요.

이른 아침, 수용소에 도착했을 때는 개관 시간보다 빨랐죠. 구글 지도가 안내한 길을 따라갔지만, 도착한 곳엔 아무것도 없었어요. 그저 비가 추적추적 내리는 고요한 마당, 그리고 바삭거리는 자갈 밟는 소리만이 저를 반겼죠. 알고 보니 직원용 출입구로 들어간 것이었고, 사무국 직원이 안내해 줘 정문으로 이동했어요. 그사이 저는 혼자서 수

다하우 수용소

용소 마당을 돌아다녔어요. 혼자 남겨진 그 30분, 설명이 필요 없을 정도로 가슴이 저릿했습니다.

　수용소 안으로 들어가면, 당시의 모습은 많이 사라졌지만, 여전히 남아 있는 두 개의 건물과 하얀 망루, 철조망, 검은 돌이 널려 있는 터에서 무언가 말로 설명할 수 없는 무게가 느껴졌어요. 이곳은 단지 수용소였던 것이 아니라, '강제수용소의 모델'이자 수많은 인종 말살 정책의 실행지였죠.

　"여기엔 30개국 이상에서 온 20만 명 이상이 수용됐고, 그중 4만 1,500명은 이곳에서 목숨을 잃었답니다."

　이야기를 들으며 저는 다시 정문을 바라봤어요. "아르바이트 마흐트 프라이(Arbeit macht frei*)", "노동이 너희를 자유롭게 하리라." 아우슈

---

* "Arbeit macht frei"라는 말은 독일어로 직역하면 "노동이 자유를 만든다"는 뜻이다. 원래 이 문장은 19세기 독일에서 쓰였을 때는 사람이 일을 통해 스스로를 발전시키고 더 나은 삶을 살 수 있다는 긍정적인 의미를 담고 있었다. 그러나 나치 독일은 이 문장을 아우슈비츠와 다하우 같은 강제수용소 정문에 걸어두며 잔혹하게 왜곡했다. 실제로 그곳에 끌려온 사람들은 강제노동을 당했고 대부분 살아서 돌아가지 못했다. 그래서 이 말은 자유를 약속하는 것이 아니라 사람들을 속이고 조롱하는 선전 구호로 쓰였다. 오늘날 이 문장은 단순한 독일어 문장이 아니라 홀로코스트와 나치의 폭력을 상징하는 역사적 기호로 남아 있다. 청소년이 이 말을 배워야 하는 이유는 언어가 단순한 표현을 넘어 사람들을 속이고 억압하는 도구가 될 수 있다는 사실을 깨닫기 위해서이다. 또한 아픈 역사를 기억하는 것이 같은 일이 반복되지 않도록 하는 길이

비츠 수용소 글귀가 여기에도 있었죠. 당시엔 흔한 독일 격언이었다지만, 이 문구가 이토록 끔찍하게 왜곡돼 쓰였다는 게 끔찍했어요.

정문을 지나자, 넓은 연병장이 나왔어요. 수용자들은 새벽 5시에 기상해 이곳에서 점호를 받고, 강제 노동에 동원됐다고 해요. 그리고 이어지는 길, 캠프 로드(The Camp Road). 수용자들은 이 길을 따라 행진했고, 일과가 끝난 뒤엔 다시 막사로 돌아갔죠. 참혹한 일상에서도 이

기 때문이다. 진정한 자유는 거짓과 강제 속에서 만들어지는 것이 아니라 서로를 존중하며 함께 살아가는 사회에서만 가능하다.

길에서는 서로 안부를 묻고 정보를 나누었다고 해요. 그래서 그들은 이 길을 "캠프 로드의 정신"이라 불렀답니다.

가스실도 보았어요. '샤워실'이라는 이름이 붙은 그 공간. 두꺼운 나무문과 벽면 철문, 샤워기처럼 보이는 곳에서 가스가 나왔고, 사람들은 그 안에서 숨이 멎었어요. 그런 다음 시신은 옆의 소각장으로 옮겨졌죠. 너무나 치밀하고 잔인한 시스템. 그 앞에 서자 숨이 막히는 느낌이 들었어요.

DEN TOTEN
ZUR EHR
DEN LEBENDEN
ZUR MAHNUNG

소각장 옆엔 동상이 하나 있어요. 첫 희생자의 모습이죠. "죽은 자에게 경외를, 산 자에게 경고를." 그 문구가 이곳의 메시지를 가장 정확히 전해주는 듯했어요.

지금 이곳은 단지 과거를 보존하는 장소가 아니에요. 가톨릭, 개신교, 유대교, 러시아 정교의 추모 공간이 공존하는, 평화를 기원하는 장소예요. 특히 유대인 추모공간은 지하로 내려가는 구조인데, 어두운 돌 사이로 들어오는 한 줄기 빛이 당시의 절망과 아픔을 생생하게 느끼게 해줘요.

뮤지엄은 총 13개의 전시실로 구성되어 있어요. 제1차 세계대전 이후 독일 사회의 혼란과 나치의 부상, 그리고 다하우 수용소 설립과 전쟁 중의 변화 과정, 종전 이후의 상황까지 연대기적으로 보여주죠. 전시장은 그때 모습 그대로 보존되어 있어요. '라히트 라우헨(nicht rauchen / 흡연 금지)'이라고 쓰인 벽면 하나까지도 말이죠.

막사는 현재 두 동만 남아 있어요. 3단 침상은 참 좁고 불편해 보여요. 여기서 사람들이 생활하고, 일하고, 죽어갔다니 믿기지 않았죠.

다하우는 이제 단순한 과거의 장소가 아니에요. 역사적 책임과 성찰을 요구하는 공간이죠. 역사를 '보여주는' 게 아니라, '살아낸 사람들의 고통'을 '함께 느끼게 하는' 공간이에요. 스토리텔링 없이도 그 자체로 압도적인 메시지를 전하는, 진정한 의미의 '다크 뮤지엄'.

"우리는 그저 과거를 기억하는 게 아니라, 그 기억을 오늘 우리가 무엇을 해야 할지 생각하는 출발점으로 삼아야 해요."

그날 전쟁박물관에서 마주친 진실

베트남 호찌민 전쟁박물관

"여기 정말 국립박물관 맞아?"

호찌민 도심 한복판, 꽤 초라한 외관의 전쟁박물관 앞에서 나는 그렇게 중얼거렸다. 겉모습만 보면 지나치기 쉬운 곳이지만, 그 안에 들어서는 순간부터 나는 전혀 다른 세계에 발을 디딘 느낌이었다.

내가 방문한 이곳의 정식 명칭은 호찌민 전쟁박물관이지만, 예전에는 '미국전쟁박물관'으로 불렸다. 베트남이 미국과 수교하기 전까지 말이다. 특히 이 자리는 과거 미군 정보부가 있던 곳이라니, 그 사실만으로도 등골이 서늘해졌다.

박물관 안은 고급스럽거나 현대적이지 않았다. 그런데, 전시물 하나하나가 엄청난 에너지를 품고 있었다. 처음엔 미국과 중국의 전쟁 범죄를 다룬 곳이라 생각했지만, 알고 보니 전시의 중심은 '베트남 전쟁'이었다. 전차, 전투기, 미사일, 심지어 고엽제로 인해 태어난 기형아의 사진까지⋯ 눈을 뗄 수가 없었다.

호찌민 전쟁 뮤지엄

한 층을 올라가던 도중, 계단 옆에 앉아 멍하니 있던 서양인을 봤다. 그땐 "왜 저렇게 앉아 있지?" 하고 말았지만, 조금 후에야 알았다. 그 사진들, 사실 그대로 찍힌 전쟁의 참상은 보는 이의 정신을 멈추게 할 만큼 충격적이었던 것이다.

나는 어릴 적 TV에서 방영된 만화 '똘이 장군'을 기억했다. 그 만화 속에 등장했던 미국은 정의의 나라였고, 공산국가는 무조건 나쁜 존재

211

였다. 그런데 이 박물관에서 본 미군의 행적은… 상상 이상이었다. 인간이 어떻게 이런 짓을 할 수 있었을까 싶을 정도였다.

사진 속에는 미국이 아닌 쿠바의 포스터, 체 게바라의 모습, 그리고 호찌민의 사진들이 함께 전시되어 있었다. 사회주의를 상징하는 이미지들 사이에 놓인 미군의 만행은, 마치 나비 효과처럼 더 큰 파장을 안겼다.

어쩌면 저기 앉아 있던 서양인은 이런 생각을 하고 있었을지도 모른다.

"우리가 정말 이런 짓을 저질렀다고?"

그리고 그 옆엔 굵은 글씨로 써져 있었다.

“지금 당장 미국은 동남아시아에서 나가라(U.S. OUT of S.E. Asia NOW).”

나는 문득 생각했다. 이 전시의 메시지는 단순히 과거를 비판하는 것이 아니었다. 우리 모두에게 묻고 있었다.

“당신은 정말 자유로운가? 그 시대의 진실 앞에서?”

어두운 기억의 장소

캄보디아 킬링필드와 투올 슬랭 제노사이드 뮤지엄

"여기가 바로 킬링필드라고 불리는 곳입니다. 믿기 힘들겠지만, 이 평범해 보이는 공간은 수많은 사람이 학살당한 현장이었죠."

우리는 캄보디아의 수도 프놈펜에 도착하자마자 '투올 슬랭 제노사이드 뮤지엄(Tuol Sleng Genocide Museum)'으로 향했다. 프놈펜은 신호등이 거의 없고, 맨발의 아이들이 검은 소를 몰며 지나가는 풍경이 낯설지 않은 도시다. 하지만 그 평화로운 풍경 이면에는 지울 수 없는 상흔이 남아 있었다.

캄보디아 제노사이드 뮤지엄

"이 건물은 원래 중학교였어요. 하지만 1975년부터 1979년까지는 크메르루주 정권에 의해 교도소, 즉 수용소로 쓰였죠."

가이드는 조심스레 문을 열며 내부를 보여줬다. 방 안에는 고문 도구와 철제 침대가 덩그러니 놓여 있었다. 말없이 침대를 바라보는 우리의 마음에는 무거운 침묵이 드리웠다. 이 철 침대는 그저 고문을 위한 도구였고, 이곳에서 수많은 이들이 죽임을 당했다고 했다.

"안경을 썼다는 이유로, 공부했다는 이유로, 지식인처럼 보인다는 이유로 사람들이 처형됐습니다. 말도 안 되죠. 하지만 이게 당시의 현실이었어요."

1970년대, 베트남 전쟁의 혼란 속에서 크메르루주 세력은 시아누크 국왕을 가택 연금하고 국명을 '민주 캄푸치아'로 바꾸며 정권을 장악했다. 그들은 마오이즘*을 따르며 자신들만의 방식으로 문화대혁명을 시도했고, 결과적으로 그 시도는 대규모 학살로 이어졌다.

"이제는 이곳이 제노사이드를 기억하는 박물관이 되었고, 유네스코 세계기록유산으로 지정되었어요. 당시 생존자들의 자서전과 증언, 심지어 직접 제작한 DVD까지 전시되어 있습니다."

우리는 그 기록들 속에서 단순한 과거의 역사가 아닌, 지금도 현재진행형인 고통과 기억을 만날 수 있었다. '다크 투어리즘'이라는 표현이 적절할 만큼, 이곳은 여행자에게 경각심을 일깨우는 특별한 장소였다.

---

* 마오이즘은 중국 혁명가 마오쩌둥(毛澤東)이 만든 사상으로, 마르크스주의를 중국 현실에 맞게 바꾼 버전이다. 핵심은 "농촌과 농민의 힘으로 사회를 바꿀 수 있다"는 생각이었다. 이 사상을 바탕으로 중국 공산당은 1949년에 중화인민공화국을 세웠다. 그러나 이후 마오쩌둥이 추진한 대약진 운동과 문화대혁명은 사회적 혼란과 큰 희생을 가져오기도 했다.

"이곳을 나오면 말문이 막히는 사람들이 많아요. 무언가 말해야 할 것 같은데, 차마 어떤 말도 입 밖으로 꺼내기 어려운 거죠."

그렇게 우리는 '경계 너머의 뮤지엄'을 지나며, 뮤지엄이 단순히 전시물이 있는 공간이 아닌, 기억을 보존하고 삶의 진실을 마주하게 하는 살아 있는 공간이라는 것을 깨달았다.

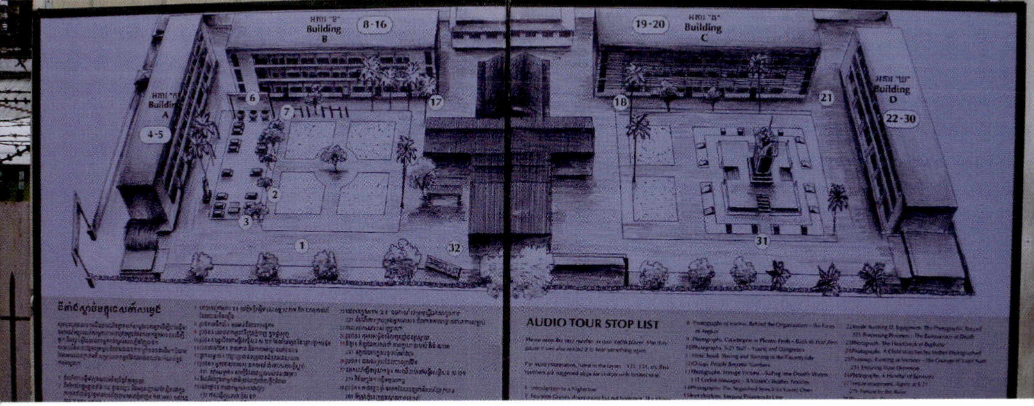

마을은 박물관

일본 다테야마 에코뮤지엄

» 동일본의 관문, 다테야마

"이번에 다녀온 곳은 일본 지바현에 있는 다테야마였어요. 일본 간토 지방 남쪽에 있는 보소반도의 끝자락, 바로 그곳인데요. 기후가 따뜻하고 자연환경도 풍요로워서 예전부터 항구를 중심으로 관광 산업이 꽤 활발했던 곳이에요. 오랜 세월 동안 '동일본의 관문' 역할을 해왔죠."

"들어보니까, 관문이라는 게 단순히 교역의 시작점만은 아니더라고요. 역사적으로 보면 갈등이나 다툼이 시작되는 장소가 되기도 했다고 해요. 다테야마도 그런 성격을 가진 곳 중 하나예요. 그래서 그런지 이 지역에는 중세의 성터 같은 옛 유적뿐만 아니라, 전쟁과 교류의 흔적도 곳곳에 남아 있죠."

"예를 들면 전쟁의 유산으로는 '아카먀 지하호'가 있고요, 한일 교류의 흔적으로는 '사면 석탑'이라는 게 있어요. 그리고 또 하나 인상적이었던

다테야마의 바다 일몰 전경

건, 아오키 시게루라는 화가가 그린 〈바다의 선물〉이라는 그림이었어요.
이 그림은 다테야마의 역사적 맥락을 예술로 표현한 작품이에요."

"저는 도쿄역 야에스 남구 버스터미널에서 아침 일찍 버스를 타고
출발했는데요, 다테야마로 가는 길이 정말 인상적이었어요. 우리나라
의 경기만처럼 일본 도쿄만을 따라가는 길인데, 특히 도쿄만 아쿠아
라인이라는 도로를 지나게 돼요. 그게 또 재미있더라고요."

"아쿠아 라인은 터널과 다리로 이루어진 15.1km짜리 구조물인
데, 도쿄만을 가로질러 가와사키시에서 기사라즈시까지 연결돼 있
어요. 이 길을 따라 달리다 보면 일본의 또 다른 풍경을 만나는 기
분이 들죠."

"고속버스를 타고 가다가 다테야마 시내에 도착하니까, 그 버스가 갑자기 완행버스로 바뀌는 거예요. 한 대의 버스로 고속과 완행을 다 경험하는 것도 처음이라 좀 신기했어요. 그렇게 완행버스를 타고 천천히 동네를 돌다 보니, 마침내 제가 도착한 곳이 바로 다테야마 에코뮤지엄 현장이었죠."

» "그림 하나가 마을을 바꾼 이야기, 들어보실래요?"

일본에 아오키 시게루라는 화가가 있어요. 1882년에 태어나서 겨우 28살에 생을 마감했지만, 짧은 생애 동안 굉장한 그림을 남겼죠. 그의 대표작은 바로 〈바다의 선물〉이라는 그림이에요. 이 작품은 일본 근대 미술에서도 중요한 문화재로 평가받고 있어요.

"그런데 이 그림, 그냥 도시 화실에서 그려진 게 아니라, 진짜 바닷가 마을에서 태어난 작품이에요."

1904년, 아오키 시게루는 22살이었고, 친구들이랑 함께 조그만 어촌 마을인 '메라'라는 곳에 갔어요. 거기서 어부 고타니 씨의 집에 머물렀죠. 바닷가를 따라 걷고, 스케치도 하면서 어촌의 삶을 가까이에서 지켜본 거예요.

"어느 날 친구 중 한 명이 이런 이야기를 들려줬어요. '알몸으로 바다에 들어가 물고기를 잡는 어부가 있다더라'라고요."

이 이야기에 아오키는 가슴이 뜨거워졌대요. 바로 다음 날, 그는 어부에게 가서 정중하게 부탁했어요. "그 모습, 제가 그림으로 남겨도 될까요?" 그렇게 해서 탄생한 게 바로 〈바다의 선물〉이에요. 진짜 어부의 삶, 그 생생한 모습을 전라의 상태로 묘사한 이 그림은 당시로선 파격이었지만, 지금은 그의 이름을 남긴 걸작이 되었죠.

그리고요, 더 감동적인 건 이 그림이 그려졌던 어부의 집이 지금은 마을 박물관이 됐다는 거예요. 단순한 전시관이 아니라, 사람들의 삶과 이야기가 그대로 배어 있는 곳이에요. 이곳은 일본식 전통 가옥이라기보단, 메이지 시대의 어업 중심 생활이 반영된 현대적 구조를 갖춘 집이기도 하죠.

"이 박물관은 그냥 건물만 있는 게 아니에요. 마을 전체가 하나의 박물관이 된 거죠. '지붕 없는 박물관', 바로 에코뮤지엄이에요."

에코뮤지엄 활동은 단순히 유물이나 전시물을 모으는 걸 넘어, 지역의 삶 자체를 보존하고 공유하는 활동이에요. 중앙에서 내려보는 시선이 아니라, 지역 안에서, 사람들의 일상과 이야기를 중심으로 세상을 바라보는 방식이죠. 아오키 시게루의 그림과 그가 머물렀던 마을은 이

제 그런 시선을 길러주는 공간이 되었어요.

"예술 한 점이, 지역을 다시 바라보게 만들고, 삶의 가치를 재조명하게 만들었어요. 참 멋진 일이죠?"

» 혹시 다테야마시에 있는 '사면 석탑'이라고 들어보셨어요?

이게 참 흥미로운 유물이거든요. 일본 지바현 다테야마시에 있는 오아미라는 곳에 있는 건데, 거기 다이간인(大巖院)이라는 절에 세워져 있어요. 이 절은 꽤 오래됐죠. 1603년에 사토미 요시야스라는 인물이 한 승려에게 절터를 기부하면서 창건된 정토종 사원이거든요.

그런데 이 절 마당에 정말 특별한 석탑이 하나 있어요. 바로 사면 석탑인데, 이름 그대로 네 면에 글씨가 새겨져 있는 탑이에요. 이 탑에는 1624년이라는 연호가 적혀 있는데, 그게 바로 에도시대 초기죠.

탑을 보면, 네 가지 문자로 "나무아미타불"이라고 새겨져 있어요. 산스크리트어, 중국 전자(篆字), 일본식 한자, 그리고 한글 고어까지요. 이 네 가지 문자가 하나의 탑에 함께 있는 건 정말 상징적이지 않나요?

이 석탑을 통해 알 수 있는 건, 당시 다테야마가 단순한 해안 도시가 아니라 조선을 포함한 동아시아 국가들과 활발히 교류하던 중요한 관문이었다는 사실이에요. 특히 16세기에서 17세기 사이에는 조선통신사가 다테야마를 방문했을 가능성이 있고, 이 탑도 아마 그런 역사적 맥락에서 세워진 게 아닌가 싶어요.

아마도 임진왜란으로 피해를 본 사람들의 영혼을 위로하고, 더 나아가 세계 평화를 기원하는 의미에서 세운 것이 아닐까 추정하고 있답니다. 단순한 불탑이 아니라, 국제 교류의 상징이자 평화를 향한 기원이 담긴 유산이라는 점에서 참 의미가 깊어요.

» 다테야마 전쟁유적 이야기

"야, 너 혹시 일본에 다테야마라는 곳 들어봤어?"

"음, 다테야마? 스키장이 있는 데 아니야?"

"맞기는 한데, 사실 다테야마는 전쟁사적으로도 엄청 중요한 곳이야. 특히 20세기 초, 일본이 '전쟁의 세기'라 불리던 시절 말이야. 당시 일본은 도쿄를 방어하기 위해 도쿄만에 어마어마한 군사 요새를 만들었거든."

"도쿄만 요새? 구체적으로 어디쯤?"

"바로 그 요새의 최전선이 다테야마였지. 일종의 육지 항공모함이라고 불릴 정도였어. 해안에는 해군 기지, 항공대, 포술학교까지 있었고, 전략적으로 굉장히 중요한 곳이었어."

"오, 그런 줄은 몰랐네. 태평양 전쟁 당시에도 중요한 역할을 했겠네?"

"정확해. 전쟁 말기에는 일본 전역이 '결전을 위한 준비'로 뒤덮였고, 다테야마에도 약 7만 명의 육·해군 병력과 특수 기지가 잔뜩 들어섰어. 심지어 가짜 진지도 해안 곳곳에 만들어졌지."

"가짜 진지? 왜 그런 걸?"

"미군을 속이기 위한 거였겠지. 하지만 결국 1945년 8월 15일, 일본이 패망하고 말았잖아. 그리고 항복문서를 받기 위해 도쿄만에 미 해군 전함 미주리호가 대기했었지."

"그 장면 영화에서도 본 것 같아."

"그리고 그다음 날인 9월 3일, 미국 육군 제8군의 3,500명이 다테야마 해군항공대에 상륙했어. 무려 4일 동안 직접 군정이 이루어졌지. 그게 잊힐 뻔했는데, 나중에 학교 기록에서 발견되면서 중요 사건으로 재조명됐어."

"다테야마에 남아 있는 전쟁유적들, 뭐가 있어?"

"꽤 많아. 도쿄만 요새, 다테야마 해군 포술학교, 스노사키 해군항공대, 그리고 유명한 아카야마 지하호가 있어. 아, 그리고 종군 위안부를 기리는 석비도 있지."

"아카야마 지하호? 그건 뭐야?"

"길이가 무려 1.6km야. 전국적으로도 제법 큰 참호야. 원래 1942년부터 준비되기 시작했고, 본격적으로는 1944년부터 다테야마 해군항공대 병사들이 굴을 파기 시작했어. 종전 직전까지 계속 공사가 이루어졌고."

"그 안에는 뭐가 있었는데?"

"방공호였지. 안에는 발전소도 있었고, 병실, 전산실까지 다 갖춰져 있었대. 지금은 다테야마시를 대표하는 전쟁유적이 됐지."

"우와, 생각보다 규모도 크고 의미도 깊은 장소네. 언젠가 직접 가보고 싶다."

"그래, 그냥 관광지로만 보는 게 아니라, 이런 역사도 같이 알아두면 더 의미 있을 것 같아."

» 에코뮤지엄의 꽃, 다테야마 이야기

"와, 여기가 다테야마구나. 공기도 맑고 바닷바람이 기분 좋아!"

우리가 도착하자, NPO 법인 '아와문화유산포럼' 관계자분들이 반갑게 맞아줬다. '아와'라는 이름이 좀 낯설었는데, 알고 보니 예전 지바

현의 이름이라고 한다. 지역의 옛 이름을 따서 포럼 이름을 지었다는 것이 인상 깊었다.

"우리는 이 지역의 해양 문화를 자원으로 삼아, 그 긍정적인 면과 부정적인 면을 함께 공부해요."

그들의 설명은 단순한 유적 보존을 넘어서 있었다. 마치 다테야마 전체가 하나의 박물관이 되기를 바라는 마음으로 활동하고 있다는 것이다.

그중에서도 중심인물은 고등학교에서 세계사를 가르치던 아이자와 선생님이었다. 그는 1989년부터 학생들과 함께 전쟁유적과 지역 유산에 대한 조사를 수업으로 진행했다. 특히 1993년, '학생 출진 50주년'을 계기로 본격적인 조사와 연구가 시작되었다고 한다.

"전쟁 당시의 이야기는 구 다테야마 중학교의 일지나 주민들의 증언에 남아 있었어요."

그 증언을 바탕으로 태평양 전쟁 당시 이 지역에 있었던 군사기지, 병력 배치, 식량 관련 정책, 미군정 등의 기록을 하나하나 모아갔다.

1995년, 전후 50주년을 맞아 교사 160명, 지역 주민들이 함께 '평화를 생각하는 모임'을 만들고, 강연회와 기획전도 열었다. 그 덕분에 더 많은 자료와 증언을 수집할 수 있었다.

"2004년에는 전국의 전쟁유적 보전단체와 함께 심포지엄도 열었어요."

이처럼 지역 중심의 활동이지만, 전국적인 연대도 함께 이루어졌다. 그들의 활동은 중앙 중심의 시각에서 벗어나, 지역이 주체가 되어 스스로의 장소성을 찾는 과정이었다.

← 赤山地下壕跡出入口
入壕時間　9:30～16:00
・入壕する際は、必ず受付をしてください。（受付は豊津ホールにあります）
・受付時間は、閉壕30分前までです。
・休壕日　毎月第3火曜日及び12月29日から翌年1月3日まで
　　ただし、第3火曜日が休日の場合は、その翌日
・入壕に際しての注意事項は、必ず守って下さい。
・壕内は、通路に段差等や天井の低いところがありますので、足元や頭上に
　十分注意してください。

또 하나 흥미로운 점은, 이들은 단순한 유적 조사에서 멈추지 않는다.

그 유산의 의미를 해석하고, 그 의미를 통해 일본은 물론 세계사 속에서 다테야마가 어떤 의미를 갖는지를 지역민의 시선으로 다시 바라본다. 그것이 곧 지역 정체성과도 이어진다.

"이런 활동은 일본뿐 아니라 이웃 나라들과의 평화와 공존을 생각하게 해요."

에코뮤지엄에서 중요한 것이 '참여'인데, 아와문화유산포럼은 중세 성터, 전쟁유적, 지역 안내 활동 등을 통해 다양한 참여를 끌어냈다. 또 '이나무라 보존회' 같은 지역 단체들과도 협력하고 있었다.

2004년 1월, 이들은 본격적인 NPO 법인으로 전환되어 '미나미보소 문화재 · 전쟁유적 보전활용포럼'을 설립했고, 이후 2008년에 지금의 이름인 아와문화유산포럼으로 바꿨다.

지금은 역사 · 문화유산 조사, 지역 가이드 활동, 아카이브 DB 구축, 출판, 마을 공동체 사업 등 정말 다채로운 활동을 진행하고 있다. 말 그대로 지역이 '살아 있는 박물관'이 되는 실천을 해나가는 셈이다.

한 가지 더, 아오키 시게루라는 화가가 있다. 그는 〈바다의 선물〉이라는 그림으로 유명한데, 실제로 다테야마의 고타니라는 마을에서 머물며 그림을 그렸다고 한다.

"그분이 사랑한 마을이라는 테마로, 그의 주택을 복원하고, 50주기 기념비도 세웠어요."

그래서 다테야마는 단순한 유적지가 아니라, 예술가의 숨결이 살아 있는 공간이자, 지역 주민의 기억과 문화가 응축된 장소가 되었다.

» 다테야마, 마을 전체가 박물관

"여기 다테야마는 말이죠, 그냥 조용한 바닷가 마을이 아니라, 온 동네가 살아 숨 쉬는 박물관이에요."

나는 다테야마 현지를 안내해 주는 지역 주민과 함께 마을을 걷고 있었다. 그가 말하길, 이곳은 지역 곳곳에 있는 유산을 재해석하고 콘텐츠로 구성해서, 주민이 직접 참여하는 프로그램을 만들어가는 에코뮤지엄이라고 한다. 마을 사람들과 방문객이 함께 공부하며 과거를 되짚고, 미래를 꿈꾸는 그런 공간이라는 거다.

"예를 들어 저기 보이는 무인도 오키노시마섬 보이시죠? 산호도 살아 있고, 아무도 살지 않는 섬이에요. 하지만 그 섬도 이 마을 이야기에선 중요한 주인공이죠."

그는 이어서 다테야마의 첫 번째 이야기, '바다와 함께 사는 마을'을 꺼내놓았다. 다테야마는 도쿄만의 관문이자 해안마을이다. 바다의 푸른 감성과 평화로움은 이 마을의 자연 자원이자 스토리의 출발점이다. 하지만 그는 이렇게 덧붙인다.

"자연이 준 평화로움 뒤에는요, 늘 경고도 따라오거든요. 지진, 해일… 200만 년 전의 해저 산사태, 관동대지진까지. 그래서 이 나무, 주엽나무를 심었죠. 방풍림으로요. 이건 자연을 이겨보려는 인간의 노력이죠."

마을 이야기의 두 번째 챕터는 토속신앙이다. 커다란 동굴유적, 사찰, 신사, 그리고 전해지는 설화까지. 다테야마에는 옛 신들이 살아 숨 쉬는 듯한 분위기가 있다.

"그리고 이 마을에는요, 천재 화가 아오키 시게루가 20대 초반에 머물렀어요. '바다의 선물'이라는 그림을 그렸죠. 그의 짧지만, 강렬한 생애도 마을 스토리의 한 장이에요."

우리는 이어서 남소 사토미 팔견전 이야기로 넘어갔다. "이 소설, 28년 동안 썼다죠. 무사들의 운명과 충성, 가족, 전통, 이 마을 사토미 성과도 관련이 깊어요. 요즘 애니메이션 '이누야샤'도 이 이야기 영향을 받았다니까요."

조선과의 관계도 마을 이야기에서 빼놓을 수 없다. 제주도 해녀의 무덤, 조선인의 구조 이야기, 한국에서 난파된 일본 배를 기려 세운 비석까지. "다테야마는 일본 안에서도 조선과 연결된 흔치 않은 지역이에요."

또 하나 중요한 이야기는 다테야마의 수산업. "수산전습소가 있었고요, 지금의 도쿄해양대학까지 이어지죠. 그만큼 해양자원이 풍부했으니까요. 여기서 자란 인물들도 많아요. 국회의원, 농업 혁신가, 화학공업 선구자, 심지어 세계적인 동백 연구자까지요."

다테야마가 치유의 마을이 된 배경도 들을 수 있었다. 병원 설립자 카나와 히로오, 시세이도 창업자 후쿠하라, 선교 의사 콜벤 부부 등 여러 인물이 지역의 복지와 의료에 힘썼다.

"그뿐인가요? 태평양을 건넌 어부 이야기도 있고, 전쟁유적도 많아요. 인간어뢰 특공기지, 미군의 코로 넷 작전 주둔지, 이 모든 게 마을 역사로 남아 있어요."

이 모든 이야기를 모아 다테야마는 오픈 에어 뮤지엄으로 나아갔다. 영화, 소설, 학생들의 평화 학습, 그리고 우간다 지원 활동까지 이어지며, 마을은 끊임없이 스스로의 이야기를 창조하고 있었다.

"이 마을이 지닌 힘은요, 다양한 자원을 유산으로 바꾸는 능력에 있어요. 자연도, 역사도, 사람도. 그래서 우리는 평화, 교류, 공생의 마을을 꿈꾸고 있죠."

그의 말에 귀를 기울이며 나는 생각했다. 다테야마는 단지 과거를 간직한 마을이 아니다. 과거를 해석하고 현재를 살아내며, 미래를 설계하는 거대한 살아있는 박물관이었다.

아와문화유산포럼 사람들

사람이 유산이다

프랑스 알자스 에코뮤지엄

"알자스? 거기 어디야?"

"프랑스 북동쪽에 있어. 독일이랑 국경을 맞대고 있지. 와인 좋아해? 그 유명한 리즐링 와인이 바로 여기서 나와."

"아~ 리즐링! 달콤한 화이트 와인 말이지? 근데 알자스가 왜 유명해?"

"와인도 있지만, 사실 여긴 에코뮤지엄의 원형이 있는 곳이야. 프랑스 알자스 에코뮤지엄이라고 들어봤어?"

"음, 에코뮤지엄이라… 그냥 박물관이랑 다른 거야?"

알자스 에코뮤지엄

"많이 달라. 지역의 문화, 사람, 자연, 일상까지 전부를 박물관으로 여기는 개념이지. 그 지역 전체가 박물관인 거야. 알자스 에코뮤지엄은 그중에서도 시초 격이고."

"오, 좀 색다르네. 근데 왜 알자스가 그런 실험을 하게 됐을까?"

"여기가 역사적으로 참 복잡한 곳이야. 프랑스랑 독일 사이에서 계속 왔다 갔다 했거든. 그래서 알자스 사람들은 늘 자기 정체성을 지키려 애썼어."

"정체성이라면… 언어나 문화 같은 거?"

"맞아. 예를 들면, 알퐁스 도데라는 프랑스 작가가 쓴 《마지막 수업》이라는 소설이 있는데, 그 배경이 바로 알자스야. 1871년 보불전쟁 끝나고 알자스랑 로렌 지역이 독일에 넘어갔거든. 그때 학교에서도 독일어만 쓰라고 했대."

"헐… 프랑스어 수업을 못 하게 된 거야?"

"응. 그래서 선생님이 아이들한테 마지막 프랑스어 수업을 하면서, '비록 우리는 나라를 빼앗겼지만, 우리 말은 잊지 말자'라고 했지. 되게 감동적인 이야기야."

"진짜… 언어가 곧 정체성이구나."

"그런 역사 때문에 알자스 사람들은 자기 뿌리를 지키는 데에 민감하고 진지해. 에코뮤지엄도 그런 노력의 연장선이야. 단지 물건을 전시하는 게 아니라, 이 땅에서 살아온 방식과 이야기를 보존하고 공유하는 거지."

"그럼, 에코뮤지엄은 그냥 과거를 보여주는 공간이 아니라, 살아 있

는 문화 자체네?"

"정확해. 알자스는 전쟁과 갈등 속에서도 흔들리지 않고 자신들의 언어, 문화, 삶을 지켜온 도시야. 그런 의미에서 '자기 정체성을 지킨 도시'라고 할 수 있지."

» 시간 속으로 떠나는 여행, 알자스 에코뮤지엄

"여기, 참 낯익은 풍경인데요?"

처음 알자스 에코뮤지엄을 방문한 한국인이라면 아마 이렇게 말할지도 몰라요. 시골 풍경이 우리네 농촌과 닮았거든요. 입구는 마치 놀이공원이나 테마파크처럼 꾸며져 있어요. 표를 사고 들어서면, 에코뮤지엄이 어떤 과정을 거쳐 만들어졌는지를 설명한 패널이 딱 눈에 띕니다. 거기에는 알자스 지방 사람들의 삶과 전통 건축에 관한 이야기가 담겨 있어요.

이야기의 시작은 1970년대로 거슬러 올라가요. 고머스도르프

(Gommersdorf)라는 마을에서 전통 건축물이 하나둘 사라지고 있었는데, 이를 안타깝게 여긴 역사·고고학 전공 학생들이 모였어요. 이 학생들이 그 건축물들을 웅게르하임(Ungersheim)이라는 곳으로 옮겨 다시 짓기 시작하면서 알자스 에코뮤지엄의 첫 발걸음이 시작된 거예요.

본격적인 개장은 1980년 9월이었어요. '케칭게(Koetzingue)'라는 신문사를 복원하는 프로젝트로 시작해, 이후 20여 채의 건물을 하나하나 손으로 복원하며 박물관이 문을 열게 되었죠. 건물 안에는 그 당시 사람들이 실제로 쓰던 가구, 옷 같은 오브제들이 그대로 재현되어 있어서 마치 시간 여행을 떠난 듯한 느낌을 줘요.

그 후에도 이 박물관은 계속해서 진화했어요. 1985년부터 1987년 사이에는 15세기 말의 요새를 당시 성벽의 조각들로 다시 지었고, 1994년에는 도자기 아틀리에까지 문을 열었죠. 지금의 알자스 에코뮤지엄은 단순히 건물만 보는 곳이 아니라, 당시의 공예품, 작업 중인 장인의 모습, 삶의 풍경을 모두 담은 살아 있는 박물관이에요. 그야말로 타임머신처럼 과거로 데려가 주는 곳이죠.

지금은 75개가 넘는 건축물이 이곳에 모여 있어요. 모두 알자스 전역에서 기부받거나 이주한 것들이고, 안에 있는 물건들도 알자스 사람들이 정성껏 기부한 거예요. 총 오브제가 약 40,000점 정도나 된대요! 1850년부터 1950년까지 100년 동안의 농촌 생활과 그 변화상을 보여 주는 유물들이죠. 이건 단순한 전시품이 아니라, 지역 정체성과 문화를 고스란히 담아낸 소중한 유산이에요.

그리고 2014년부터는 좀 더 현대적인 고민도 시작했어요. 단지 과거를 보존하는 걸 넘어서, 환경, 농업, 자연, 그리고 공동체 삶 등 지속 가능한 미래에 대해서도 질문을 던지기 시작한 거예요.

비록 19세기를 배경으로 한 박물관이지만, 알자스 에코뮤지엄은 우리에게 "21세기의 삶은 어떤 모습이어야 할까?"라는 질문을 던지는, 살아 숨 쉬는 사회적 뮤지엄이랍니다.

» 알자스의 재건

알자스 에코뮤지엄 이야기, 어디서부터 시작해야 할까요? 사실 이 모든 건 한 사람의 깊은 애정에서 시작됐어요. 이름은 마르크 그로드볼(Marc Grodwohl). 그는 알자스 지방의 전통 건축, 특히 '꼴롬바쥬(colombage)' 양식을 정말 아꼈어요. 삼각형 지붕에 목재로 짠 구조, 알자스 특유의 그 집들 말이에요.

"이 귀한 건물들이 하나둘 사라지는 게 안타까웠다"라는 그의 말처럼, 그는 가만히 있지 않았죠. 역사랑 고고학을 공부하는 학생들과 함께 '페이자네스 다르자스(Paysannes d'Alsace)' 협회를 만들었어요. 1971년이었죠. 남부 알자스의 한 작은 마을, 곰메르스도르프(Gommersdorf)에서 첫 활동이 시작됐어요. 위기에 처한 전통 가옥을 구하려고요.

그러다 1973년에는 '메종 페이자네스 다르자스(Maisons Paysannes d'Alsace)'라는 협회가 새로 만들어지고, 이들은 본격적으로 건축물 보존에 나서기 시작했어요.

하지만 진짜 변화는 1980년에 시작됐어요. 해체될 위기의 건축물들

을 '그냥 철거'할 게 아니라, 한자리에 다시 세우기로 한 거죠. 단순히 전시용으로 모아두는 게 아니에요. 이걸 살아 숨 쉬는 마을로 만들어 보자고 한 그게 바로 '에코뮤지엄' 구상이었어요.

그래서 앙게르샤임(Ungersheim)이라는 곳, 뮐루즈(Mulhouse)와 콜마르(Colmar) 사이에 있는 땅에 마을을 짓기 시작했어요. 마르크와 협회 사람들은 집을 하나하나 해체해서 그곳에 다시 세우는, 말 그대로 '재건'을 시작했죠.

처음 재건된 집은 케칭게(Koetzingue)라는 지역의 옛 신문사 건물이었어요. 이게 1980년 9월이었고요. 당시 오트랭(Haut-Rhin) 지역 위원장이었던 앙리 괴취(Henri Goetschy)도 이 활동을 인정하고, 행정과 협회 간의 지속적인 파트너십이 생겼어요.

그 뒤 4년 동안, 무려 19채의 전통 가옥이 복원되었어요. 기술력은 물론이고, 지역에 대한 이해도도 점점 깊어졌죠. 이건 단순한 복원이 아니라 문화적인 재탄생이었어요.

그리고 드디어 1984년 6월 1일, 알자스 에코뮤지엄이 공식 개관하게 됩니다. 개관 당시 문화부 장관이었던 자크 랑(Jack Lang)이 직접 와서 문을 열었고요. 그 해에만 7만 5천 명이나 방문했어요! 정말 뜨거운 반응이었죠.

그 후로도 활동은 계속됐어요. 내부 공간도 더 알차졌고, 옛 가구, 옷, 사진 같은 기증품들도 쏟아졌어요. 박물관은 점점 살아 있는 '마을'처럼 바뀌어 갔어요.

1985년부터는 뮐루즈 중세 성벽을 에코뮤지엄 부지에 재건하기 시작했어요. 1987년에 완공된 '포티파이드 타워(Fortified Tower)'는 지금도 마을을 한눈에 내려다볼 수 있는 명소가 되었죠.

1989년, 중요한 산업 유산인 무지(Moosch) 제재소를 복원했고요. 당시 나무는 지역의 핵심 자원이었으니까요. 이후에는 제재소 프로그램이 한동안 중단됐다가 2015년에 다시 가동되었어요.

그리고 1994년, 전통 도예공방도 문을 열었어요. 18세기 수플렌하임(Soufflenheim) 도예가 마을을 재현한 공간이에요. 여기선 전통 방식으로 도자기를 만들고, 체험도 할 수 있죠.

2014년엔 개관 30주년을 맞아 다채로운 퍼포먼스를 진행했어요. '30개의 도전 과제'가 주어졌는데, 예를 들면 30시간 안에 골조를 세우거나, 30명의 남성의 수염을 전통 이발소에서 면도해 주는 퍼포먼스도 있었고요. 알자스 전통 의상을 입고 가족사진을 찍는 이벤트도 진행됐죠.

그해 12월엔 새로운 고민도 시작됐어요. "이제까지가 과거였다면, 미래의 알자스 주택은 어떤 모습일까?" 이 질문에서 출발한 미래형 전통주택 프로젝트가 시작됐고요, 건축가 마티외 윈터(Mathieu Winter)가 첫 번째 집을 착공했어요. 과거와 미래가 어우러진 독특한 집이었죠.

마침내 2015년 여름, '21세기 알자스에서 살기'라는 이름의 개발 프로젝트가 시작됐어요. 두 건축 그룹, 포머리브(ForMaRev)와 이티씨(ETC)가 주도했죠. 알자스의 전통을 품되, 미래를 바라보는 주거공간을 실험해 본 거예요.

» 살아 있는 유산

"이 사람 봐요, 저기 수염 정리하는 저 이발사요. 예전에는 마을에 없어서는 안 될 인물이었대요. 지금처럼 미용실 가는 게 아니라, 동네 이발사가 다 해줬거든요. 수염 다듬는 데 쓰는 빗, 가위, 면도 브러시랑 면도기는 항상 몸에 지니고 다녔다니까요. 하지만 제1차 세계대전 이후로 가정용 면도기가 보급되면서 점점 설 자리를 잃었지요."

"그렇지. 그런 직업들이 하나둘씩 사라졌지. 예전에는 빵도 집집마

다 직접 구웠다더군요. 토요일을 '빵 굽는 날'로 정해놓고, 대개는 안주인이 화덕에서 반죽해서 빵을 굽는 거지. 알자스에서는 프랑스혁명 전까지 대부분의 집에 화덕이 있었다더라. 거기서 빵을 구운 다음에 남은 열기로 '타르트 플랑베', 그러니까 크림이랑 양파 얹은 얇은 피자 같은 것도 만들었다네."

"그 타르트 플랑베, 나 먹어봤어. 정말 고소하고 맛있더라고. 그런데 그런 전통도 이제는 거의 보기 힘들잖아. 수레 만드는 장인도 마찬가지지. 옛날엔 수레가 주된 이동 수단이었으니 수레공이 꼭 필요했거든. 특히 바퀴 만드는 게 제일 어려웠대. 철을 달궈서 테를 씌우는 마지막 과정은 대장장이 기술 없이는 못 했고. 그런데 자동차랑 고무 타이어가 보급되면서 수레공도 거의 사라졌지 뭐야."

"구두 수선공도 잊으면 안 돼요. 마을 사람들이 신을 신발을, 직접 만들고 고치던 사람이거든요. 가죽신도 만들고 나막신도 만들고… 못을 박거나 직접 꿰매기도 했대요. 수선까지 도맡았지."

"맞아. 그리고 대장장이! 정말 대단했지. 수레용 부품 만들고, 포크랑 나이프 같은 식기류도 만들고, 심지어 창문 잠금장치까지. 마을의 핵심 인물이었어."

"그뿐인 줄 알아요? 알자스는 라인강 근처라서 어부들도 중요했지요. 대마로 고기를 잡기도 하고, 물길 따라 살아가는 지혜가 아주 대단했어요. 근데 산업화로 강이 오염되고 어류가 줄면서, 1950년대 이후로는 어부도 점점 사라졌지요."

"도공도 있었지. 도자기 만드는 사람들 말이야. 수플레하임이라는 마을에서 쓰던 기술 그대로 복원해서 에코뮤지엄에서 시연하고 있더라고. 하지만 주철 법랑 제품이 나오면서 도자기는 일상용품이 아니라 장식품으로 남게 되었대."

"그리고 가죽 장인, 새들러도 있지 않았나? 안장, 굴레, 배낭 같은 걸 만들었는데, 농장에서 동물을 덜 쓰게 되면서 그들도 사라졌고. 요즘은 가죽가방이나 자동차 시트 같은 걸로 생계를 이어간대요."

"쿠퍼도 있었어. 나무통 만드는 장인인데, 알자스에서 와인이 유명하다 보니 이들도 꽤 중요한 사람들이었지. 나무를 불로 구부리는 기술이 핵심이라더라."

"아, 그리고 바구니 장인! 우리네 조상들도 짚이나 싸리로 만든 바구니 많이 썼잖아요. 알자스에서도 버드나무로 정성껏 바구니나 가구도 만들었대요. 심지어 자기 농장에서 나무도 직접 길렀지. 산업혁명 때는 진짜 바쁜 시기였을 거야."

"결국 이런 장인들 한 명 한 명이 알자스 에코뮤지엄의 살아 있는 유산이지. 그냥 옛것이 아니라, 실제 기술과 삶의 방식이 녹아 있는 문화유산 말이야."

"그러니까, 이 에코뮤지엄에서는 이발소 하나 재현하려 해도 실제로 그 일을 해본 사람을 찾아서 기술을 보여주는 게 핵심이래요. 장인들이 직접 오브제를 설명하거나 이발을 해주는 식이지. 현재도 150여 명이 활동 중이고, 젊은 세대는 그 기술을 배우면서 새로운 삶을 이어가고 있대요."

"그런 사람들, 그 기술, 그 자부심이야말로 알자스 에코뮤지엄의 진짜 얼굴이겠지. 그들의 미소 하나하나에서 알자스의 미래가 보이는 거야."

사람과 석탄의 콜라보

프랑스 몽쏘 레 민 에코뮤지엄

» 인류의 끝없는 숙제

"인류의 역사는 결국 혁명의 역사야."

이 말을 듣고 고개를 갸웃할 수도 있다. 하지만 조금만 더 생각해 보면, 정말 그런 것 같다. 지금 우리가 살고 있는 제4차 산업혁명의 시대는, 그 앞서 수없이 이어진 변화와 격변의 연장선에 있다. 농업혁명, 산업혁명, 그리고 디지털 혁명까지—이 모든 혁명은 인간에게 커다란 질문을 던져왔다. '우리는 누구인가?', '어떻게 살아야 하는가?', '무엇을 위한 기술인가?' 같은 질문들 말이다.

이러한 혁명의 흔적을 직접 마주할 수 있는 곳이 있다. 바로 프랑스 브르고뉴 지방의 작은 마을, 르 크뢰쇠(Le Creusot)와 몽소(Montceau)다. 이 두 마을은 프랑스 산업혁명 시기, 중요한 자원을 공급하고, 산업을 이끈 핵심 지역이었다. 그래서 이 두 마을을 하나의 이야기로 엮은

베르리성

몽쏘

'에코뮤지엄'은 종종 '인간과 산업 박물관'이라고 불리곤 한다.

르 크뢰쇠는 제철과 기계 산업의 중심지였고, 몽소는 석탄과 탄광으로 번창했던 마을이다. 서로 다른 역할을 했지만, 산업이라는 큰 흐름

안에서는 한 덩어리로 묶일 수밖에 없다. 실제로 에코뮤지엄도 이 둘을 하나의 패키지처럼 다룬다.

몽소의 탄광 뮤지엄을 방문했을 때, 그곳의 한 관계자가 반갑게 인사를 건넸다.

"아니, 이런 촌구석까지 먼 나라에서 오신 이유가 뭐예요?"

처음에는 농담처럼 들렸지만, 이내 따뜻한 배려가 이어졌다.

"한 시간 정도만 기다려 주실 수 있나요? 직접 설명해 드릴게요."

그녀는 자신이 공무원이 된 후 줄곧 이곳에서 7년 동안 일해왔다고 했다. 할아버지가 이 마을의 탄부였다는 이야기와 함께, 고향에 대한 애정을 조용히 드러냈다. 그 마음은 참으로 뭉클했다. 단순히 전시물과 유물을 보는 것이 아니라, 그 안에 담긴 사람들의 기억과 삶의 조각들을 느낄 수 있었다.

르 크뢰쇠의 에코뮤지엄, 그중에서도 베레리 성의 전시실에서는 뜻밖의 광경이 눈에 들어왔다.

"어? 이게 왜 여기에 있지?"

한국인이라면 누구라도 멈춰 설 만한 전시물이 있었다.

그건 바로 '팔당(PALDANG)'이라는 영문이 적힌 커다란 엔진이었다.

알고 보니, 이 엔진은 르 크뢰쇠에서 주조되어 한국의 팔당댐에 설치되었던 것이었다. 오랜 세월을 견디고 수명이 다하자, 다시 이곳으로 돌아와 전시물로 자리 잡게 된 것이다.

그 당시 크뢰쇠와 몽소의 갱도에는 물이 자주 스며들었기 때문에, 펌프는 반드시 필요했다. 그래서 자연스럽게 펌프 기술이 발전했고, 이

팔당엔진

기술이 한국에서는 댐 건설에 쓰이게 된 것이다. 그러니 이 엔진은 단순한 기계가 아니다. 과거의 산업이 남긴 흔적이자, 프랑스와 한국을 연결하는 작지만 깊은 증거였다.

결국, 혁명이라는 건 수백 년 전의 일이 아니라, 오늘의 우리 삶 곳곳에 스며든 이야기다. 그 흔적을 따라가다 보면, 인류가 여전히 붙들고 있는 숙제—'사람과 기술, 산업과 삶' 사이의 균형을 찾는 일—가 얼마나 오래된 주제인지 새삼 깨닫게 된다.

» 프랑스의 심장이 되다

"에펠탑, 한 번쯤은 직접 보고 싶지 않아?"

"당연하지! 근데 에펠탑이 단순히 멋진 관광 명소가 아니라, 프랑스 산업의 자존심이었다는 얘기 들어봤어?"

"진짜? 그냥 멋으로 만든 게 아니었어?"

"응, 사실은 산업혁명이 한창일 때였어. 그때는 나라의 힘과 위상을

에펠탑

보여주는 수단으로 거대한 구조물을 세우는 게 굉장히 중요했거든. 철로 만든 무기 말고, 철로 만든 상징이 필요했던 거지."

"그 상징이 바로 에펠탑이었던 거야?"

"맞아. 1889년, 프랑스혁명 100주년을 기념해서 에펠탑을 세웠어. 지금은 프랑스의 자존심처럼 여겨지지만, 사실 처음엔 사람들 반응이 엇갈렸어. '과학과 산업의 승리'라고 찬사를 보내는 사람도 있었고, '도시에 어울리지 않는 흉물'이라며 반대하는 사람도 많았지."

"지금 생각하면 믿기지 않네. 그렇게 멋진 탑을 보고 흉물이라고 했다니."

"그만큼 당시엔 파격적이었나 봐. 그런데 이 에펠탑이 그냥 혼자 뚝딱 만들어진 게 아니고, 프랑스 산업 기반의 결과물이었어. 석탄을 캐던 몽소, 철을 생산하던 르 크뢰쇠 같은 지역에서 자원을 공급받고 기

포스터　　　　　　　안내지

술을 쌓아가면서 가능했던 거지."

"그러니까 에펠탑은 단순한 건축물이 아니라, 프랑스 산업 역사의 정점 같은 존재였네."

"그렇지. 철로 만든 탑 하나에 프랑스의 과학, 기술, 산업의 성취가 다 담겨 있었던 셈이야. 결국 프랑스가 자기가 걸어온 길, 그리고 앞으로 나아갈 길을 이 탑으로 보여주고 싶었던 거지."

"그래서 지금도 파리 한복판에 우뚝 서서 전 세계 사람들한테 프랑스를 알리고 있는 거구나."

"응. 에펠탑은 말 그대로 프랑스의 '심장'이 된 거야."

» 화려한 시간의 흔적

"여기, 프랑스 중부에 있는 르 크뢰쇠와 몽소라는 도시 알아? 예전에는 석탄과 철강 산업으로 정말 유명했어."

르 크휴소

"석탄과 철강? 산업혁명 시기 이야기야?"

"맞아. 이 두 지역은 16세기부터 노천 채광을 시작했는데, 땅을 조금만 파도 석탄이 나올 정도였대. 그러다 18세기에 이르러서는 본격적으로 갱도를 파고 들어가 석탄을 캐기 시작했지. 그때부터 자본과 기술이 몰려들고, 점점 더 규모가 커졌던 거야."

"그러니까 그때가 이 지역의 전성기였겠네?"

"정확해. 예를 들어 1769년에 프랑수아 드 라 세즈라는 인물이 무려 5만 헥타르에 달하는 광산 개발 권리를 얻어서 몽스니 컨소시엄을 설립했어. 나중에는 블랑지 컨소시엄으로 불리면서 프랑스 경제를 움직이는 핵심 기업 중 하나가 됐지. 전성기에는 프랑스 전체 GDP의 4.2%나 차지할 정도였대!"

"와, 대단한데? 근데 지금은 많이 쇠락한 것 같아 보이는데?"

"응. 1920년에는 1만 명이 넘게 일했지만, 시간이 지나면서 점점 줄었고, 1998년에는 겨우 80명만 남았어. 산업 쇠퇴의 대표적인 예지."

"그럼, 지금은 뭐가 남아 있어?"

"의외로 많은 유산이 남아 있어. 갱도, 철강 설비, 노동자 주거지, 학교, 심지어 병원까지. 예전 광산 갱도 중에서는 생-클로드 갱도가 지금은 박물관으로 운영되고 있어. 거기서 옛날 광부들이 직접 관람객에게 채굴 당시 이야기를 들려주고, 갱도를 안내해 주기도 하지. 그야말로 스토리텔러가 된 거지."

"직접 일했던 광부가? 진짜 생생하겠네."

"응. 당시 사용하던 장비나 시추탑도 그대로 보존되어 있고, 250미터에 달하는 갱도를 따라가면 실제 채굴 과정도 재현되어 있어.”

“근데 그런 유산이 단순히 산업 흔적만은 아니잖아? 사회도 함께 형성되었을 텐데.”

“맞아. 그래서 이 지역에선 노동자를 위한 삶의 공간도 잘 조성되어 있었어. 슈나이더 가문이 만든 남녀학교, 노동자 주택지구 ‘씨테 누벨’, 그리고 다양한 건축양식의 주거 단지들이 있었지. 그중 대표적인 곳이 ‘브와 뒤 베르느 씨테’나 ‘고테레 씨테’ 같은 곳이야.”

“이 정도면 단순한 산업지대가 아니라 하나의 사회였네.”

“정확히 봤어. 병원, 교회, 시청, 광산노조, 심지어 결핵 진료소나 발전소까지 포함해서, 이 지역은 ‘사람과 석탄’, ‘광산과 사회’가 얽힌 하나의 생태계였던 거야.”

“지금은 그 모든 유산이 에코뮤지엄으로 재탄생한 거야?”

“그래. ‘인간과 산업 박물관’이라는 이름의 에코뮤지엄이 만들어졌고, 신업 유산과 도시의 생기, 노동자의 삶을 조명하면서 두 도시가 프랑스 산업사에서 어떤 위치에 있었는지를 보여주는 거지.”

» 에코뮤지엄의 성지로 다시 태어나다

“혹시 프랑스에 에코뮤지엄의 성지라고 불리는 곳이 있다는 거 들어봤어?”

“음… 글쎄, 처음 듣는걸? 어디야?”

“르 크뢰쇠(Creusot)하고 몽소 레 민(Montceau-les-Mines)이라는

곳인데, 여기가 프랑스 에코뮤지엄 역사에서 굉장히 중요한 장소로 여겨져. 좀 쉽게 말하자면, 우리나라 태백이나 철암처럼 한때 탄광으로 번성했던 노동자 마을이었지.”

“아~ 탄광도시였구나. 지금은 어떤데?”

“지금도 도시 분위기를 보면 노동자 지대의 흔적이 남아 있어. 황량하고 소박한 느낌이랄까. 그런데 여기가 단순한 옛 탄광 마을이 아니라, 프랑스 산업혁명의 상징 같은 곳이야. 금속, 탄광, 유리, 세라믹 산업이 활발했고, 산업과 인간, 자연이 공존했던 곳이었지.”

“그런데 어떻게 거기가 에코뮤지엄이 된 거야?”

“바로 그 점이 흥미로워. 1972년에 ‘르 크뢰소-몽소 레 민 에코뮤지엄’이 만들어졌거든. 이게 프랑스 최초의 에코뮤지엄 중 하나야. 같은 해에 랑데스 가스코뉴 박물관도 생겼는데, 거의 동시에 시작된 셈이지.”

“그러면 에코뮤지엄이라는 말도 그때부터 본격적으로 쓰이기 시작한 긴가?”

“맞아. 이 에코뮤지엄은 단순한 박물관이 아니라, 두 도시와 주변 25개 마을 전체를 하나의 박물관처럼 운영하는 거야. 지역 사람들이 직접 참여해서 옛 산업 문화를 발굴하고 보존하는 걸 목표로 삼았지. ‘참여’라는 에코뮤지엄의 핵심 정신이 태초부터 반영된 사례야.”

“지역 주민들이 직접 참여했다고?”

“응. 16개 행정구역이 모여서 커뮤니티를 조직했고, 1970년 1월 13일엔 주민들이 자발적으로 대표를 뽑았어. 당시 이 지역 인구가 무려 600만 명 정도였대. 프랑스 전체 인구의 10%나 되는 숫자였지.”

"와, 그 정도면 정말 큰 영향력이 있었겠네."

"그렇지. 에코뮤지엄을 통해 쇠퇴하던 도시를 되살려보겠다는 전략이었고, 지방정부가 시설이나 자금도 투자했어. 국가 차원의 일부 지원도 있었고."

"그럼, 지금은 어떤 모습이야?"

"100km에 이르는 길을 따라 21개 지점의 에코뮤지엄 유산이 발굴됐어. 11세기 수도원, 바로크 양식의 몽트세니스 교회, 르 브뵈이르 성 같은 역사적 건축물들도 있고. 그 길 자체가 곧 지역 사람들의 삶의 기록이자 박물관인 셈이지."

"와, 진짜 멋있다. 그냥 전시하는 게 아니라 마을 전체가 살아 있는 박물관이네?"

"그래, 그래서 이 두 도시가 조르주 앙리 리비에르나 위그 드 바린 같은 에코뮤지엄 개념의 창시자들이 실제로 실험하고 구상했던 장소이기도 해."

“그럼 여긴 진짜 ‘에코뮤지엄의 본고장’이라고 불릴 만하네.”

» 에코뮤지엄을 설계하다

에코뮤지엄이 뭘까요? 직접 르 크뢰소 – 몽소 레 민에 가 보면 압니다.

“여기가 바로 르 크뢰소 – 몽소 레 민 에코뮤지엄이에요. 근데요, 그냥 하나의 박물관 건물을 생각하시면 안 돼요. 이 마을 전체가 박물관이에요. 사람들이 살아가고 있는 이 지역 곳곳이 전부 전시 공간이고요, 전시물이기도 해요. 그게 바로 에코뮤지엄의 진짜 매력이죠.”

“이곳은 지역 공동체 전체가 살아 있는 박물관이라고 생각하시면 돼요. 학교, 거리, 집, 공장, 심지어 주민들의 일상까지—모두가 이 에코뮤지엄의 일부예요.”

“근데 이걸 운영하려면 어떻게 해요?”

“좋은 질문이에요. 여긴 수집, 활동, 보관, 관리라는 네 가지 축으로 움직여요. 이 네 가지가 맞물려야 진짜 에코뮤지엄이 작동하거든요.”

"가령 '수집'만 해도요, 두 가지 방식이 있어요. 하나는 주민이 직접 자기 자산을 보관하는 일반 수집, 다른 하나는 박물관이 책임지고 보관하는 보관 수집이에요. 이걸 어떻게 나누냐고요? 문화재든 생활자료든 간에, 그것이 지역의 유산으로서 얼마나 중요한지를 기준으로 삼아요. 소유권이 꼭 박물관에 있어야 하는 건 아니에요. 중요한 건 그것이 공동체의 기억이자 자산이라는 점이죠."

"수집만 하면 재미없잖아요?"

"맞아요. 그래서 활동이 중요해요. 이게 바로 에코뮤지엄의 꽃이죠."

"여기선 청소년들이 직접 참여해요. 방학 동안 청소년 워크숍을 열고, 카메라나 녹음기를 들고 마을을 탐사하러 나가죠. 어떤 할머니에게 가서 옛날이야기를 듣기도 하고, 오래된 집 사진을 찍기도 하고요. 그렇게 모은 자료를 토대로 전시를 기획해요. '청소년의 눈으로 본 마을' 같은 주제로요."

"그 과정에서 청소년들은 단순히 옛날 걸 배우는 게 아니라, 세대 간 소통을 경험하고, 자기 마을을 이해하게 돼요. 그리고 마을 주민들도 '내 이야기'가 전시된다는 사실에 자긍심을 갖죠."

"자료는 다 모으면 어디에 두죠?"

"그게 보관이에요. 그리고 이게 생각보다 중요해요. 기록을 아무 데나 두면 아무도 못 찾잖아요? 그래서 여긴 커뮤니티 기록보관소도 운영하고 있어요. 특히 어떤 자료가 사료적 가치가 있다면 주제에 맞춰 분류하고 잘 정리하죠."

"누가 이걸 다 관리하나요?"

"여러 위원회가 있어요. 이용자 위원회, 과학기술 위원회, 관리 위원회 등등. 각각의 위원회가 전문성과 참여를 바탕으로 이 에코뮤지엄을 함께 운영하죠."

"그럼, 이 에코뮤지엄이 가장 중요하게 여기는 가치는 뭘까요?"

"기억이요. 여기엔 산업 노동자의 영혼이 깃들어 있어요. 자신들의 삶을 갈아 넣었던 사람들이 있고, 그 기억이 있고, 그들의 손때 묻은 물건들이 있어요. 또 젊은이들이 떠나간 이유도, 지역이 어떻게 쇠퇴했는지도 다 담겨 있죠. 그런 역사와 관계, 그 기억을 끌어안고 가는 게 이 에코뮤지엄의 진짜 가치예요."

지중해의 세 얼굴 — 사람, 예술, 자연

프랑스 마르세유, 아를 카마르그

» 만남의 도시, 마르세유

"부산 같지 않아?"

"응, 진짜 그래. 항구 냄새가 나잖아."

프랑스 남부의 항구 도시 마르세유(Marseille)에 도착했을 때, 처음 든 생각은 정말 부산과 닮았다는 거였어요.

바람 속에는 바다 냄새가 섞여 있고, 사람들의 말소리엔 활기가 가득했죠.

마르세유는 프랑스 제2의 도시이자, 오래된 지중해의 관문이에요.

이곳에는 언제나 사람들의 발자국이 이어져 왔어요.

고대 그리스인들이 이곳에 항구를 세웠고 중세에는 이탈리아 상인들이 그리고 현대에는 아프리카와 중동에서 온 이민자들이 모여들었죠.

그래서 마르세유를 걷다 보면 다양한 언어와 향신료 냄새, 음악이 한꺼번에 섞여 있는 걸 느낄 수 있어요.

"도시가 생기고 자란 이유도 결국 사람들 때문 아닐까?"
"그렇지. 만나고, 나누고, 살기 위해서 만들어진 게 도시니까."

시장에서는 사람들이 손으로 흥정하고 광장에서는 토론이 이어지고 골목길에서는 인사가 오가요. 그 모든 게 도시의 숨결, 그리고 마르세유의 이야기예요.

마르세유의 거리를 걷다 보면 언제나 어딘가에서 기타 소리나 음악 소리가 들려요.

바닷가 카페에선 커피 향이 퍼지고 멀리서는 배가 항구로 들어오는 모습이 보이죠.

이 도시는 우리에게 묻는 거 같아.

"다름 속에서 우리는 어떻게 함께 살아갈 수 있을까?"

» 르 빠니에, 자유의 기억이 숨 쉬는 곳

"이 골목, 미로 같지 않아?"

"응, 길 잃기 딱 좋네."

항구 바로 위 언덕, 마르세유의 심장이라 불리는 르 빠니에(Le Panier).

르 빠니에 거리

이곳은 도시에서 가장 오래된 마을이에요. '빠니에'는 프랑스어로 '바구니'를 뜻하는데, 정말로 다양한 삶이 한 바구니에 담긴 듯 복잡하고 정겨운 골목들이 이어져 있어요. 예전엔 어부와 상인, 이민자와 예술가가 함께 살았던 서민들의 마을이었어요. 그래서 골목을 걷다 보면 언어도, 얼굴도, 향기도 다 달라요.

다양한 삶의 색깔이 뒤섞여 만들어낸 풍경은 마치 마르세유라는 도시의 축소판 같죠. 하지만 이 아름다운 마을에도 아픈 기억이 있어요.

2차 세계대전 당시, 르 빠니에는 프랑스의 레지스탕스(저항운동가)들이 숨어 지내던 곳이었어요. 자유를 지키기 위해 목숨을 걸고 싸우던 사람들이 바로 이 골목을 누볐죠. 그들은 어둠 속에서도 서로를 믿고, 편지를 전하고, 사람을 숨겼어요.

하지만 1943년, 나치와 비시 정권은 이곳을 '저항의 근거지'라며 수많은 집을 부수고 주민들을 강제로 내쫓았어요. 돌로 된 골목 사이로 총성과 울음소리가 퍼졌던 시절이 있었던 거예요. 그들은 전쟁이 끝난 뒤, 사람들은 다시 돌아왔어요. 그리고 무너진 골목을 다시 세우고, 삶을 이어갔죠.

이제 르 빠니에는 예술가들의 마을로 다시 태어났어요. 낡은 건물마다 자유와 평화의 메시지를 담은 벽화가 가득해요. 골목을 돌면 돌수록, 아픔을 딛고 피어난 예술의 색깔이 눈부시게 다가와요.

그곳에서 한국에서 온 젊은 예술가를 만났어요. 그는 명문대 1학년을 마치고 '이 길은 내 길이 아니다'라고 생각해서 프랑스로 건너와 새로운 인생을 시작했다고 했어요. 지금은 마르세유에서 예술가로 활동하며 작은 공방을 열고 자신만의 이야기를 그리고 있었죠.

그의 눈빛은 자유로웠어요.
"나는 내 삶의 리듬을 찾으러 이곳에 왔어요."
그 말이 오래 남았어요.

» 아를, 예술과 빛이 머무는 도시

마르세유에서 서쪽으로 한 시간쯤 달리면 작은 도시 아를(Arles)이 보여요.
론 강이 천천히 흐르고, 평야 위로 햇살이 부드럽게 내려앉는 곳.
도시 전체가 빛으로 물든 듯 고요하고 따뜻하죠.

"여긴 마르세유랑 다르네."
"응, 마르세유가 바다라면, 여긴 빛의 도시야."

아를은 오래된 로마 유적이 살아 있는 도시예요.

도시 한가운데 로마 원형극장이 있고, 좁은 돌길을 따라가면 수도원, 성당, 시장이 이어져요.

시간이 천천히 흐르는 듯, 과거와 현재가 나란히 서 있죠.

그런데 아를을 세계적으로 유명하게 만든 사람은 바로 예술가 빈센트 반 고흐(Vincent van Gogh)예요.

1888년, 고흐는 이곳으로 와서 〈해바라기〉, 〈밤의 카페테라스〉, 〈아를의 별이 빛나는 밤〉 같은 명작을 그렸어요. 그는 이 도시를 "빛의 도시"라고 불렀어요.

아를의 거리 사진

그의 그림 속 노란색은 아를의 햇살과 공기의 색이었죠. 지금도 거리를 걷다 보면 고흐의 흔적을 쉽게 찾을 수 있어요. 그가 그림을 그렸던 카페, 병원, 다리…

그리고 여름이면 아를 국제사진축제(La Rencontres d'Arles)가 열려 거리마다 사진이 걸리고, 골목마다 젊은 예술가들의 전시가 이어져요. 도시 전체가 갤러리처럼 변하는 거예요.

"여긴 진짜 '예술이 살아 있는 도시'네."
"맞아. 빛이 사람의 마음까지 비추는 곳 같아."

» 윌리엄 켄트리지, 지워진 선으로 세상을 그리다

아를의 루마 재단 전시관에서 남아프리카공화국의 예술가 윌리엄 켄트리지(William Kentridge)의 작품을 봤어요. 그의 대표작 〈더 부드럽게 춤을 추어라(More Sweetly Play the Dance)〉는 정말 잊을 수 없는 경험이었어요.

　전시실 안으로 들어서면 사방 벽이 커다란 스크린으로 둘러싸여 있고 그 위로 수많은 사람들의 그림자가 행진하고 있었어요. 누군가는 악기를 불고 누군가는 수레를 밀고 또 누군가는 춤을 추며 천천히 걸어갔어요. 배경음악도 매우 강렬했어요.

　"이건 장례 행렬인가? 아니면 축제인가?"
　"둘 다인 것 같아."

　켄트리지는 목탄으로 그림을 그리고 그걸 지우고 다시 그리는 방식을 반복해요. 그래서 그의 화면에는 늘 시간의 흔적이 남아 있죠. 컨트리지는 이렇게 말했다고 해요.

윌리엄 켄트리지 전시 영상

"지우는 건 잊는 게 아니야. 기억 위에 또 다른 기억을 쌓는 일이야."

그의 행렬에는 이름이 없어요. 난민, 노동자, 환자, 음악가, 아이, 노인―모두가 함께 걷고 있었죠. 그들의 발걸음은 중세의 '죽음의 춤(Danse Macabre)'을 떠올리게 해요. 전염병과 전쟁 속에서도 춤을 추며 "죽음 앞에서 우리는 모두 같다"고 말하던 사람들처럼요. 켄트리지는 이 오래된 이야기를 오늘의 세상으로 옮겨왔어요. 질병, 전쟁, 이주, 기후위기 속에서도 그는 묻는 듯했죠.

"그래도 우리는 계속 춤을 출 수 있을까?"
음악은 남아프리카의 브라스 밴드가 연주했어요. 장송곡 같으면서도 축제의 리듬이 섞여 있었어요.
슬픔과 희망이 함께 흐르는 이상한 행진. 그 리듬 속에서 사람들은 여전히 걸었어요.
서로를 기다리며, 포기하지 않고, 춤추듯 나아가고 있었어요.
그날, 전시장을 나서며 이런 생각이 들었어요.
"아를은 빛의 도시이기도 하지만, 그림자의 도시이기도 하구나."

고흐가 이곳에서 빛을 그렸다면, 켄트리지는 이곳에서 그림자를 춤추게 했어요. 한 사람은 햇살 아래서 인간의 외로움을 다른 한 사람은 어둠 속에서 인간의 존엄을 그렸죠. 그래서 아를은 시대를 넘어 예술가들이 빛과 어둠, 생명과 죽음, 절망과 희망의 경계를 묻는 도시로 남

까마르그 소금

아 있어요. 이 도시의 바람과 강, 돌길과 벽화에는 여전히 그들의 숨결이 머물고 있죠.

고흐의 붓끝에서 시작된 빛이 켄트리지의 그림자 속에서 다시 춤추는 곳—그곳이 바로 아를이에요.

» 까마르그, 소금과 바람의 나라

"우와, 여긴 바다가 분홍색이야!"

"그건 소금 때문이야!"

아를에서 남쪽으로 내려가면 론 강이 바다로 흘러드는 넓은 평야가 펼쳐져요. 그곳이 바로 까마르그(Camargue)예요.

햇살을 머금은 바다가 증발하면서 하얀 소금이 결정처럼 반짝이고 그 위로 핑크빛 물결이 빛에 따라 색을 바꾸죠. 멀리서는 분홍 플라밍

고들이 날개를 퍼덕이며 하늘을 스쳐가요. 소금, 물, 바람, 새, 그리고 사람—모든 것이 자연의 리듬 속에서 이어져 있어요.

까마르그의 소금은 단순한 음식 재료가 아니에요. 오래전부터 사람들은 이 소금을 "하얀 금(White Gold)"이라 불렀어요. 그만큼 귀하고, 생명과 경제, 문화의 중심이었거든요. 그래서 예전에는 이 소금을 차지하려고 다툼과 전쟁도 있었다고 해요.

지금의 까마르그에는 소금 회사들이 자신들의 이야기와 역사, 철학을 스토리텔링으로 풀어내요. 옛 소금 창고는 전시관이 되고, 방문객은 소금 결정이 만들어지는 과정을 직접 체험할 수도 있죠. 이것은 단순히 소금을 보는 게 아니라, 사람과 자연이 함께 살아온 이야기를 풀어낸 것이라고 생각해요 까마르그의 소금은 단순한 흰 결정이 아니라, 바람과 햇빛, 시간, 그리고 사람의 손이 만든 이야기의 결정체예요.

» 살랭 데그모르, 바람과 햇살이 만든 분홍빛 소금

까마르그(Camargue) 소금 이름은 살랭 데그모르(Salin d'Aigues-Mortes), '에그모르의 소금밭'이라는 뜻이에요.

이곳은 까마르그(Camargue) 지역의 대표적인 소금 생산지예요. 수백 년 동안 사람들은 바닷물을 말려 소금을 만들어 왔어요.

12t Déviation
12t
LE SALIN
D'AIGUES-MORTES
VOUS REMERCIE
DE VOTRE VISITE
SALINS DU MIDI

Le Saunier de
CAMARGUE

바람이 불고 햇살이 내리쬐면 바닷물이 천천히 증발하면서 하얀 소금이 반짝이는 결정으로 변하죠. 그런데 까마르그의 물은 조금 특별해요. 아주 작은 생물인 두나리엘라 실리나가 살고 있어서 물이 분홍빛으로 물들어요.

그래서 이곳의 소금밭은 멀리서 보면 마치 분홍빛 바다처럼 보여요.

소금밭 근처에는 중세의 요새 도시 에그모르(Aigues-Mortes)가 있어요. 높은 성벽이 지금도 그대로 남아 있어서 소금밭과 함께 과거의 시간과 오늘의 풍경이 나란히 서 있는 느낌이에요. 하늘 위로는 분홍 플라밍고들이 날고 소금 위에는 햇빛이 반사되어 반짝이지요. 바람, 햇살, 새, 그리고 사람—모든 것이 자연의 리듬 안에서 함께 움직이는 곳이에요.

　살랭 데그모르는 단순히 소금을 만드는 곳이 아니에요. 이곳은 자연과 사람이 함께 살아온 이야기의 장소예요. 옛날 소금 창고는 전시관이 되어 있고 소금이 만들어지는 과정을 직접 볼 수도 있어요. 이곳의 안내인들은 소금 이야기를 하면서 바람과 햇빛, 그리고 오랜 시간의 흔적을 함께 들려줘요.

　그래서 까마르그의 소금은 단순한 하얀 가루가 아니에요. 그건 햇살과 바람, 사람의 손이 함께 만든 이야기의 결정체예요. 자연이 만든 가장 오래된 예술작품이자, 세상에서 가장 순수한 시간의 기록이지요.

　바람이 불고, 햇살이 내리쬐면 까마르그의 소금은 다시 반짝여요. 그건 마치 자연이 우리에게 속삭이는 것 같아요. 까마르그의 소금은 "너희도 세상의 일부야. 함께 숨 쉬고, 함께 살아가자."라고 이야기하고 있는 건 아닐까요.

» 바람이 들려주는 박물관

　마르세유에서 시작된 여정은 만남의 도시 마르세유, 예술의 도시 아를, 그리고 자연의 도시 까마르그로 이어졌어요. 이 세 도시는 각기 다르지만, 닮은 점이 있어요. 사람과 사람, 인간과 자연, 과거와 현재가 이어지고 공존하는 곳이라는 점이에요. 여기서는 벽도, 천장도 필요 없어요. 햇빛이 전시 조명이 되고, 바람이 해설이 되는 지붕 없는 박물관이니까요.

거리 아트와 시대의 거장들

이탈리아 카실리노 에코뮤지엄

» 인류 역사의 대서사극, 카실리노

"여기, 로마에서도 좀 특별한 동네가 있어. 이름이 '카실리노'라고 하지."

"카실리노? 거긴 어디야?"

"지금 우리가 알고 있는 로마가 생기기 전부터 있던 곳이야. 말하자면, 고대 로마의 원형 같은 곳이지. 로마가 한창 중세 시절을 누릴 때까지만 해도 중심지였는데, 교황들이 지금의 로마 중심부로 나가면서 이곳은 좀 외곽처럼 느껴지게 됐어."

"그럼, 거긴 지금은 좀 쇠퇴한 곳이야?"

"겉으로 보기엔 그럴 수도 있지. 하지만 그 속엔 고대 제국의 유산부터, 전쟁과 이주, 그리고 현대의 삶까지 이어져 온 이야기들이 가득하단다. 마치 시간 여행을 하듯, 고대에서 현대까지 이어지는 거대한 서

카실리노

사의 무대랄까?"

"오… 그런 곳이 진짜 남아 있다는 게 신기하네."

"게다가 카실리노는 지금도 굉장히 다채로운 사람들의 삶이 공존하는 곳이야. 15개의 인종, 17개의 종교가 함께 살아가면서 새로운 문화와 관계의 유산을 만들어가고 있어. 마치 작은 지구촌 같달까."

"근데 왜 교황들은 그런 멋진 곳을 떠났을까?"

"아, 그게 또 재미있는 사연이 있어. 옛날 교황들은 처음엔 건물 안에서 갇혀 지내는 생활을 했잖아. 그런데 점점 '넓고 탁 트인 곳'에서 살고 싶다는 욕구가 생긴 거지. 일종의 위세를 드러내고 싶은 욕망도 있었고."

"그래서 지금의 로마로 옮긴 거구나?"

"맞아. 교황들이 트레비 분수 근처나 넓은 광장 근처로 거처를 옮기면서 로마 중심지는 그렇게 변화하기 시작했어. 물론, 그 시내는 문화적으로 발전하긴 했지만, 교황이나 귀족들은 휴양할 수 있는 외곽 지역에서 생활하는 걸 더 선호했지. 넓은 땅, 더 큰 공간을 가진다는 건 곧 위신을 뜻하니까 말이야."

"이야, 그럼 카실리노는 지금은 좀 잊힌 공간이지만, 알고 보면 로마의 원형이고, 역사가 켜켜이 쌓인 보물 같은 곳이네?"

"정확히 봤어. 지금도 그곳엔 상상력과 이야기로 가득한 거리 예술, 공동체 문화, 다양한 인종과 종교의 삶이 살아 숨 쉬고 있단다."

» 15개 언어, 17개 종교의 만남

"여긴 정말 독특한 곳이야. 한때 로마의 중심지였던 이 지역엔 지금도 15개의 인종과 17개의 종교가 함께 어우러져 살아가고 있어. 듣기만 해도 얼마나 다채로운지 상상이 가지?"

"응, 그래서일까? 이 지역 사람들의 관심사도 정말 넓고 다양하더라. 인류학이나 고고학 같은 전통적인 학문부터, 현대사, 종교사, 도시 미술, 도시계획, 조경 같은 실천적인 분야까지 말이야."

"그뿐만이 아니야. 요즘 시대에 맞춰서 지속 가능한 관광, 문화유산, 무형 문화유산, 스마트 관광, 스마트 시티, 디지털 문화 같은 새로운 주제들에도 깊은 관심을 두고 있어. 단순한 이론에 그치지 않고, 철학적인 기반에서부터 비대면 사회 같은 현실적인 문제들까지 두루 고민하고 있지."

"그렇다 보니, 복잡하고 이해하기 어려운 곳처럼 보이기도 해. 하지만 이 지역 사람들은 그런 다문화적, 다종교적인 환경을 오히려 긍정적으로 보고 있어. 거리 예술이나 문화 활동을 통해 문제를 해결해 나가고 있거든."

"와, 정말 멋진 접근이네. 갈등이나 차이를 부정하는 게 아니라, 그걸 자원으로 삼아서 공동체를 만들어가다니."

"맞아. 이곳, 카실리노는 그런 의미에서 정말 인상적인 사례야."

» 공존을 위한 선택

"여기 로마 외곽에 있는 카실리노라는 동네, 참 독특해요. 언어도 다르고, 문화도 다르고, 종교만 해도 무려 17개나 된대요."

"헉, 17개나요? 그럼, 갈등도 많겠네요."

"맞아요. 당연히 긴장도 많죠. 그런데 바로 그곳에 '카실리노 에코뮤지엄'이 있어요. 그냥 박물관이 아니라, 지역 전체가 하나의 살아 있는 박물관처럼 운영되고 있는 거죠."

"우와, 신기하다. 근데 처음부터 에코뮤지엄이 있었던 건 아니죠?"

"아니에요. 사실 2012년에 처음 시작했는데요, 처음엔 부동산 개발을 막기 위해 지역 시민들과 여러 협회가 모여서 '협의회' 형태로 움직였어요. 그러다 이왕 이렇게 모였으니 아예 '에코뮤지엄 도시'를 만들자고 의견을 모았죠."

"개발을 막는 것도 중요하지만, 그걸 에코뮤지엄으로 풀었다는 게 인상적이네요. 구체적으로 뭘 했어요?”

“지역 박물관 같은 걸 짓기엔 여건이 부족했거든요. 대신 공동체 자체를 ‘살아 있는 유산’으로 보기 시작했어요. 시민들이 직접 참여할 방법들을 고민했죠. 그래서 2012년부터 연구 활동도 병행하면서, 지역 사람들이 자기 동네 유산을 어떻게 생각하는지, 어떤 이야기가 있는지 탐색했어요.”

“그 과정에서 지역 주민들도 많이 참여했겠네요?”

“그럼요. 2016년에는 무려 200명이 모인 자리에서 그간의 연구 결과를 공유했어요. 그리고 2019년엔 공식적으로 ‘카실리노 에코뮤지엄’을 인정받게 됐고요. 그 이후엔 지방정부와도 협력하면서 본격적인 활동을 이어가고 있어요.”

“그래서 지금은 어떤 활동들을 하고 있어요?”

“에코뮤지엄 활동을 통해 지역의 문화유산을 보존하는 건 물론이고요, 서로 다른 문화 간의 대화도 이루어지고 있어요. 공동의 상품도 개발하고 있고, 연구 활동도 활발하죠. 무엇보다 중요한 건 ‘참여’예요.”

“참여요?”

“네, 참여형 커뮤니티 디자인을 정말 강조해요. 단순히 보여주는 게 아니라, 사람들이 함께 만들고, 함께 지키는 방식이죠. 이게 도시계획에도 반영되고, 문화유산의 가치도 더 널리 퍼지는 방식이에요. 결국에는 지속 가능한 지역 공동체를 만들어가자는 거죠.”

“카실리노는 주변부로 밀려났던 동네였는데, 이제는 스스로의 가치를 찾아가고 있네요.”

"맞아요. 중심은 아니지만, 그들만의 방식으로 중심을 만들어가고 있는 거죠. 바로 '공존'을 위한 선택이란 말이 여기서 딱 어울려요."

» 거리에서 피어난 다문화의 식물화, 허바륨

"허바륨(Herbarium), 들어보셨나요?"

처음 이 단어를 들었을 때, 우리는 고개를 갸우뚱했어요. 생소했거든요. 그런데 알고 보니 식물표본실이더라고요. 식물을 채집하고 분류해서 전시하거나 보관하는 공간이죠.

이 이야기는 이탈리아 로마 외곽에 있는 카실리노(Casilino)라는 지역에서 시작돼요. '로마의 시작은 여기서부터였다'라고 말하는 사람이 있죠. 바로 이 지역 에코뮤지엄의 대표이자 기획자인 클라우디오 제네시(Claudio Gnessi)입니다.

제네시

25
19
21
16
5
12
23
15
6
14
8
24
9
17
2
10
3
18
7
1
20
13
11
22
4
1. Musa acuminata
2. Capsicum baccatum
3. Carica papaya
4. Capparis spinosa
5. Vicia faba
6. Olea europaea
7. Cucurbita moschata
8. Cucurbita
9. Citrus medica sarcodactylus
10. Raphanus sativus
11. Passiflora edulis
12. Solanum lycopersicum
13. Zingiber officinalis
14. Persea americana
15. Avena sativa
16. Asparagus officinalis
17. Cynara scolymus
18. Brassica oleracea
19. Illicium verum
20. Rosmarinus officinalis
21. Schinus molle
22. Thymus
23. Cichorium intybus
24. Coriandrum sativum

그와 처음 만나기로 한 장소가 참 독특했어요. 건물도 아니고 카페도 아니고, 그냥 길거리였죠. 게다가 벽에 그려진 파슬리 그림 앞에서 만나자고 했어요. 약속 장소는 로마시 프레네스티노구 아쿠아불리칸테길(Via Acqua Bullicante) 110번가 좀 생뚱맞기도 하고, '왜 거리에서 보자고 했을까?' 싶은 생각도 들었죠.

약속 시간보다 일찍 도착했어요. 솔직히 첫인상은 썩 좋진 않았죠. 거리도 지저분하고, 인도엔 군데군데 풀이 나 있고, 심지어 개똥까지 눈에 띄었어요. 그런데요, 바로 그 순간 제 시선을 사로잡은 게 있었어요. 허바륨 벽화였습니다.

맹인학교 담벼락에 그려진 이 벽화는 그냥 예쁜 그림이 아니었어요. "Prendi Parte! Agire e pensare creativo" – "참여하세요! 창의적으로 생각하고 행동하세요!"라는 슬로건 아래 만들어진 작품이었죠. 이 벽화는 MIBACT의 DGAAP에서 참여한 프로젝트였고요.

클라우디오가 벽화 앞에서 우리를 맞이했어요. 그는 말했죠.

"이 지역은 다양한 인종과 종교가 뒤섞인 곳이에요. 15개가 넘는 인종과 17개 가까운 종교가 이 작은 동네에 함께 살고 있죠. 다양성은 자산일 수 있지만, 자칫하면 갈등의 씨앗이 되기도 하니까요."

그래서 그들은 벽화를 그리기로 결심했대요. 그 안에는 철학이 담겨 있었어요. 단순히 예쁜 벽화를 넘어서, 지역의 정체성과 고민이 고스란히 녹아 있었죠.

"우리, 선택해야 했어요. 행동할 것인가, 포기할 것인가? 사랑할 것인가, 혐오할 것인가? 문을 열 것인가, 닫을 것인가?"

허바륨 안내

그들은 포용과 공유를 선택했어요. 갈등을 줄이고, 이질적인 것들을 연결하고, 지역의 아름다움과 가치를 드러내기 위해서였죠.

그래서 벽화의 소재로 음식과 식물이 등장한 거예요. 다양한 나라에서 온 사람들이 익숙하게 먹는 식재료 – 허브나 채소, 과일 같은 것들을요. 그림은 화려하지 않지만 담백하고 단순해요. 마치 인포그래픽처럼 정보도 담겨 있고요.

그림 안에는 파슬리, 고수, 파파야 같은 식물이 있어요. 파파야는 이탈리아 과일은 아니지만, 여기서는 쉽게 구할 수 있대요. 그래서 이걸 통해 지역의 복잡성을 표현했죠.

"이건 단순히 채소 그림이 아니에요. 우리 지역의 모습이에요. 서로 다른 채소가 섞여 요리하듯, 우리도 융합하며 살아가자는 뜻이죠."

벽화의 위치 선정도 절묘했어요. 건축물과 미개발 지역의 경계, 현대와 고대가 만나는 지점, 도시와 자연이 맞닿은 곳. 그야말로 질서와 혼돈의 경계 같은 장소였어요.

콘크리트 벽에 그림을 그리며, 그들은 선언한 거예요. "이곳이 바로 우리의 땅이고, 우리의 문화다!"라고요.

클라우디오는 마지막으로 이렇게 덧붙였어요.

"이건 카실리노의 상징을 그린 거예요. 각 식물이, 각 색깔이, 이 지역의 복잡성과 아름다움을 말해주고 있어요. 우리가 함께 모여, 하나의 요리를 만드는 것처럼요."

» 커뮤니티 문화공간, 시네마 엠파이어

"야, 카실리노에 있는 엠파이어 시네마 알아? 거기 꽤 유명한 건물이잖아."

"엠파이어 시네마? 아, 그거 옛날 영화관 아니야? 무솔리니 시절에 지었다던데?"

"맞아. 1934년에 마리오 메시나라는 건축가가 지었는데, 당시 이탈리아 파시스트 스타일로 만들어진 건물이라 지금도 논란이 많아. 외벽엔 이탈리아 배우들의 초상이 그려져 있긴 한데, 그래도 사람들이 보기엔 좀… 부담스럽지."

"그렇구나. 이름도 '엠파이어(제국)'라니, 무솔리니의 야망이 느껴지네. 근데 지금도 영화관으로 쓰고 있어?"

"아니, 한때는 진짜 활발하게 운영되다가 1970년대쯤 사람들의 발길이 뜸해지면서 문을 닫았어. 그 이후엔 완전 버려졌지. 셔터 내린 건물에 노숙자들, 방랑자들이 몰려들면서 점점 더 쇠락했어."

"그럼, 지금은 어떻게 됐어?"

"2000년대 초반쯤에 건물주인 알레산드로 롱고바르디가 대학교 숙소로 쓰려고 리모델링을 시작했어. 그런데 지역 주민들이 문화공간으

로 되살리자고 계속 요구한 거야. 결국 시위까지 이어졌지. 무려 4,000
명이나 참여했다고 하더라!"

"와, 그렇게 많은 사람이?"

"응. 그래서 결국 2012년에 엠파이어 시네마가 복합문화공간으로
다시 문을 열게 됐어. 1970년대 이후에도 지역 사람들 사이엔 영화관
에 대한 향수가 계속 있었던 거지."

"그럼, 지금은 어떤 공간이야?"

"2012년에는 카실리노 에코뮤지엄에서 엠파이어 시네마를 주제로
워크숍도 열었어. 단순히 영화관이 아니라 지역 커뮤니티의 다기능 센
터로 만들자는 내용이었지. 결국 2014년에 다시 문을 열고, 2015년엔
댄스와 시네마 활동을 위한 공간으로도 쓰기 시작했어."

"이야, 진짜 다양하게 활용되네."

"2016년엔 6층 공간이 공동 작업실, 연극 교육 교실, 설치극장, 문화
워크숍 공간으로 바뀌었어. 그냥 옛 건물 복원한 수준이 아니라, 진짜
살아 있는 커뮤니티 문화공간이 된 거지."

» 거리에서 만나는 제국의 인물

여기는 로마의 토르 피냐타라(Tor Pignattara). 이곳에 있는 '엠파이
어 시네마' 건물 외벽에는 독특한 벽화가 그려져 있어요. 한눈에 봐도
평범한 낙서가 아니라, 사람의 얼굴이 큼직하게 그려진 예술작품인데
요. 알고 보니 이건 2014년에 거리 예술 프로젝트의 일환으로 진행된

거라고 해요.

그림을 그린 사람은 데이비드 베키아토(David Vecchiato). 이탈리아에서 꽤 유명한 거리 예술가인데, 그는 '참여디자인연구소(Cantiere Impero)'와 함께 이 작업을 했죠. 이 프로젝트는 단순한 예술이 아니라 지역과 역사, 그리고 사람들의 기억을 연결하려는 시도였어요.

벽화 속 인물들을 한 명씩

마냐니

보면 더 흥미로운데요. 안나 마냐니(Anna Magnani), 마리오 모니첼리(Mario Monicelli), 프랑코와 세르지오 시티(Franco & Sergio Citti), 피에르 파올로 파솔리니(Pier Paolo Pasolini) 등이 등장합니다. 모두 로마 혹은 이 지역과 깊은 인연이 있는 인물들이에요.

특히 안나 마냐니는 이 지역에서 태어나고 자란 배우예요. 1908년 3월 7일에 태어나 1973년 9월 26일에 세상을 떠난 그녀는, 단순한 영화 배우가 아니라 이탈리아를 대표하는 문화 아이콘이에요. 〈장미의 문신〉이라는 영화로 아카데미 여우주연상도 수상했죠. '리틀 안나'라는 애칭으로 불렸던 그녀는, 영화뿐 아니라 이탈리아 희곡을 쓰고 대중화하는 데에도 큰 역할을 했어요. 늘 실화를 바탕으로 희곡을 썼고, 무엇보다 카실리노 지역을 중심으로 활동했죠.

이 프로젝트는 단순한 예술 활동이 아니었어요. 100명이 넘는 시민들이 자발적으로 참여하고 기금을 모으면서 지역 사회 전체가 함께 만든 작업이었죠. 결국 이 벽화는 토르 피냐타라 지구위원회가 공식적으로 제작했고, 카실리노 에코뮤지엄과 공동으로 데이비드 베키아토가 기획하고 편집한 거예요. 무로(MURo) 프로젝트의 일부로 자리 잡았죠.

그림 속 인물들은 단지 유명한 얼굴이 아니에요. 이들이 이 지역에서 어떤 삶을 살았고, 어떤 이야기를 남겼는지가 고스란히 담긴 초상화죠. 거리에서 마주치는 벽화 하나하나가 제국의 문화와 지역 공동체의 기억을 동시에 품고 있는 셈입니다.

» 아홉 뮤지스의 숲

혹시 엠파이어 시네마 1층 외벽 안쪽 면을 본 적 있어요? 거기 벽에 아주 인상적인 벽화 하나가 그려져 있는데요, 제목이 바로 〈아홉 뮤지스의 숲〉이에요. 이 작품을 그린 사람은 데이비드 디아브 베카아토(David Diav' Vecchiato)라는 이탈리아 출신의 예술가예요.

이 디아브라는 작가, 꽤 독특한 이력을 가지고 있어요. 처음에는 만화랑 삽화를 결합해서 포스터 아트라는 걸 시도했는데, 그게 1992년 일이에요. 그 스타일로 1996년엔 로마랑 밀라노에서 전시도 열었고요. 한때는 로마에 있는 "몬도팝(MondoPOP)"이라는 갤러리 겸 아트샵의 아트 디렉터로도 활동했대요.

아홉 뮤지스의 숲

그리고 2010년쯤엔 '무로(MURo)'라는 거리 예술 프로젝트를 만들었고요, 2013년엔 이 프로젝트와 관련해서 스카이 아르테(Sky ARTE) HD TV 채널에 다큐멘터리 시리즈도 기획했어요. 거리 예술을 다루는 그런 콘텐츠였죠.

그럼 다시 그림 이야기로 돌아가 볼까요? 〈아홉 뮤지스의 숲〉은 2019년 3월에 완성된 작품이에요. 이름 그대로 숲을 배경으로 아홉 명의 여성이 등장하는데요, 각자 자연스러운 반나체 모습으로 그려져 있어요. 뭔가 신비롭고 고요한 느낌이 들죠.

그는 이 그림을 그릴 때도 그냥 즉흥적으로 그린 게 아니라, 미리 스케치를 하고 인물의 프레임과 비율을 공간에 맞춰서 세심하게 구상했다고 해요. 거리에서 활동한다고 해서 단순히 '버스킹'하는 예술가처럼 보일 수도 있지만, 사실 그는 아주 철저하게 기획하고 실행하는 공공예술 전문가예요.

그의 작업 철학을 한마디로 말하자면, "과거의 건축과 현재의 예술이 만나서 오늘의 거리 예술을 만든다"라고 할 수 있을 것 같아요.

» 영화감독, 파솔리니를 다시 기억하다

카실리노 거리를 따라 걷다 보면, 어느 순간 시선을 사로잡는 벽화 한 장을 마주치게 됩니다. 처음 본 사람이라면 그 몽환적인 분위기 속에서도 왠지 모를 엄숙함을 느낄 수 있을 거예요. 그 벽화는 단순한 그림이 아니라, 이탈리아의 영화감독이자 시인이자 평론가였던 피에르 파올로 파솔리니(Pier Paolo Pasolini)를 기억하기 위해 그려진 작품입니다.

파솔리니는 꽤 독특한 인물이었어요. 그는 로마 가톨릭교회나 파시즘에 대해 강하게 비판했던 인물이었고, 영화뿐만 아니라 문학에서도 활발히 활동했죠. 무엇보다도 그는 사회의 가장 낮은 곳, 빈민들의 삶에 깊이 공감했던 사람이었어요. 실제로 로마의 빈민굴에 직접 출입하면서 그들과 생활하며 이야기를 나누고, 그 경험을 바탕으로 시와 소설을 썼어요.

그의 1955년 작품인 《생명의 젊은이》는 콜롬비아의 퀴톳티 상을 수상할 정도로 인정받았지만, 정작 이탈리아에선 발행 금지를 당

기억

하기도 했죠. 이후 그는 본격적으로 영화에 전념하게 됩니다. 1961년 〈아카토네〉를 연출하면서 영화계에서 주목받기 시작했고요.

하지만 그의 인생은 결코 순탄하지 않았어요. 유작인 〈살로, 소돔의 120일〉은 부패한 종교와 권력이 인간을 어떻게 파괴하는지를 매우 적나라하게 다룬 작품이었어요. 이 영화는 바티칸 교황청의 강한 반발을 사게 되죠. 그리고 안타깝게도, 1975년 파솔리니는 17세 소년 피노 펠로시와 함께 오스티아 해변을 걷던 중, 의문의 죽음을 맞이하게 됩니다. 그 죽음은 아직도 많은 이들에게 미스터리로 남아 있어요. 이후 그의 죽음을 다룬 다큐멘터리 영화 〈누가 파솔리니를 죽였나〉(감독 마르코 툴리오 지오르다나)도 만들어졌죠.

그의 삶과 죽음을 기리는 의미에서, 2015년 토르 피그 나타 라 지역의 갈레아조 알레시(Galeazzo Alessi) 거리 215번지 건물벽에 벽화가 그려졌습니다. 그 그림은 파솔리니가 죽던 순간, 그의 몸이 추락하는 장면을 상징적으로 담아냈어요. 우화적인 장면으로 구성된 이 벽화에는 어머니의 무릎에 앉아 있는 아이, 그리고 떨어지는 파솔리니를 바라보는 사람들까지 그려져 있죠. 주민들이 참여한 벽화는 아니었지만, 이 작품은 작가의 철학과 파솔리니의 삶을 깊이 담아낸 덕분에, 지금은 동네 주민들이 가장 사랑하는 작품 중 하나가 되었습니다.

» 내 삶의 브랜드에 대한 권리, 에코뮤지엄

"로마에 가봤어? 사람들이 흔히 떠올리는 로마는 콜로세움이나 바티칸처럼 화려한 관광지잖아. 근데 진짜 '로마 사람들의 로마'는 좀 달라. 예를 들어 카실리노라는 지역이 그래. 원래는 로마의 전형적인 모습이었는데, 도시가 점점 확장되면서 점점 관광지 중심의 로마에 가려졌지. 요즘은 오히려 카실리노가 진짜 로마를 보여준다고 말하는 사람도 많아."

"거긴 요즘도 사람이 살아?"

"당연하지! 지금은 더 다채로워졌어. 15개가 넘는 인종, 17개의 종교가 뒤섞여 있는 완전 다문화 사회야. 그런 만큼 다양한 이해관계도 있고 갈등도 있겠지만, 그걸 그대로 안고 간다는 게 놀라워. 그리고 재미있는 게, 그 복잡한 현실을 예술로 풀어가고 있다는 거야."

"어떻게?"

"스트리트 아트! 건물 외벽에 허바륨처럼 식물 그림도 그리고, 시네마 뱀파이어 같은 영화 이미지도 그려 넣었어. 예전에 이탈리아 영화의 황금기를 이끌었던 감독이나 배우들의 그림도 거리마다 있어. 심지어 '아홉 뮤지스의 숲'이라는 벽화는 공공예술의 전형이라고 할 정도야. 이런 게 단순한 낙서가 아니라, 지역의 정체성을 기록하고 이어가는 문화적인 시도인 거지."

"그럼, 이게 일종의 박물관 같은 거야?"

"맞아! 바로 '에코뮤지엄'이라는 개념이야. 전통적인 박물관처럼 건물 안에 유물을 모아두는 게 아니라, 마을 전체가 박물관인 거지. 여긴 유산을 단순히 보존하는 데 그치지 않고, 지역 주민이 직접 참여하고 활동하면서 역사를 이어가. 카실리노도 그걸 실천하고 있는 거야."

"와, 뭔가 지역을 브랜드처럼 만드는 느낌이네?"

"정확해! 이게 바로 로컬 브랜딩이야. 그냥 과거를 기억하는 게 아니라, 현재를 사는 사람들이 그 기억을 재해석해서 자기만의 정체성을 만들고, 그걸 기반으로 공동체도 만들어가. 카실리노는 그래서 단순한 주거지가 아니라, 살아 있는 문화공간이자 하나의 브랜드야. 지금, 이 순간에도 변화하고 성장하는 중이지."

그들이 선택한 지속가능성

이탈리아 파라비아고 에코뮤지엄

"에코뮤지엄은 참여가 에코뮤지엄의 존재를 합법화하는 커뮤니티 박물관이다. 에코뮤지엄은 인간과 자연의 가교이며, 인구와 그 영토 간 만남의 장소이며, 거주지의 풍경을 느끼지 못하는 사람을 위한 치료약이다. 지속 가능한 발전을 기반으로 자연과 문화의 유산을 목표로 하는 공동체와의 협약이다. 주민과 방문객에게는 사회적 · 환경적 유산을 공유하고 제공하기 위해 세대 간의 소속감을 만들어 가는 것이 에코뮤지엄이다 (Citt' di Parabiago(2007), 《Verso l'Ecomuseo del Paesaggio》 p. 50."

» 이탈리아 에코뮤지엄 매니페스토 선언

파라비아고라는 이탈리아의 작은 도시는 에코뮤지엄이라는 특별한 형태의 박물관을 통해 지속 가능한 발전을 실현하려는 실험을 해오고 있어요. 이곳에서는 에코뮤지엄을 단순히 전시품이 있는 공간이 아니라, 주민들의 참여가 그 존재를 정당화해 주는 '커뮤니티 박물관'으로 보고 있어요. 에코뮤지엄은 사람과 자연을 이어주는 다리이자, 주민과 그들이 살아가는 땅이 만나는 장소라고 말할 수 있어요. 마치 주변 풍경을 인식하지 못하고 살아가는 사람들에게 감각을 되찾아주는 치료약 같은 역할을 한다고도 하죠.

이 에코뮤지엄의 핵심은 '참여'예요. 그냥 보여주고 끝나는 공간이 아니라, 공동체와 함께 자연과 문화유산을 보전하고 그 가치를 다음 세대와 나누는 데 초점을 맞추고 있어요. 파라비아고시에서는 2007년에도 지역 사람들이 모여서 함께 논의하고, 에코뮤지엄을 어떻게 운영할 것인지에 대한 지역 행동계획까지 만들어냈어요.

그러던 중, 2016년에 이탈리아 전역의 에코뮤지엄 활동가들이 모여 중요한 선언문을 만들게 됩니다. 바로 〈이탈리아 에코뮤지엄 전략 매니페스토〉였어요. 이 작업을 주도한 네 사람—라울 달 산토(Raul Dal Santo), 네리나 발디(Nerina Baldi), 안드레아 델 두카(Andrea Del Duca), 그리고 안드레아 로시(Andrea Rossi)—는 각자 에코뮤지엄 기획자, 역사 경제학자, 고고학자, 건축가로서, 다양한 시각에서 이 운동에 기여했죠. 이들은 경관생태학과 주민 참여를 바탕으로 지역계획을 어떻게 수립하고 지속가능성을 끌어낼 수 있을지에 주목했어요.

이탈리아 에코뮤지엄의 큰 특징 중 하나는 '경관'을 매우 중요하게 여긴다는 점이에요. 단지 아름답기 때문이 아니라, 인간이 인식하고 변화시키는 공간이라는 점에서, 그리고 그 변화에 대해 책임지는 태도를 길러주는 방식으로 말이죠. 지리학자 유지니오 투리는 경관을 '극장'에 비유했어요. 우리가 직접 무대에서 경관을 만들기도 하고, 때로는 객석에서 변화된 경관을 바라보기도 하니까요. 결국 우리가 모두 이

경관의 일부이며 동시에 그 변화의 목격자라는 뜻이죠.

하지만 이탈리아도 한때는 아름다운 경관을 단지 '감상'하는 것이 아니라, '착취'하는 데 급급했던 시기가 있었어요. 그러한 시대를 지나오면서 사람들은 깨달았고, 이제는 스스로가 살아가는 땅과 경관에 대해 책임의식을 갖고 지켜야 한다는 생각을 갖게 되었어요. 에코뮤지엄은 그런 경관의 변화를 살피고 기록하며, 시민교육이나 관측 활동, 방문 프로그램 등을 통해 지역 주민과 방문객이 그 가치를 함께 공유하게 돕고 있어요.

파라비아고 에코뮤지엄은 유럽 경관협약, 특히 일명 '플로렌스 2000(Florence 2000)'이라 불리는 협약의 원칙을 따르고 있어요. 여기에서는 경관이 단지 배경이 아니라, 문화의 핵심이며 우리의 정체성과 밀접하게 관련된다고 보고 있어요. 그래서 이들은 단지 박물관이나 유적지를 지키는 데 그치지 않고, 지역의 살아 있는 유산, 무형 유산까지 포함해 다양한 자원과 협력하고 있어요. 그 과정에서 지역 주민들의 문화적 성장을 함께 만들어가고, 이를 위한 창의적이고 포괄적인 방법을 끊임없이 고민하고 있죠.

마지막으로, 지난 10년간 이탈리아에서는 에코뮤지엄과 관련된 법과 정책이 자리 잡으면서 많은 진전이 있었어요. 에코뮤지엄에 대한 참여도 늘었고, 지역 사회는 그 속에서 자신들의 문화유산과 경관을 새롭게 이해하는 시간을 가질 수 있었어요. 파라비아고의 사례는 이러한 흐름 속에서 경관이 단지 자연환경이 아니라, 사람과 문화가 얽히고설킨 '살아 있는 공간'이라는 점을 잘 보여주고 있죠.

» 랜드스케이프 에코뮤지엄 현장, 파라비아고

"이탈리아 북부에 있는 롬바르디아주, 그리고 그 안의 작은 도시 파라비아고라고 들어보셨나요? 아마 익숙하지 않으실 거예요. 그런데 이 지

파라비아고

역이 최근 코로나19의 발원지 중 하나로 알려지면서 뜻하지 않게 이름이 알려졌죠. 룸바르디아는 밀라노가 도청소재지인 지역인데, 패션과 경제, 관광, 두오모 성당으로 유명한 곳이에요. 행정구역으로는 11개 도와 1개의 메트로폴리탄 시, 그리고 무려 1,500개가 넘는 코뮤네로 구성돼 있어요. 파라비아고는 그중에서도 인구가 3만도 안 되는 소도시예요. 크기는 14.16km^2 정도로, 걸어서도 충분히 다닐 수 있는 규모예요.

이 도시의 에코뮤지엄은 그렇게 걷기 좋은 거리 안에 란실리오 커피머신 회사, 만조니 초등학교, 나무 만 그루를 심은 공원, 그리고 제법 큰 밀밭이 함께 어우러져 있어요. 우리가 이 지역을 탐방하면서, 로콜로 공원에 얽힌 재미있는 이야기 하나를 들었어요. 공원을 만드는 과정에서 주민들이 만 그루나 되는 나무를 심었는데요, 그중 큰 나무에 누군가 이런 장난스러운 메시지를 남겼다는 거예요.

"이 나무에 와이파이만 터졌어도 더 많이 심었을 텐데요. 그런데 안 타깝게도 이 나무는 오직 공기밖에 못 만들어 주네요."

정말 웃음이 나오는, 하지만 한편으로는 생각할 거리도 있는 말이었죠.

우리는 밀라노 외곽에 있는 비아 폰테 누오보(Via Ponte Nuovo)의 하우징 32 아파트에서 숙소를 잡았어요. 일정은 짧은 2박 3일이었지만, 파라비아고에서 온전히 하루를 보내기 위해 아침 일찍 길을 나섰습니다. 사실 그간 국내외 에코뮤지엄 관련 자료들을 꾸준히 공부하고 수집해 왔어요. 2016년 경기만 에코뮤지엄 기본구상부터 2019년 실천대학 콘텐츠 제작까지, 독일, 프랑스, 일본까지도 답사를 다녀왔죠. 그런데 이탈리아 관련 정보는 생각보다 많지 않더라고요. 그러다 지방정부 차원의 에코뮤지엄 제도에 관해 공부하면서 자연스럽게 이탈리아 사례에 관심이 생겼고, 그 와중에 페이스북이 정말 큰 역할을 해줬어요.

경기만 에코뮤지엄 관련 내용을 페이스북에 올렸는데, 이걸 계기로 파라비아고 에코뮤지엄 기획자 한 분이 저에게 연락을 주셨어요. 이름은 라울 달 산토(Raul Dal Santo)라고 하셨고, 메신저로 먼저 연락을 주셨어요. 그는 드롭스(DROPS* : International Platform for Ecomuseums and Community Museums)라는 에코뮤지엄 플랫폼에 대해 알려줬는데, 이건 국제박물관협의회(ICOM)가 2016년 총회에서 제안한 개념으로, '작은 물방울이 모여 강이 되고 바다가 되고 결국 세계가 된다'라는 의미를 담고 있어요. 전 세계의 에코뮤지엄과 공동체

---

* DROPS 플랫폼은 전 세계의 에코뮤지엄(ecomuseums)과 커뮤니티 박물관, 그리고 문화·경관 관련 NGO들을 연결하는 온라인 허브이다. 이 플랫폼의 이름 "DROPS"는 "한 방울씩 모이면 강이 되고, 결국 바다에 이르게 된다."는 비유에서 왔다. 즉, 여러 작은 노력이 함께할 때 큰 변화를 만들 수 있다는 뜻이다. https://sites.google.com/view/drops-platform/home

에코뮤지엄 총괄책임자 라울 달 산토(Raul Dal Santo)

박물관이 교류하고 경험을 공유할 수 있는 플랫폼이죠. 산토는 이 플랫폼뿐만 아니라 파라비아고 에코뮤지엄의 기획자이기도 했어요.

그렇게 그와의 인연이 시작됐고, 한국을 떠나 이탈리아에 도착한 뒤로도 계속 연락을 주고받았죠. 그런데 본격적인 미팅 날, 저희가 큰 실수를 하고 말았어요. 숙소 근처 치미아노 역에서 출발해 가리발디 역을 거쳐 파라비아고로 가야 하는데, 가리발디 FS역을 파라비아고 역으로 착각한 거예요. 그에게 '도착했다'라고 문자를 보냈더니, "왜 거기 있죠? 파라비아고로 오셔야죠!"라는 답장이 왔습니다. 순간 너무 당황했지만, 다행히 통역 가이드 선생님 덕분에 다시 길을 찾아갈 수 있었어요. 한 시간쯤 늦게 도착했지만, 산토는 온화한 얼굴로 저희를 맞아주었어요.

낯선 나라의 길은 아무리 준비를 해도 항상 긴장되죠. 기차에서 약한 시간 정도를 달리며 이탈리아의 전원 풍경을 즐겼고, 드디어 파라비아고 역에 도착했어요. 우리나라 시골 역처럼 아담했어요. 산토에게 다시 문자를 보냈더니, 걸어서 오라고 했어요. 10분 정도의 거리, 정말 걸어서 일상생활이 가능한 거리였죠.

구글 지도를 따라 직진, 좌회전, 그리고 우회전 한 번쯤 하면 시청이 나왔고, 2층짜리 자그마한 건물이었어요. 입구에는 '지방정부청사(MUNICIPIO)'라는 간판이 보였어요. 이탈리아어로 시청이라는 뜻이죠. 현관 앞에서 다시 산토에게 문자를 보냈더니, 2층으로 올라오라고 하더군요. 조심스럽게 계단을 올라가니, 페이스북에서 보았던 그 모습 그대로의 산토가 서 있었습니다. 약간 감기에 걸렸다고 웃으며 말하는 모습이 친근했어요. 명함을 받았는데 파라비아고의 에코뮤지엄, 밀 공원(Landscape Ecomuseum of Parabiago, Mills Park)이라고 적혀 있었고, 이메일 주소도 의제(Agenda) 21이라는 지속가능 발전 관련 키워드를 쓰고 있었어요. 그 명함에서 파라비아고 에코뮤지엄의 정체성이 고스란히 드러나더군요.

본격적인 대화를 시작하려는데, 먼저 산토가 저희에게 질문을 하더라고요.

"당신들이 활동하고 있는 에코뮤지엄은 어떻게 시작됐나요? 규모도 제법 커 보이던데, 설명 좀 해주실래요?"

그래서 저희는 경기만 에코뮤지엄에 대해 간단히 설명했어요. 남북한의 경계선에 있는 528km^2의 공간이자 긴장과 평화가 공존하는 장소이며, 개발의 정점을 찍은 경기도 연안 지역을 좀 더 지속 가능한 시선에서 성찰하고자 하는 의미로 시작됐다고요. 각 현장에서 어떤 활동들이 진행되고 있는지도 덧붙였고요.

　그는 고개를 끄덕이며, 페이스북에서 보았던 자료와 현장의 인상을 바탕으로 파라비아고와 경기만 에코뮤지엄 사이의 공통점과 차이점에 대해 나름, 생각해 봤다고 말하며, 대화를 이어갔습니다.

» 파라비아고의 선택, SDGs와 DROPS

"파라비아고가 도시로 본격 성장한 건 1800년대부터였대요. 그런데 그 전, 800년대부터 이미 파라비아고는 물줄기 덕분에 생명을 이어온 곳이었어요. 밀라노와 연결된 큰 물길이 흐르고 있었거든요. 그중에서도 블로레시 운하(Canale Vvloresi)와 올로나 강(Olona River)은 파라비아고에 있어 진짜 생명줄 같은 존재였죠."

"지금은 그 운하가 말라서 콘크리트 속살을 그대로 드러내고 있지만요… 한때는 이 물줄기들이 파라비아고와 밀라노의 산업을 이어주던 아주 중요한 통로였어요. 특히 1700년대에는요, 파라비아고가 옷감과 신발 생산으로 유명해졌는데, 이 산업들에는 엄청난 양의 물이 필요했거든요. 그래서 물길이 있다는 건 곧 도시의 성장 기반이 된 셈이죠."

"하지만요, 산업이 커질수록 문제가 생겼어요. 환경오염이 심각해졌고, 전통문화도 점점 사라져갔죠. 그래서 파라비아고는 딜레마에 빠진 거예요. '어떻게 하면 도시의 정체성을 지키면서도 지속 가능한 방식으로 살아갈 수 있을까?' 그래서 나온 게 에코뮤지엄 전략이에요. 무려 10년 동안 진행된 프로젝트였죠."

"이 프로젝트의 핵심은 '지속 가능 발전'이었어요. SDGs라고 들어 보셨죠? 그중에서도 파라비아고 에코뮤지엄이 주목한 건 바로 17번 목표인 '목표를 위한 파트너십(Partnerships for the Goals)'이에요."

"산토라는 사람이 이 프로젝트의 책임자 중 한 명인데요, 그가 이렇게 말했어요. 'SDGs는 우리의 목표입니다. 그래서 에코뮤지엄은 파라비아고의 정체성을 찾는 것도 중요하지만, 그보다 환경을 유지하고 보존하는 데 더 큰 의미를 둡니다. 이건 비록 마을 단위의 작은 활동일 수 있지만, 우리는 이걸 전 세계를 위한 프로젝트라고 생각하며 하고 있어요.'"

"산토는 단호했어요. 그 말처럼 에코뮤지엄이란 게 단순히 유산만 보존하는 게 아니라, 참여와 활동을 통해 지역과 세계가 연결되는 장이거든요. 그런 점에서 SDGs의 17번째 목표*는 정말 중요한 키워드죠."

"이탈리아가 에코뮤지엄을 200여 개나 만들 수 있었던 것도 흥미로워요. 독일이나 프랑스보다 늦게 시작했는데도 말이에요. 그 이유가 뭐냐면요, 정부가 일괄적으로 지시한 게 아니라 각 지역, 각 주가 스스로 법을 만들고, 자기 지역에 맞는 방식으로 추진했기 때문이에요."

"그래서 에코뮤지엄은 대도시보다는 작은 도시, 관광지보다는 산업화나 환경오염으로 어려움을 겪는 도시에서 더 활발히 운영되고 있어요. 파라비아고가 딱 그런 예죠."

"이렇게 시작된 파라비아고의 에코뮤지엄은 결국 국제적 플랫폼으로까지 성장했어요. 2016년 밀라노에서 열린 국제박물관협의회

---

* 유엔 지속가능발전목표(SDGs) 제17목표는 "목표 달성을 위한 이행수단 강화와 글로벌 파트너십의 활성화(Partnerships for the Goals)"이다. 이 목표는 나머지 16개 목표를 실현하기 위한 수단적·촉진적 역할을 담당한다.

파라비아고 삶의 시건을 담은 마을지도

ICOM*(International Council of Museums, 국제박물관협의회) 총회에서 '이탈리아 에코뮤지엄'이란 주제로 포럼이 열렸고, 그때 DROPS라는 플랫폼도 탄생했죠."

"DROPS는 에코뮤지엄 관린 자료를 공유하고, 새로운 프로젝트를 함께 만들고, 전 세계와 연결되는 디지털 네트워크예요. 파라비아고가 중심이 돼서 이걸 운영하고 있는데요, 새 소식이나 협업 제안이 있으면 메일로 공유하면서, 자료는 온라인으로 올리고… 그런 식으로 활동하고 있다고 해요."

---

* ICOM은 국제박물관협의회라는 뜻으로, 전 세계 박물관과 전문가들이 모여 있는 가장 큰 국제 단체이다. 1946년에 만들어진 ICOM의 본부는 프랑스 파리에 있다. 이 단체는 박물관이 지켜야 할 윤리 기준을 세우고, 불법으로 유출된 문화재를 되찾도록 돕고, 각 나라 박물관들이 서로 배우고 협력할 수 있게 연결한다. 또 매년 5월 18일을 국제 박물관의 날로 정해, 전 세계 박물관이 같은 주제로 행사를 연다. 최근에는 박물관이 단순히 유물을 보관하는 곳이 아니라 기후위기 대응, 사회적 포용, 디지털 전환 같은 시대적 과제를 함께 풀어가는 공간이어야 한다고 강조하고 있다. 한국도 ICOM 회원국이며, 한국위원회가 있어 국제 활동에 참여하고 있다. 쉽게 말해 ICOM은 세계 박물관들이 함께 기준을 세우고, 문제를 해결하고, 미래 역할을 고민하는 거대한 네트워크라고 할 수 있다.

» 삶의 시선을 담은 마을 지도 콘텐츠

산토는 우리에게 두 장의 마을 지도를 보여주며 이야기를 시작했어요. 이 지도들은 보통 우리가 떠올리는 전문가들이 만든 지도가 아니에요. 파라비아고라는 지역에 살고 있는 사람들의 눈으로, 그들의 삶의 시선으로 그려낸 지도죠.

이 지도 제작에는 다양한 사람들이 참여했어요. 중학생도 함께했고, 마을에 오래 사신 어르신이나 그 가족들로부터 이야기를 듣고 정보를 얻은 다음, 그걸 바탕으로 그림을 그리고 디자인을 완성했어요. 단순히 지리 정보를 담은 게 아니라, 사람들이 마음에 간직하고 있는 장소, 기억 속 풍경들이 담긴 지도였죠.

지도 한 편에는 파라비아고의 역사와 문화에 대한 간략한 설명도 들어가 있어요. 흥미로운 건, 히브리어나 가톨릭 관련 이름이나 정보들도 중요하게 다뤄졌다는 점이에요. 또 하나 인상적인 부분은, 환경오염 때문에 사라졌던 반딧불에 관한 이야기예요. 그 반딧불에 대한 정보를 지도에 넣음으로써, 사람들 사이에서 보존의 문화가 자연스럽게 형성되도록 했다고 해요.

산토는 이 지도가 단순한 정보가 아니라 '삶의 디자인'이라고 표현했어요. 자기 삶에서 가장 소중하게 여기는 장소를 담아낸 지도라는 의미죠.

그는 또 동네 지도의 의미에 대해서도 강조했어요. 에코뮤지엄 활동과 연결된다는 점에서요. 너무 큰 규모의 활동은 지양하고, 주민들이 서로 알고 지낼 수 있을 만큼의 작은 지역 단위를 중심으로 에코뮤지엄을 운영하는 게 중요하다고 했죠. 대규모화, 집중화, 거대화는 기존의 근대적 사회 패러다임이고, 이제는 걷거나 소통할 수 있는 규모로 활동을 재설계해야 한다는 거예요.

이런 관점은 마을 지도 같은 콘텐츠에 그대로 녹아들 수 있고, 그 제작 과정 자체가 각자의 삶의 시선을 나누는 환경을 만들어낸다는 거예요. 결국 이것이 바로 SDGs, 지속가능발전목표와 연결되는 에코뮤지엄의 한 모습이라는 생각이 들었어요.

산토와 그 팀은 왜 경관이 중요한지도 이야기해 줬어요. 실제로 2006년과 2007년에는 관내 11개 초등학교와 중학교에서 '경관 교육'을 실시했고, 그 교육은 지역 투어나 주민 참여 계획과도 연결되었대요.

그 교육에는 네 가지 핵심이 있었어요.

첫째, "우리의 경관을 알라." 우리가 사는 풍경을 이해함으로써 결국 우리 자신을 더 잘 이해할 수 있다는 거죠.

둘째, "올바르게 행동하려면 먼저 보는 법을 배워라." 우리가 환경을 어떻게 인식하고 행동하느냐가 중요하다는 거예요. 지식만 쌓는 게 아니라 행동으로 이어져야 한다는 말이죠.

셋째는 "풍경을 존중하라." 멸종 위기의 생물처럼, 풍경 자체도 보호받아야 할 대상이라는 거예요.

넷째는 "미래 세대를 위해 풍경을 전하라." SDGs의 논리처럼, 풍경은 후손에게 물려줘야 할 자산이라는 거죠.

이런 철학은 교육과정으로도 연결돼서, 중학생들이 이 교육을 받으며 부모님, 조부모님, 요양원의 어르신들과 함께 커뮤니티 지도를 만드는 과정이 자연스럽게 형성되었어요. 단순히 지도를 만드는 것이 아니라, 자신이 살고 있는 삶터를 새롭게 바라보고, 지속가능성을 함께 고민하는 과정이 되었던 거죠.

» 커피 산업의 시원을 담아낸 Rancilio

산토는 우리를 또 하나의 특별한 장소로 안내했다. "여기는 〈오피치나 란실리오 1926(Officina Rancilio 1926)〉입니다," 하고 그는 조용히 말했다. 처음엔 그저 작은 동네 박물관 중 하나겠거니 했지만, 막상 도착하니 분위기부터 남달랐다. 여기는 바로 란실리오(Rancilio)라는 커피머신 회사가 그들의 첫 번째 머신을 만들었던, 그 시작의 장소를 기념하기 위해 세운 박물관이었다.

산토는 설명을 이어갔다. "이곳은 파라비아고라는 이탈리아의 작은 도시에서 시작된 커피머신 회사 란실리오의 역사를 기억하고 보존하는 공간이에요. 지금은 이 회사가 지역을 떠났지만, 이렇게 지역 사회와 연결된 에코뮤지엄 형식으로 박물관이 운영되고 있어요."

우리는 전시장 안으로 들어갔다. 내부는 꽤 인상적이었다. 한쪽 벽면에는 1926년부터 지금까지 란실리오가 제작해 온 커피머신들이 줄지어 전시되어 있었고, 수천 장의 사진과 문서 자료들이 당시의 기술과 열정을 고스란히 보여주고 있었다. 커피향이 은은하게 퍼지는 공간에서, 방문객들에게는 안내 책자와 소소한 기념품, 그리고 따뜻한 커피

카피회사였던 란실리오(Rancilio) 옛 건물은 란실리오(Rancilio) 에코뮤지엄의 박물관으로 운영하고
있다.

한 잔도 제공된다고 했다.

산토는 한 구석에 놓인 특이한 형태의 커피머신 앞에 멈췄다. "이건 1927년에 만들어진 커피머신이에요. 길쭉한 형태인데, 무려 30년 동안 같은 디자인으로 만들어졌죠. 1956년, 오피치나 란실리오(Officina Rancilio)가 세상을 떠났을 때까지만 해도 플라스틱 제품은 없었어요. 그게 참 안타까웠다고 해요."

그는 잠시 말을 멈췄다가, 다시 이야기했다. "그가 세상을 떠난 이후부터 커피머신은 점점 다양한 색감과 디자인을 갖기 시작했어요. 특히 와인색 디자인이 당시엔 제일 인기가 많았다고 해요."

이후 란실리오 가족은 2003년에 사업을 접었고, 회사는 다른 사람에게 넘어갔다. 하지만 박물관만큼은 여전히 그 자리에 남아 운영되고 있다.

해설사는 우리에게 이렇게 말했다. "이곳은 단순히 커피머신을 전시하는 장소가 아니에요. 란실리오라는 커피 회사의 이야기뿐 아니라, 파라비아고라는 도시의 역사와 문화를 함께 보여주는 공간이죠. 커피 역사의 기원을 기억하는 장소이고, 이 도시의 유산이기도 해요."

그녀는 잠시 미소를 지으며 덧붙였다. "예전엔 이곳에 작은 공방, 작업실, 공장들이 참 많았어요. 지금은 많이 사라졌지만요. 이 박물관을 계속 유지하고 싶은 이유는, 단지 란실리오 가문에 대한 기억이 아니라, 파라비아고의 역사 자체를 지키는 일이기 때문이에요."

그녀는 또 하나의 중요한 이야기를 전했다. "이탈리아 사람들은 손재주가 뛰어나요. 커피머신 같은 정밀한 기계도 만들고, 신발이나 옷 같은 패션 분야에서도 수공업이 자랑이죠. 그게 바로 이탈리아의 자존심이에요."

그 순간 깨달았다. 그녀의 말이야말로 에코뮤지엄의 본질을 말해주는 것이었다. 삶의 궤적이 녹아든 장소, 장인의 손끝에서 이어지는 기술, 그리고 그 기술을 지역의 유산으로 생각하고 지켜나가려는 마음. 이 모든 것이 모여 〈Officina Rancilio 1926〉이 단순한 박물관을 넘어서, 파라비아고의 살아 있는 유산이 되고 있었다.

» 학교 지하실의 숨은 보물

이야기를 좀 풀어볼게요. 이곳은 이탈리아 파라비아고에 있는 만조니 초등학교인데요, 산토라는 분이 우리를 이 학교로 안내해 줬어요. 학교는 1학년부터 5학년까지 있고, 한 학년당 보통 100명 정도가 다니는데, 4학년은 조금 적어서 3개 반에 70여 명이에요. 학교 규모는 아담하고, 2층 건물이에요. 우리가 도착한 시간은 예상보다 10분 정도 늦었지만, 이미 1층 중정에서 만난 선생님이 긴장된 듯 준비하고 계셨어요.

학교 홈페이지 첫 화면에는 이런 문구가 적혀 있어요.

"… non vasi da riempire ma fiaccole da accendere …"
"… 꽃병에 꽃을 채우지 말고, 횃불을 켜라 …"

이 문구는 플루타르코스의 말로, 학교 교육에서 지식을 채우는 것이

만조니 초등학교

아니라 아이들이 스스로 불을 지피도록 돕는 교육이 중요하다는 의미라고 해요. 정말 멋지죠?

이 학교는 에코뮤지엄 활동과도 연결돼 있어요. SDGs, 즉 지속 가능한 발전 목표를 교육에서 실천하는 곳이기도 하고요. 지역 사회의 활동이 문화예술, 환경보호 등 다양한 방식으로 불리긴 하지만, 결국 모두 지역 사회의 지속가능성을 위한 노력이라는 점에서는 같아요. 산토는 이렇게 말했어요. "다르게 불리지만 결국 목표는 하나, 지속가능성을 위한 지역 사회 활동이죠."

학교 안을 돌아보면, 복도 벽에 아이들이 그린 그림들이 즐비해 있어요. 그림에는 아프리카, 아시아, 남미 등 다양한 민족의 사람들이 그려져 있고, 그들이 먹는 음식까지 표현돼 있죠. 이 그림들은 다문화를 상징하고, 아이들이 어릴 때부터 서로 다른 문화를 이해하고 협력하는 관계를 배울 수 있도록 돕고 있어요. 그리고 이 학교에서는 예술 교육도 특별해요. 아이들이 예술작품을 따라 그리는 게 아니라, 자기만의 방식으로 표현하도록 독려해요. 심지어 재활용이 가능한 재료를 사용해서 그린 그림이 많아요.

그림을 보면서 우리는 다문화 교육과 환경 교육을 동시에 실천하는 이 학교가 정말 인상 깊었어요.

그런데, 이 학교 지하에는 박물관이 있어요. 학교를 리모델링하면서 발견된 두 개의 큰 박스가 박물관의 시작이었다고 해요. 그 박스 안에는 학교와 관련된 옛 자료들이 담겨 있었는데, 그 자료들이 이제 학교의 역사를 담은 귀중한 아카이브가 되었죠. 선생님은 이렇게 설명했어요.

"학교 리모델링을 하던 중 큰 박스를 두 개 발견했어요. 그 안에는 학교와 관련된 많은 자료가 있었죠. 그래서 박물관을 만들기로 했고, 지금은 파라비아고의 아카이브로 자리 잡았어요."

이 박물관은 학교의 역사를 보여주는 곳이에요. 1900년대 초반의 교과서, 학생의 출석부, 그리고 학교와 관련된 도구들이 그대로 전시돼 있어요. 그 속에는 학생들의 일상이 담긴 이야기들이 있어요. 예를 들어, 혹한의 겨울에 잉크병이 얼 정도로 추웠던 이야기, 전쟁 중에 학교에서 벌어진 일들, 그리고 계절에 따라 변화하는 자연 속에서의 학습이 담겨 있어요.

이 프로젝트는 학교 문화의 보급을 목표로 시작됐고, 지금은 지역 사회의 유산으로서 역할하고 있어요. 이 아카이브는 세대 간의 기억을 잇는 다리이자, 지역 사회의 정체성을 되살리는 중요한 자료가 되고

있어요. 그리고 이 기록들은 1928년부터 1948년까지 학교 교육 담당 이사였던 프란체스코 카지오와 함께 심리학자 레토나 데 폴로, 알리다 고타르디 등이 정리한 거예요.

이 학교는 단지 학생들이 공부하는 곳만이 아니라, 지역 사회와 함께 성장하는 공간이에요. 우리가 이곳을 방문하면서 느꼈던 건, 학교가 단순한 교육 공간을 넘어, 지역 사회의 문화와 역사를 담는 중요한 역할을 한다는 거였어요. 정말 멋진 일이죠?

» 만조니 학교, 교육을 위한 여정

보육단계 아이들에게 빵이 우리 몸에 주는 힘을 알려주는 프로그램이 있어요. 이 과정은 아이들에게 신체와 마음이 얼마나 밀접하게 연결되어 있는지 깨닫게 하는 목적이죠. 아이들이 좁고 어두운 지하 계단에 서면, 가끔은 두려움을 느낄 수도 있어요. 그런데 그 두려움은 마법 같은 세계로 이어지게 되죠. 19세기 마법의 세계처럼요. 고대 문서도 아이들에게는 신기한 경험일 수 있어요. 박제된 동물들도 처음 보았을 때 낯설어할 수도 있겠죠. 하지만 그 낯선 시간은 잠깐일 뿐이에요. 아이들은 금방 파스타나 빵을 만드는 과정에 몰입하게 되죠. 밀가루를 손에 묻히면서 빵을 만들고, 천사 같은 얼굴로 반죽하고 있어요. 미술 전문가의 도움을 받으면서, 자신만의 작품을 완성해 가죠.

비록 밀가루 반죽하는 단순한 행동처럼 보일 수도 있지만, 이 프로그램은 사실 신체와 마음, 감정, 기술을 모두 모으면서 내면과 현실을 이해하려는 노력으로 볼 수 있어요. 반죽된 밀가루는 결국 빵으로 변하고, 그 빵은 아이들에게 중요한 경험과 감정을, 또 기억을 만들어 줍니다. 왜 이런 프로그램을 기획했을까요? 아카이브 자료 한 편에는 빵과 관련된 이야기가 기록되어 있어요. 그 이야기엔 빵을 소재로 한 축제 이야기도 담겨 있죠. 이건 바로 과거를 통해 오늘을 보고, 내일을 찾으려는 에고뮤지엄 활동의 일환이에요. 아이들에게 빵 부스러기처럼 작은 호기심이 모여 결국 빵 축제가 된 거죠. 그 빵 축제는 과거에 실제로 있었던 일, 그리고 기억해야 할 일들을 떠올리게 해요. 지금 사라져 버린 현장이지만, 아이들에게는 그게 귀중한 숙제이자 도구가 되어 주는 거예요.

» 빵과 감정의 연결

초등학교 과정은 다섯 단계로 이루어져 있어요. 첫 번째 단계는 퍼스트 클래스 과정으로, 여기서 아이들은 빵과 반죽을 통해 곰팡이에 대해서도 배워요. 비록 교실이 엉망이 될지라도, 아이들은 다양한 재료—참깨, 양귀비, 기름, 우유 등—를 밀가루에 섞어가며 즐거움을 느껴요. 더 큰 재미는 바로 곰팡이가 피는 과정을 경험하는 거죠. 서툴지만 아이들은 그 과정에서 크리스마스트리에 장식할 작품도 만들어가요. 그리고 이 빵은 파라비아고 경관과도 연결되죠. 참 재미있는 발상이지요. 아이들은 보드판을 만들어 초원을 표현하고, 밀밭에서 가져온 줄기를 세운 후, 그 사이에 빵으로 디자인을 해요. 이 디자인은 바로 빵이 가져다준 파라비아고 경관이 상상력으로 펼쳐진 결과예요.

두 번째 과정은 중등 과정인데, 이 과정은 빵이 만들어지는 다양한 문화를 배우는 시간이죠. 가상의 여정을 설정해서 빵을 만들 때 필요한 물, 불, 효모 같은 재료들이 어떻게 디자인에 포함되는지도 알아요. 씨앗에서 밀로, 밀에서 빵으로 이어지는 긴 여정을 콘텐츠로 구성하여 그 과정을 스토리로 풀어내기도 해요.

또 다른 중요한 학습은 빵의 기본 개념을 배우는 거예요. 캐네그레이트(Canegrate)의 몬탈바노(Montalbano) 빵집에서 프로젝트가 시작되죠. 여기서 아이들은 빵의 재료가 무엇인지, 어떻게 준비하는지 배우게 돼요. 밀가루, 기름, 물, 맥아, 소금 등이 어떻게 혼합되어 빵이 만들어지는지 배웁니다. 이 과정에서 세계 각지의 다양한 빵 종류를 소개하고, 그에 대해 토론도 하게 되죠. 토론이 어려울 수 있으니 대신 잔니 로다리(Gianni Rodari)의 "제빵사를 했다면"이라는 제목의 시를 발표하면서 그 의미를 풀어가기도 해요.

세 번째 수업은 우리가 오래된 선조들의 삶을 이해하는 시간이에요.

이 수업은 사실 영토성을 기반으로 한 역사 학습이라고 할 수 있죠. 우리가 배우게 될 내용은, 파라비아고 지역에서 선사시대부터 기원전 3천 년 중반까지 사람들의 생활 기록을 살펴보는 거예요. 이 지역 사람들은 숲을 체계적으로 관리하면서 불과 물, 곡물을 더 효율적으로 사용했던 것으로 추정돼요. 예를 들어, 우리가 파라비아고의 옛날 공간을 이해하기 위해, 거친 돌 위에 곡물을 놓고 작은 돌로 갈아내는 퍼포먼스를 진행해 볼 수 있죠. 그런 후, 불을 이용해 곡물을 갈아서 빵을 만드는 과정도 배우게 돼요. 이런 과정을 통해 사람들이 어떻게 옛날에 빵을 만들었는지를 이해하게 되죠.

그리고 농가 방문 프로그램도 있어요. 이 프로그램은 "빵의 기원에 대한 여행"이라고 불리는데요. 우리는 크레모나에 있는 올드 콤보니노(Combonino Vecchio) 농가를 방문해요. 그곳에서 씨앗에 대해 배우고, 씨앗을 구별하는 방법도 익힙니다. 그 후 밀가루와 물로 반죽을 해보며, 그 과정에서 효모 없이 만들어진 옛날 빵의 기원도 배우게 돼요.

4단계 학습에서는 올로나 강을 따라 형성된 방앗간과 밀밭에 대해 배우게 돼요. 밀을 가을에 심고, 겨울과 봄을 지나며 자란 후 여름에 수확 준비를 하죠. 이 과정을 기록하며, 방앗간에서 물 에너지를 이용해 밀을 밀가루로 만드는 과정을 배울 수 있어요.

5단계에서는 학교가 파라비아고 지역을 위해 어떤 일을 했는지에 대해 배우게 돼요. 100년 전에 설립된 만조니 초등학교는 2차 대전 중 어려운 상황에 처한 가족들을 돕기 위해 무료 식당을 운영했어요. 치아파 암브로지오 선생님은 학생들에게 당시 상황에 관해 이야기해 주었죠. 2014년 10월 10일, 학생들이 선생님에게 인터뷰했는데, 그때 선생님은 2차 대전의 궁핍함과 배고픔을 견딜 수 있었던 건, 때때로 학교에서 제공된 한 끼 덕분이었다고 말씀하셨어요.

〈파라비아고 에코뮤지엄 프로그램〉

구분		주요 내용
Scuola dell'Infanzia 보육원		• Pane ⋯ cibo per il corpo cibo per la mente 빵 ⋯ 마음의 몸을 위한 음식 • Una piccola e curiosa⋯ briciola di pane⋯작고 호기심 많은 ⋯ 빵 부스러기 ⋯
Scuola primaria 초등학교		
	Classi prime 주요 수업	• Pane, pasticci e⋯ fantasia 빵, 파이 및 ⋯ 환상 • Pane e fantasia 빵과 상상력
	Classi seconde 중등 수업	• Paese che vai, pane che trovi 당신이 가는 나라, 찾은 빵 • Pane ⋯ nel mondo 세계에서 빵 ⋯
	Classi terze 세 번째 수업	• La preistoria del pane 빵의 선사시대 • Dai semi al pane 씨앗에서 빵까지
	Classi quarte 네 번째 수업	• Dal mulino al forno 밀에서 오븐까지 • C'era una volta il pane 옛날 옛적에 빵이 있었다
	Classi quinte 다섯 번째 수업	• Cibo e scuola 음식과 학교 • Pane e Scuola 빵과 학교
Secondaria di 1° Grado 1 학년 중등학교		
	Classi prime 프라임 클래스	• Saperi, Sapori e Costumi 지식, 풍미 및 의상
	Classi seconde 중등 수업	• Memorie di carta 종이의 추억
	Classi terze 세 번째 수업	• Il pane di ieri e di oggi: valore e spreco 어제와 오늘의 빵 : 가치와 낭비
Scuola - Famiglia 학교-가족		• Chi va al mulino si infarina 제분소에 가는 사람은 번창한다

출처 : http://www.museodellascuolaparabiago.it/le-attivit%C3%A0-didattiche.html 재정리

지안카를로는 80살이 된 지금, 그의 어린 시절 이야기를 떠올리며 말합니다. "제가 10살 때, 베네치아에서 레그나노에 있는 빵집에서 일하기 시작했어요. 그때는 군대를 위한 빵을 만들어야 했죠." 그가 말하는 그 시절, 그는 13살이 되던 해에는 다른 빵집으로 일터를 옮겼고, 매일 아침 5시에 일어나 자전거를 타고 레그나노 주변의 농가에 빵을 배달했다고 해요. 그렇게 일하면서 그는 점점 더 많은 경험을 쌓았고, 20살이 되었을 때는 브리사라는 시립 오픈을 경유하여 파라비아고에서 일을 시작했다고 합니다.

한편, 1922년에 태어난 주세페 미레게티는 어린 시절부터 빵 굽는 일을 도왔습니다. "학교 공부보다 빵 굽는 일이 더 재미있었어요." 그는 조부모와 삼촌을 도우며 빵 굽는 일을 했고, 1948년에는 아내와 함께 자신만의 빵집을 열었습니다. 그는 1984년 11월 10일에 세상을 떠났지만, 파라비아고에서 영원히 사랑받는 베이커로 기억되고 있습니다. 그의 아들은 지금도 그의 아내, 어머니와 함께 빵을 굽고 있답니다.

이들의 삶은 그 당시의 상황을 잘 보여줍니다. 특히 1928년부터 1948년까지의 그들의 영양 상태에 대한 기록이 중요하게 여겨졌어요. 당시, 영양 상태나 질환, 빈곤을 파악하면서 교사는 가장 약한 사람을 돕기 위해 노력했다고 합니다. 이들의 기록은 매우 정교하게 남겨졌습니다. 그들은 조부모에게 다양한 질문을 하며 당시의 상황을 이해하려고 했고, 그 답을 기록으로 남겼습니다.

"그 당시에는 소금, 쌀, 설탕, 파스타, 기름, 와인, 비누 등을 식료품점에서 사려면 특별한 카드가 필요했어요. 그 카드를 '아노나리아 카드

(Annonaria Card)'라고 불렀죠. 전쟁 동안 먹을 것이 거의 없었고, 이 카드는 배급 카드와 함께 제공되었습니다. 모든 것이 배급으로 나뉘었어요."

중등 과정은 세 가지 중요한 단계로 구성되어 있어요. 첫 번째 단계는 '프라임 과정'이라 불리는 과정으로, 〈지식, 풍미 및 의상(Saperi, Sapori e Costumi)〉을 주제로 다룹니다. 이 과정에서는 학생들이 "모닝커피에서 다민족 과일에 이르기까지 역사를 만드는 학교 여행"이라는 프로그램에 참여하게 돼요. 이 프로그램은 두 가지 주요 이야기를 중심으로 진행돼요. 첫 번째는 란실리오 중학교(Rancilio Secondary School)에 관한 이야기고, 두 번째는 파시즘, 전쟁, 그리고 전후 시기의 이야기입니다. 이 시기 동안 학생들은 전쟁과 가난 사이에서 그들이 지역 사회에 미친 사회적, 문화적 영향을 성찰하게 되죠. 그 당시 복잡하고 다양한 다문화가 혼합된 상황을 통해, 오늘날 다문화 주체들이 지역 사회에 건강하게 뿌리 내리도록 돕는 것이 중요하다는 메시지를 전하고자 한 프로그램이에요. 그리고 학교에서는 지역 사회의 건강을 위해 다양한 활동이 필요한데, 그중에서도 음식을 나누고 일을 묵묵히 수행하는 일이 포함돼요.

2014년 12월 15일, 1st B 클래스의 교실에서는 네불로니(Nebuloni) 교수와 리비아(Livia) 선생님을 초대해서 전쟁 당시 일상생활에 관해 이야기하는 자리를 마련했어요. 그 시간은 2시간 동안 진행됐고, 학생들은 당시 아침 식사에 관한 이야기를 들었죠. 아침 식사는 의무였고,

연구소에서 제공한 분유, 커피, 샌드위치로 구성된 아침을 긴 테이블이나 체육관에서 먹었다고 해요. 한 달에 한 번 정도는 강장제를 마시기도 했는데, 아이들은 이를 싫어했다고 합니다. 그 당시 어려운 환경 속에서 아이들만 이용할 수 있는 매점이 있었고, 그 매점은 철저히 개인의 익명성을 보장했어요. Livia 선생님의 가족은 일주일에 한 번 정도 육류를 먹었으며, 채소는 자택의 정원에서 자주 구했다고 하죠. 그리고 소금을 구하는 데는 1kg에 600파운드를 지불해야 했다는 이야기도 전해집니다. 이러한 과정을 통해 학생들은 '음식의 풍미'가 단순한 맛을 넘어서, 우리 정체성과 역사적 배경을 이해하는 중요한 열쇠라는 사실을 배우게 되죠.

두 번째 단계는 더욱 깊이 있는 인문학 프로그램입니다. 이 단계에서는 빵을 만드는 기술뿐만 아니라, 그것을 기록하는 일에도 집중해요. 만조니 연구소는 당시의 상황을 인터뷰와 기록을 통해 재현했어요. 학생들은 그때의 기법을 적용 해 보기도 했죠. 그들은 박물관에 방문해서 당시 가구와 펜촉, 잉크 등을 사용해 보는 경험을 하며, 기록의 중요성과 전통적인 교수법을 배우게 돼요. 학생들이 작성한 짧은 글이지만, 그 글을 쓸 때만큼은 모두 매우 진지하게 접근했답니다. 또한, 그 시절의 일기장을 보면서 학생들은 당시 사람들의 삶을 좀 더 깊이 이해하게 되죠. 예를 들어, 1947년 1월 4일에 한 학생이 쓴 일기를 통해 전해지는 감정은 학생들에게 당시의 생활을 생생하게 보여줍니다.

세 번째 단계는 '음식의 사회적 가치'를 인식하는 시간입니다. 이 단계에서는 학생들이 조부모들이 경험한 음식의 사회적 가치를 배우죠.

만조니 연구소는 두 개의 그룹으로 나누어 사회적 토론을 진행했어요. 첫 번째 그룹은 과학적, 기술적 관점에서 빵에 관한 이야기를 다루고, 두 번째 그룹은 1926년부터 1948년까지의 역사적 시기와 인권에 관해 이야기했어요. 이 과정을 통해 학생들은 음식을 단순한 섭취의 대상이 아니라, 사회적, 역사적 맥락 속에서 그 가치를 재조명하게 되죠.

마지막 과정은 학교가 가족처럼 확장되는 단계입니다. 파라비아고에는 올로나 강이 있고, 그 강변에는 큰 밀밭이 펼쳐져 있어요. 2008년에 레냐노, 카네그라이트, 파라비아고, 네르비아노 등의 지방자치단체는 '밀밭 공원(PARK OF THE MILLS)'을 설립했어요. 이곳에서는 9월에 부모들이 밀가루를 만드는 작업장을 만들고, 아이들을 위한 교사 역할도 맡게 되죠. 부모들은 자녀 성장에 중요한 자원으로 여겨지며, 학교와 지역 사회가 협력하는 중요한 역할을 하게 돼요. 에코뮤지엄의 활동과 유산이 연결되어, 학생들은 그들의 미래에 대해 가치 있게 생각하도록 교육받습니다. 이 프로그램을 통해 학생들은 과거의 사회적 의미와 오늘날의 삶이 어떻게 연결되는지 배우게 되죠. 산토의 명함에 적힌 '랜드스케이프'와 '밀 파크'의 의미는 바로 그 이유에서 비롯된 것이에요. 만조니 학교를 통해, 파라비아고 에코뮤지엄의 흐름과 인문학적 활동이 지속 가능한 발전의 기초가 된다는 중요한 교훈을 배울 수 있었답니다.

» 에코뮤지엄 실행의 기본, 참여

파라비아고 3.0은 지역 사회의 다양한 자원을 활용하여 앱을 개발하고 운영하는 프로그램입니다. 이 앱은 사진과 영상뿐만 아니라 주요 장소의 소리도 담아내어 사용자들이 그 지역의 생동감을 더 많이 느낄 수 있도록 구성되어 있어요. 유튜브와 같은 다양한 플랫폼도 활용하면서 사람, 장소, 자연환경, 생태 등을 하나의 공동체로 보고, 그와 관련된 콘텐츠를 공유하는 형식입니다.

이탈리아의 파라비아고 에코뮤지엄은 '커뮤니티 박물관'을 지향하는데, 그 이유는 다양한 구성원의 참여를 전제로 하기 때문입니다. 2000년부터 2006년까지 에코뮤지엄을 조성하는 과정에서 유럽연합과 룸바르디아주로부터 자금을 지원받았고, 지역 사회의 젊은이들부터 성인, 노인, 협회, 전문가 등 다양한 사람들이 에코뮤지엄을 만들어기는 데 저극적으로 참여했습니다. 이 과정에서 중요한 건 바로 '참여'인데요, 왜냐하면 서로 다른 기술과 경험을 가진 사람들이 함께 협력하는 과정이 필수적이기 때문입니다.

참여는 단지 프로젝트나 행동계획에 필요한 것만이 아니라, 그 자체로 학습과 교육의 과정입니다. 서로 다른 사람들의 이해관계와 지식을 알아가면서 다른 사람의 문제를 이해하게 되고, 그 과정에서 공동체가 형성됩니다. 이는 결국 지역에 대한 소속감을 더 강하게 만들어 주죠. 에코뮤지엄에서는 참여가 단순한 과정이 아니라 사람들을 위한 디자인과 계획이라고 여깁니다.

　그리고 파라비아고 에코뮤지엄의 참여에서 중요한 점은, 그것이 '사람'에 무게 중심을 둔다는 것입니다. 지역 발전을 위한 모든 계획과 프로젝트에는 '사람'이 핵심적인 주체로 참여하고 있다는 거죠. 파라비아고 에코뮤지엄은 이해당사자들과 지역 주민, 심지어 비공식적인 그룹까지 모두 포함하여 지역 사회의 활동을 촉진하려고 합니다. 이 모든 과정은 에코뮤지엄을 구축해 나가는 하나의 중요한 단계로, 각자의 아이디어와 공동의 작업을 통해 개인의 성장을 이끌어가게 됩니다.

　결국, 참여는 단지 계획을 세우고 실행하는 것을 넘어서, 사람들 간의 상호작용과 배움의 과정입니다. 기술 정치위원회나 시민단체와의 협업을 통해 지역 사회 활동이 이어지고, 이런 과정을 통해 지역 사회의 관계가 촉진되며, 새로운 도전 과제가 생겨나는 구조입니다. 그래서 파라비아고 에코뮤지엄은 사람들을 중심으로 돌아가며, 결국 그 지역 정체성을 더욱 확립하고, 공동체를 형성하는 데 큰 역할을 하는 거죠.

　파라비아고 에코뮤지엄에서 참여는 단순히 선택적인 활동이 아니라 꼭 이행해야 할 기본적인 사항으로 여겨집니다. 왜냐하면 이곳의 주민들은 참여를 통해 서로의 존재를 확인하고, 그 존재가 정당하다고 믿기 때문이죠. 또, 살아있는 공동체의 유산을 잘 관리하고 활용하기 위해서는 주민과 기관 간의 협정이 매우 중요하다고 생각합니다. 이 협정을 통해 파라비아고 지역의 경관이 잘 유지되고 관리될 수 있다고 봅니다.

　참여는 정말 다양한 방식으로 진행되는데요. 예를 들어, 학생들과 함께 지역의 특성을 반영한 지로(지도)를 만들기도 하고, 웹사이트를 활용해 지역 자원들을 데이터베이스(DB)로 정리하기도 합니다. 또, 구글 지도를 이용해서 자원 DB를 기록하는데, 이 과정에서는 각기 다른 색깔로 여러 활동을 구분해서 정리합니다. 협업 기획 과정, 협업 활성화 과정, '몸과 마음 음식 프로젝트' 같은 다양한 예술 프로젝트, 그리고 거리 미화와 환경 개선을 위한 협업 과정까지, 모든 활동을 일자별로 세부적으로 기록하고 있어요. 이렇게 참여 과정에 대한 데이터베이스를 세부화하면서 주민들의 참여가 어떻게 이루어지고 있는지 잘 추적하고 관리할 수 있는 시스템을 구축하고 있는 거죠.

〈이탈리아 파라비아고 에코뮤지엄 주요 활동〉

지역 활동	진행 사항
커뮤니티 맵 특별한 지도 제작 : 지도는 장소를 기억할 뿐만 아니라 지역의 미래를 구상하는 기초자료	커뮤니티 맵 3.0 제작 대화식 및 사운드 맵 구성 파라비아고 3.0 프로젝트
공원 활성학 프 콜로 파크와 뮬리니 공원 보호 및 활성화	물길 투어 밀의 날 운영 올로나 강 협정 이행
에픽 박물관(epico-museo) 과거에 대한 기초자료 수집	「겨울의 파라비아고」 전 운영 「400년 게르 바소 교회(Gervaso e Protaso)」 전시회 「포도나무에서 테이블까지」 전시회 Maggiolini 워크숍 기초자료 업데이트 메모리 뱅크 운영 전자책 발간 「공주의 귀환*」 행사

---

* 「공주의 귀환」은 역사적으로 파라비아고의 여왕으로 칭하는 내용으로 1708년 6월 21일과 22일에 Brunswick의 Elizabeth Christina 공주가 Cistercian Monastery와 Sant 교회(시스터 수도원) 방문을 기념하여 구성된 프로젝트이다.

지역 활동	진행 사항
데이트 풍경 우리의 삶의 장소인 파라비아고의 풍경이 만 남의 장소가 되도록 재미와 매력을 가진 행 사 조직	전시회 「남자와 나무」, 「처녀 자리 여정」, 「겨울의 파라비아고」 출판 / DVD 조경 교육 리알(Riale)의 길 에코뮤지엄(ecomuseum) 카드놀이

파라비아고 프로젝트에는 정말 다양한 주체들이 참여하는데, 그중에서도 학교가 중요한 역할을 합니다. 지역 사회의 모든 초등학교와 협력해서, 에코뮤지엄의 가치를 바탕으로 환경 교육을 진행하고 있어요. 이 교육 활동을 통해 학생들은 파라비아고의 아름다운 풍경을 공유하고, 그 풍경을 보전하기 위해 우리가 어떤 올바른 행동을 해야 하는지 배우게 됩니다. 또한, 풍경 보전의 필요성을 자연스럽게 이해할 수 있죠.

이 과정에서 중요한 점은 학생들만 참여하는 것이 아니라, 여러 세대가 함께 참여하도록 독려한다는 것입니다. 즉, 다양한 연령층이 함께 활동하면서, 지역 공동체가 더욱 돈독해지는 기회를 마련하고 있는 거죠. 그리고 에코뮤지엄이 지속해서 운영되기 위해서는 스폰서들의 참여도 중요한데, 이들이 지원을 아끼지 않으며 프로젝트가 계속해서 성장할 수 있도록 돕고 있습니다.

» 참여의 촉매제, 포럼

파라비아고 프로젝트에서 참여를 끌어내는 가장 중요한 프로그램

만조니 초등학교의 선생님은 학교 지하실에서 발견된 기록과 그 내용을 설명하고 있다.

중 하나는 바로 포럼입니다. 이 포럼은 공개적으로 운영되며, 지역 사회의 다양한 의견을 공유할 수 있는 자리입니다. 포럼은 단순히 의견을 나누는 곳이 아니라, 지역에 대한 지혜와 지식을 모을 수 있는 중요한 공간이에요. 여러 사람이 각기 다른 관심사와 주제를 가지고 참여하며, 그 안에서 합의를 도출하고 의사결정을 할 수 있는 기회를 제공합니다.

포럼에는 다양한 이해관계자들이 모여들어요. 특정 관심사를 가진 공동체나 대표자들이 참여하며, 그들의 의견을 통해 참여라는 기제가 작동합니다. 때로는 각기 다른 의견을 중재하거나, 서로를 촉진하는 과정이 이루어지기도 해요. 포럼은 시의회의 역할을 대체할 수는 없지만, 지속 가능한 선택과 결정을 위한 아이디어를 모은 후, 프로젝트와 과제를 조율하고 평가하며 제안을 하면서 참여를 이끌어갑니다. 또한, 에코뮤지엄 활동을 위한 지식과 기술을 공유하고, 진행 중인 활동에 대한 평가와 건축물의 경관적 관점에서 의견을 나누기도 합니다.

포럼은 지역 행동계획과 실행에 중요한 역할을 하는 파라비아고 기술 정치위원회와도 연결됩니다. 이 위원회는 지방 자치 단체의 다양한 기술자 그룹과 환경, 도시계획, 교육정책 평가자들로 구성되어 있으며, 현장에서 진행되는 참여 과정을 모니터링하고, 지역 행동과 계획을 위한 역할을 합니다.

왜 파라비아고에서 포럼을 이렇게 강조하는지에 대해 마르첼로 아르체티는 이렇게 설명합니다. 그는 커뮤니티는 사물을 반영하고, 그 안에 자신들의 이미지가 투영된다고 말해요. 시간이 지나면서 그 이미지와 사물은 이질적으로 변할 가능성이 높다고 합니다. 그래서 전체 공동체가 서로를 볼 수 있는 큰 거울을 상상해 보라고 하죠. 에코뮤지엄은 바로 그 공동체의 거울이라고 설명합니다. 그 이유는 간단해요. 거울은 자신을 비추기 때문에, 우리가 만든 자연과 풍경은 포럼을 통해 우리의 이미지와 지역 경관을 볼 수 있게 해준다는 거죠.

» 과거를 다시 사는 일, 유산

에코뮤지엄에서 유산은 지역 사회를 이해할 수 있는 중요한 지표로 간주해요. 하지만 유산을 단순히 정리하고 목록으로 만드는 것에서 끝나지 않죠. 유산을 매개로 해서 사람들의 참여를 끌어내고, 그 참여가 실제로 행동계획으로 이어지도록 하는 과정이 중요해요. 결국, 그 자체로 에코뮤지엄의 유산을 만들어 가는 일이 되는 거죠.

공동체 지도
공원에 생명을 불어넣다.
과거를 다시 살려라.
만남의 풍경

이탈리아 파라비아고 에코뮤지엄에서 활동한 파라비아고 기술-정치위원회는 지역 사회의 다양한 의견을 심층적으로 분석하고, 그 결과 네 가지 주요 활동을 정리했어요. 이 활동들이 바로 파라비아고 에코뮤지엄의 핵심적인 활동이기도 하죠. 그리고 이 과정은 유산을 지역화하는 데 중요한 역할을 해요.

첫 번째 활동은 바로 '공동체 지도' 만들기였어요. 영국이나 유럽에서 흔히 볼 수 있는 커뮤니티 맵을 기본으로 했어요. 이 지도는 현재의 상황, 과거의 역사, 그리고 동식물과 관련된 정보를 포함하죠. 단순하게 들리지만, 이 지도는 지역의 공간과 장소를 식별하고, 커뮤니티의 역사를 재구성하는 데 중요한 역할을 해요. 이렇게 만든 지도는 서로 다른 세대 간에 숨겨져 있는 장소나 이야기를 드러내기도 하고, 사람들로 하여금 자신이 기억하는 사건들을 질문하게 만듭니다. 그래서 공동체 지도는 지역 사회에 남아 있는 흔적들을 기록하고, 창의적인 시민권을 경험할 수 있게 하는 중요한 도구가 되죠.

두 번째 활동은 '공원에 생명을 불어넣다' 프로젝트였어요. 로콜로 공원과 뮬리니 공원을 중심으로 진행되었죠. 이 프로젝트는 두 공원에 관한 책 읽기와 자연 및 생물다양성 교육을 포함하고, 시골과 도시를 연결하는 경로를 탐구하는 활동도 했어요. 또한, 공원의 자연과 역사, 문화유산을 연구하면서 '생물다양성 아틀라스 프로젝트'를 진행했어요. 그 결과로, 누구나 안전하게 공원을 여행할 수 있도록 안내 지도를 만들었죠.

세 번째 활동은 '과거를 다시 살리기'였어요. 에코뮤지엄은 지역의 역사적 인물들, 그와 관련된 사진, 그리고 증언 자료들을 수집했어요. 이를 통해 유산 목록을 구성하는 중요한 자원을 확보했죠. 기억은행을 통해 주민들이 과거를 회상하고, 지역 예술가들이 바라본 파라비아고의 풍경을 전시하기도 했어요. 시인들은 지역의 방언을 찾아내어, 고유한 언어를 되살리는 작업도 했어요. 또, 1708년에 스페인의 여왕이 방문한 기록을 바탕으로 방문 재현 프로젝트도 진행했어요.

네 번째 활동은 '만남의 풍경'이었어요. 이 활동은 유산에 대한 이해를 높이는 포럼을 통해 이루어졌어요. 주민들이 자연유산과 문화유산을 공유하고, 이를 토대로 발전할 수 있도록 도와주는 역할을 했죠. 이 과정에서는 다양한 프로그램들이 진행되었는데, 예를 들면 가이드 투어나 공동의 여정 만들기, 학교 교육, 그리고 에코뮤지엄 참여 과정을 통해 얻은 결과를 전시하는 프로그램이 포함됐어요. 특히 이 프로젝트는 인간과 자연의 관계, 그리고 지역의 역사와 과거의 흔적들을 문학과 시를 통해 다시 읽고, 주민들이 자연과 더 가까워질 수 있도록 하는 목표를 가지고 있었죠.

이렇게 파라비아고 에코뮤지엄은 유산을 만드는 과정에서 단순히 지리적 장소를 넘어서는 깊이 있는 활동을 진행했어요. 지역 사회와 함께 역사적 사건과 관계를 돌아보고, 그 안에서 발견한 가치를 에코뮤지엄의 유산으로 발전시켜 나갔죠.

» 무엇을 변화시킬 것인가?

파라비아고 에코뮤지엄에서 무엇을 변화시킬 것인지, 그리고 왜 변화시켜야 하는지에 대한 답은 아주 분명해요. 파라비아고는 에코뮤지엄 활동을 통해 세 가지 큰 변화를 끌어내고자 했어요. 이 세 가지 변화는 바로 '물리적 변화', '작업방식의 변화', 그리고 '문화적 변화'예요.

먼저, 물리적 변화는 공간의 변화를 말해요. 파라비아고에서는 경관을 바탕으로 에코뮤지엄을 시작하면서 지역 사회의 공간이 어떻게 변할 수 있을지에 깊은 관심을 가졌어요. 그들이 진행한 프로젝트는 지역 사회의 유산을 탐색하는 작업이었고, 이 과정에서 커뮤니티 맵을 만들어서 그 결과를 웹사이트와 음성, 영상, 신문 등을 통해 주민들과 공유했어요.

두 번째 변화는 바로 '작업방식의 변화'인데, 이건 에코뮤지엄을 지역 사회에서 어떻게 공유할 것인가에 관한 문제예요. 파라비아고는 공공영역과 지역 사회의 참여 경로를 만드는 데 집중했죠. '참여케이크'라는 방식을 도입한 것은, 사람들에게 자신이 속한 장소에 대한 감각을 주고, 이를 통해 활성화를 끌어내는 방법이었어요. 이 과정에서 공공영역과 민간 영역이 서로 이해하고 협력할 수 있는 기제를 만들어냈어요. 시민 포럼과 지역 활동에서 나온 결과들은 공공과 민간 단체들이 지식과 기술을 결합하여 최종적인 행동계획을 도출하는 데 큰 역할을 했죠.

마지막으로, '문화적 변화'는 에코뮤지엄 운영 과정에서 일어난 사회적 관계의 변화를 의미해요. 이 변화는 단순히 활성화에 그치지 않고, 구체적인 행동계획으로 이어졌어요. 사람들은 포럼에 참여하고, 지역 행동 실무 그룹과 협력하면서 다중 이해관계를 공유하고 논의한 후 그 결과를 실제 행동으로 옮겼죠. 이 과정에서 사람들 간의 관계를 새롭게 발견하고, 거주하며 일하는 사람들 사이의 연결을 다시 인식하게 되었어요. 파라비아고는 커뮤니티 맵을 만들고, 공원에 생명을 불어넣고, 커뮤니티의 경관을 재해석하면서 그곳의 풍경이 단순한 배경이 아니라 살아 있는 유기체처럼 느껴지게 되었어요.

이 모든 변화는 지속 가능한 발전과 지역 사회의 내생적인 발전을 위한 중요한 과정이었어요. 파라비아고는 이탈리아에서 지속 가능한 발전이라는 글로벌 과제와 지역 사회의 커뮤니티 차원에서 해결해야 할 과제를 해결하기 위한 과정 중심적, 과정 지향적 활동을, 에코뮤지엄을 통해 실현하고 있다고 할 수 있죠. 결국, 파라비아고는 장소와 영토를 새롭게 재해석하고, 그곳의 유산과 활동을 통해 주민들이 어떻게 참여하고 발전할 수 있는지를 보여주고 있는 거예요.

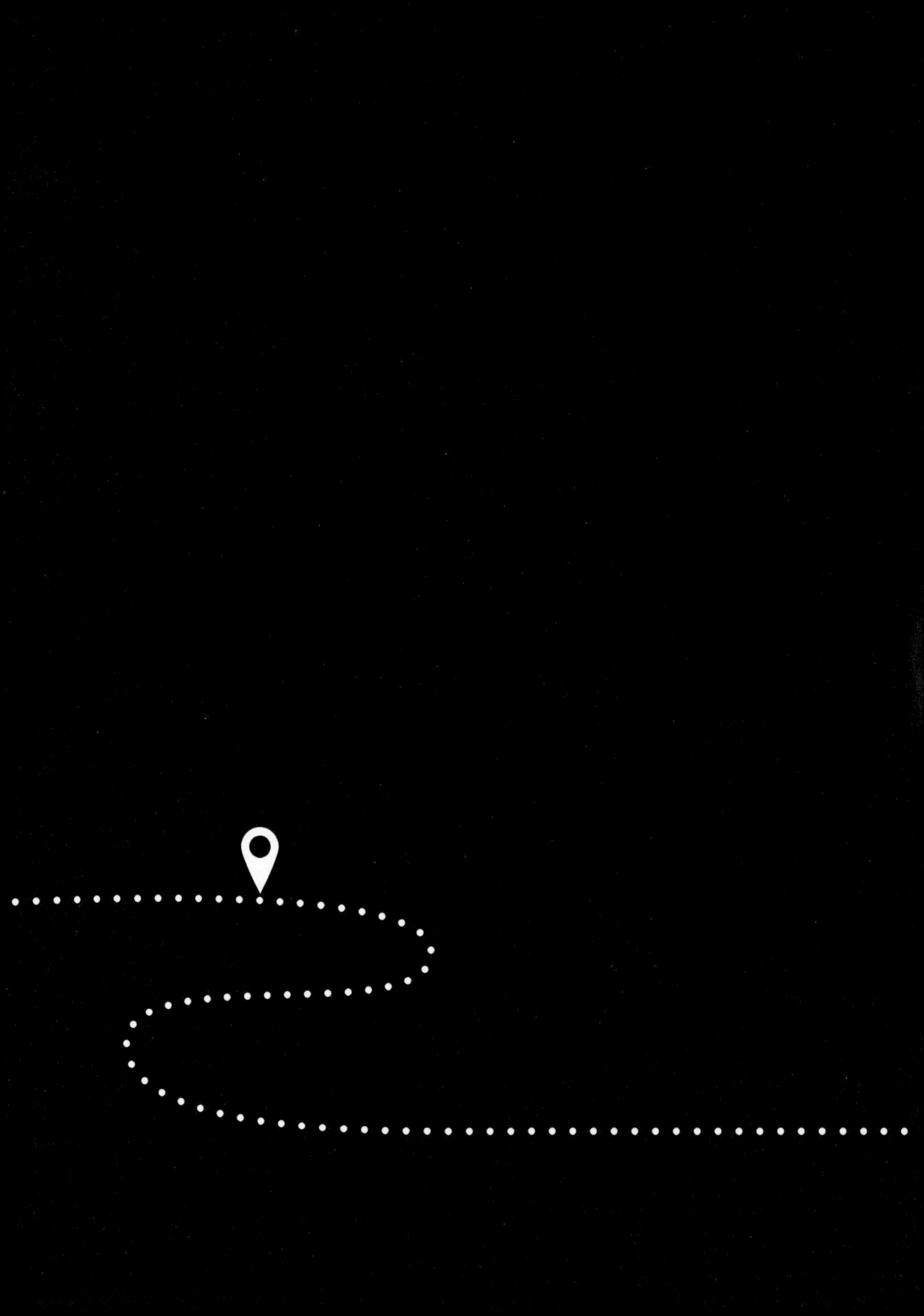

우리의 길, 우리의 집

충남 아산 외암리, 서울 북촌과 정세권

» 관계의 디자인, 마을과 길

옛사람들은 '마을'을 단순한 거주지로 보지 않았어요. '마을'이라는 말에는 사람들과 함께 어우러져 살아가는 삶, 즉 '모둠살이'라는 뜻이 담겨 있어요. 예전에는 마을을 '모을', '말', '몰', '마슬' 등으로도 불렀는데, 이 모든 이름 속엔 사람들이 이웃과 관계를 맺으며 살아가는 모습이 담겨 있었죠. 그래서 누군가 집 밖으로 나가는 건 곧 사회적 관계를 시작하는 '마실가기'였어요. 이 '마실'은 단순한 산책이 아니라 사회, 공동체와의 연결을 의미했답니다.

우리 전통 마을을 살펴보면, 참 자연과 조화롭게 잘 지어진 공간임을 느낄 수 있어요. 보통은 뒤로는 산을 두고(배산), 앞으로는 물이 흐르는(임수) 지형에 자리를 잡았는데요, 이는 풍수적으로도 마을이 편안하고 복된 자리가 되기를 바랐기 때문이에요. 마을 안에는 자연경관

332

북촌마을

이 아름다운 곳이나 마을 사람들이 함께 모여 의례를 지내는 곳, 혹은 서당이나 서원 같은 공부하는 공간도 있었어요. 마을이 단순한 생활의 공간을 넘어 정신적, 문화적인 중심지였다는 걸 보여주는 부분이죠.

그뿐만 아니라, 마을 안에는 살림집뿐 아니라 길과 물길, 숲, 마당, 쉼터, 우물, 빨래터 같은 다양한 공동체 시설들이 잘 연결돼 있었어요. 이런 공간들은 사람들 사이의 관계를 더욱 끈끈하게 이어주는 역할을 했죠. 또 마을 어귀나 숲속에는 성황당, 당산나무, 장승, 솟대 같은 것들이 놓여 있었는데, 이는 마을의 안녕과 풍요를 기원하는 물활적(物活的) 상징물이었어요. 종가, 재실, 서원, 정자 같은 건물들도 마을 사람들의 뿌리와 혈연을 이어주는 중요한 공간이었고요.

그리고 '길'은 마을 구성에서 빠질 수 없는 핵심 요소예요. 길은 단순히 지나가는 공간이 아니라 사람과 사람, 집과 집, 공간과 공간을 이어주는 연결망이에요. 자연 지형에 맞춰 부드럽게 이어지고, 때론 구불구불 굽어져서 산의 흐름을 따르기도 하고, 때론 징검다리나 계단, 주변의 나무들에 따라 분위기가 달라지면서 걷는 재미를 더했어요. 좋은 마을길은 마을 안이 처음부터 훤히 보이지 않고, 천천히 들어가며 하나씩 풍경을 마주하게 해주는 길이었죠.

이 길들은 크고 작은 위계를 가지고 있어요. 예를 들어, '큰길'은 마을 바깥을 지나가는 길로, 다른 마을로 이어지는 외부 교통의 길이었어요. 반면에 '어귀길'은 큰길에서 마을 어귀까지 이어지는 길인데, 이 길은 마을로 들어가는 경계로서 외부인들의 접근을 조절할 수 있는 안전한 공간이었어요. 실제로 어귀에는 정자나 공공시설이 놓여 외부인

의 출입을 감시하고 마을 사람들끼리 소통할 수 있는 장소가 되기도
했죠.

어귀를 지나면 만나는 길이 바로 '안길'이에요. 이 길은 마을 사람들
만 이용하는 길로, 가장 공공적인 삶의 중심지였어요. 안길에서 다시
갈라진 '샛길'은 흔히 '길목'이라고도 불리는데, 여긴 빨래터나 집회소
같은 공공시설이 자리 잡은 곳으로, 마을사람들의 소소한 일상이 오갔
던 공간이에요. 그리고 가장 안쪽의 '골목'은 바로 옆집과 옆집을 연결

하는, 가장 가까운 이웃과의 관계를 이어주는 작은 길이었어요.

이처럼 전통 마을의 길은 단순한 통로가 아니라 사람과 사람 사이의 관계, 집과 자연, 공동체의 삶을 엮는 살아있는 공간이었답니다.

» 길이 만든 마을, 외암리 마을

우리가 앞서 나눈 이야기처럼, 옛 마을의 길은 단순한 통로가 아니라, 사람과 사람, 삶과 자연을 이어주는 소중한 공간이었어요. 구불구불한 골목길, 돌담 사이로 난 샛길, 물소리 들리는 안길까지—이런 마을의 길은 걷는 사람마다 그 나름의 기억과 이야기를 품고 있었죠. 그런데 이런 마을길의 정취와 전통을 오롯이 간직한 곳이 지금도 있어요. 바로 충남 아산에 자리 잡은 외암리 민속마을입니다.

외암리에 들어서면, 마치 시간을 거슬러 조선 시대로 들어온 듯한 느낌이 들어요. 돌담길을 따라가다 보면 고풍스러운 기와집들이 이어지고, 그 사이사이로 초가집도 보여요. 집마다 작은 마당이 있고, 대문을 열면 오래된 나무와 정원이 반겨주죠. 뒷산 설화산에서 내려오는 맑은 물은 계곡을 타고 마을 안으로 흐르면서 연못이 되고, 정원수가 되고, 사람들의 삶에 스며들어요. 이 물길도, 골목도, 마당도 전부 연결

외암리길

되어 있어요. 그야말로 살아 있는 전통 마을이에요.

외암리는 원래 '오양골'이라 불렸다고 해요. 마을 옆에 있던 '역말'에서 말을 기르던 곳이라 그런 이름이 붙었죠. 그러다 조선 후기의 유학자 '외암 이간' 선생의 호를 따서 '외암리'로 불리게 된 거예요. 외암 선생은 이 마을 남쪽에 '권선재'라는 강당을 지어 후학을 가르쳤고, 그의 영향력은 마을 이름에까지 남아 있는 셈이죠. 마을을 천천히 걷다 보면 그가 살던 집, 후학들과 공부하던 장소, 그리고 그 정신을 이어가는 사당까지 곳곳에서 그의 흔적을 마주할 수 있어요.

이 마을이 특별한 또 하나의 이유는, 바로 동족촌이라는 점이에요. 조선 시대 임진왜란 이후 중앙집권 체제가 약해지면서, 지역의 양반 가문들이 지방에 뿌리를 내리기 시작했어요. 외암리는 바로 그런 흐름 속에서 예안 이씨 가문이 세거하면서 형성된 마을이에요. 이씨 가문은 약 400~500년 전부터 이곳에 정착했는데, 처음에는 평택 진씨 참봉

외암리 전경

진한평이 살고 있던 마을에 이사종이라는 인물이 사위로 들어오면서 시작됐어요. 이후로 이씨 가문이 점차 늘어나 외암리는 '예안 이씨 집성촌'으로 자리 잡았답니다.

마을을 걷다 보면 집마다 이름이 참 재미있어요. '참봉댁', '병사댁', '감찰댁', '참판댁'… 이 이름들은 다 가문의 어른들이 지냈던 벼슬에서 따온 거예요. 단순한 주소가 아니라, 그 집안의 역사와 정체성을 보여 주는 상징이죠. 그러니 그 집 앞을 지나면서도 마치 한 편의 가족사를 읽는 듯한 기분이 들 때가 있어요.

이 마을에서 태어나고 자란 사람들은 단지 함께 사는 이웃이 아니라, 조상을 함께 모시고 제사를 지내고, 가족처럼 살아가는 존재들이에요. 제사, 묘지, 마당, 정자 하나까지도 공동체의 일상이자 기억이죠. 해마다 음력 3월 14일이면 외암 이간 선생을 기리는 불천위 제사도 계속 이어지고 있고요.

그리고 이 마을에선 많은 선비들이 태어났어요. 조선 후기 과거에 급제한 인물들이 꽤 있었고, 특히 퇴호 이정렬 같은 분은 명성황후의 친척으로 알려져 있어요. 젊은 시절부터 총명을 인정받아 관직에 올랐지만, 나라가 위태로워지자, 벼슬을 내려놓고 낙향해 항일운동에 뛰어든 인물이에요. 그가 살던 집도 지금까지 '참판댁'이라는 이름으로 남

외암리초가

아 있고, 그 안에는 유품들도 그대로 보존되어 있어요.

무엇보다 인상 깊은 건, 이 마을의 길이에요. 큰길, 어귀길, 안길, 골목길… 이 모든 길이 서로 얽히고설켜 있지만, 누구나 익숙하게 걸어 다닐 수 있는 동선이에요. 길을 따라 마을 사람들은 우물가에서 물을 긷고, 빨래를 하고, 서로 안부를 묻고, 마당에서 나물 손질하며 이야기를 나눴겠죠. 길은 곧 삶이 흐르던 자리였던 거예요. 그런 의미에서 외암리는 단순히 예쁜 마을이 아니라, 공동체의 숨결이 배어 있는 살아 있는 문화유산이라 할 수 있어요.

혹시 언젠가 마을의 길을 따라 걸으며, '사람 사는 냄새'가 나는 곳을 찾고 싶으시다면, 외암리를 추천해 드릴게요. 천천히 걸으며 돌담을 쓰다듬고, 옛 선비들의 기운을 느끼고, 조용히 흐르는 물소리에 귀 기울이다 보면, 우리 삶에서 가장 소중한 가치들이 어떤 것인지 자연스럽게 마음에 와닿을 거예요.

» 서울의 삶터를 지킨 사람, 건축왕 정세권

북촌을 처음 걷는 날은 참 특별해요. 골목마다 이어지는 기와지붕과 담장, 그리고 고요하게 깔린 돌길을 따라 걷다 보면, 마치 시간이 천천히 흘러가는 듯한 느낌이 들죠. 창덕궁과 경복궁 사이에 자리한 이 동네는 예로부터 양반들이 살던 고급 주거지였어요. 조선 시대엔 왕족이나 고위 관직자들이 살았고, 지금도 그 시절을 그대로 담고 있는 고택들이 남아 있죠. 그런데 지금의 북촌이 '한옥 마을'로 널리 알려지고,

전통문화의 상징처럼 자리 잡은 데에는 한 사람의 깊은 뜻이 있었어요. 바로 정세권이라는 인물입니다.

정세권은 1888년 경상남도 고성에서 태어났어요. 유복한 가정은 아니었지만, 어린 시절부터 총명함이 남달랐다고 해요. 백일장에서 장원을 하고, 고등사범학교 과정을 1년 만에 마쳤을 정도였죠. 일제 강점기 초기엔 공무원으로 일했지만, 일본 식민지 체제에 가담하고 있다는 생각에 괴로워하던 그는 결국 공직을 내려놓고, 고향에서 소박하게 살던

중 경성으로 올라오게 됩니다.

　경성에서 그는 건축 사업에 뛰어듭니다. 당시 도시엔 인구가 빠르게 늘었고, 조선 사람들은 열악한 주거환경 속에 살고 있었어요. 정세권은 '건양사'라는 회사를 만들어 직접 땅을 사고, 설계하고, 짓고, 분양까지 하며 새로운 주거 문화를 만들어갑니다. 그가 꿈꾼 집은, 아무나 들어갈 수 없던 크고 복잡한 한옥이 아니었어요. 서민들도 살 수 있는 작고 실용적인 개량 한옥이었죠. 수도와 전기를 끌어들이고, 햇빛과 바람이 잘 드는 방향을 계산하고, 위생적인 화장실도 집 안에 들였어요. 지금으로 치면 매우 앞선 생활형 한옥이었죠.

　무엇보다도 그는 서민들이 집을 가질 수 있도록 분납 방식으로 집을 분양했어요. 당시 대부분의 사람들은 대출도 어려운 상황이었는데, 정세권은 입주 후 매달 또는 매년 조금씩 나눠 내는 방식으로 집값 부담을 줄였죠. 그의 집은 단지 공간이 아니라, 사람들의 삶을 가능하게 해주는 기회였어요.

　북촌은 그가 특별히 애정을 쏟았던 공간이에요. 일제는 조선인의 삶의 터전을 빼앗고, 북쪽으로 일본인 거주지를 확장해 나가려 했어요. 이때 정세권은 북촌 일대를 매입해 낡은 집을 헐고 조선 사람들을 위한 한옥을 대거 짓기 시작합니다. 특히 익선동은 원래 왕족의 옛터였던 누동궁이 있던 곳이었는데, 정세권이 땅을 사들이고 개발하면서 수십 채의 개량 한옥이 들어섰어요. 이 집들은 서민들을 위한 구조였지만 전통 한옥의 정서를 품고 있었고, 한옥의 현대적 전환을 알리는 시작이기도 했어요.

그는 북촌을 단순한 '개발지'가 아니라 민족문화의 거점으로 만들고자 했어요. 당시 일본의 적산가옥이 북촌까지 확장되지 못한 이유 중 하나가 바로 정세권이 미리 한옥으로 공간을 채워놓았기 때문이라는 이야기도 있어요. "사람 수가 힘이다. 일본의 북진을 막아야 한다."라는 그의 말처럼, 그는 집을 통해 조선인의 자존을 지켜내고자 했던 거예요.

정세권의 한옥은 지금도 북촌 곳곳에 남아 있어요. 그가 지은 한옥 113동 중 90여 동이 여전히 보존되어 관광객을 맞이하고 있죠. 골목마다 이어지는 담장과 기와지붕, 아담한 마당과 툇마루는 단순한 건축을 넘어, 조선 사람들의 삶과 정신이 고스란히 스며든 공간입니다. 이곳을 걷다 보면 마치 그 시절 사람들의 숨결이 느껴지는 것 같아요.

정세권은 단지 집을 지은 사람만은 아니었어요. 그는 조선물산장려회와 신간회를 지원하고, 특히 조선어학회의 사전 편찬 사업을 위해 사무실로 쓸 2층 양옥을 기부했어요. 언어가 민족의 뿌리라 여겼던 그는 말과 글을 지키는 일이 가장 중요한 독립운동이라 생각했죠. 하지만 이 일로 인해 그는 조선어학회사건에 연루되어 끌려가 고문을 당했고, 재산까지 몰수당했어요. 그가 아끼던 건양사의 면허도 취소되었고, 이후엔 평탄하지 않은 길을 걸었습니다.

그럼에도 그의 흔적은 곳곳에 남아 있어요. 우리가 지금 걷는 북촌의 길, 마주치는 집 하나하나에 정세권의 손길과 마음이 담겨 있죠. 그는 나라를 빼앗긴 시대에도 '집'을 짓는다는 일을 통해 조선인의 삶을 지켜냈고, 문화와 언어를 지키기 위한 숨은 싸움을 해냈어요.

북촌은 단지 예쁜 한옥 마을이 아니에요. 그 안에는 조선의 뿌리, 민족의 자부심, 그리고 한 사람의 깊은 뜻이 스며 있어요. 정세권은 건축으로 나라를 지켰고, 우리는 지금도 그 위에 서 있어요.

📍

구름 위를 나는 새가 머무는 집

전남 구례 운조루, 쌍산재, 곡전재

» 지리산의 고택으로 가는 길

이 이야기는 앞의 한옥이야기와 이어지는 글이에요. 지리산을 생각하면, 단순한 산이 아니라 수많은 이야기가 켜켜이 쌓인 거대한 삶의 무대 같다는 느낌이 들어요. 예부터 설화에서는 지리산을 신라의 시조, 박혁거세를 낳은 어머니 같은 존재로 여겼대요. 그리고 고유한 신선 사상이 처음 움튼 곳이기도 하고요. 이 산에는 우리 전통 신앙과 불교, 또 유학까지 서로 어우러져 녹아든 흔적들이 많아요.

특히 16세기 유학자 남명 조식 선생의 사상도 지리산 자락에 깊이 스며 있어요. 그분은 고유신앙과 불교적 세계관, 유학을 하나로 아우르며 사람의 도리를 고민했던 분이거든요.

지리산은 또 우리 역사에서 굉장히 중요한 자리를 차지했어요. 외세의 침입이나 사회의 격변이 일어났을 때, 이 산은 늘 굳건한 버팀목처럼 민중 곁에 있었죠. 농민 항쟁이 벌어졌던 무대이기도 하고, 동학농민운동이나 의병들의 투쟁이 펼쳐졌던 곳도 바로 이 지리산이에요. 말하자면, 근대사의 한복판을 온몸으로 겪어낸 산인 셈이죠.

불교적으로도 지리산은 참 독특한 장소예요. 교종과 선종, 서로 다른 불교 전통이 이 산의 계곡과 능선을 타고 공존하고 발전할 수 있었던 배경이 되었죠. 그 깊고 조용한 산세 덕분이었을까요, 마음을 닦고 수행하기에 이보다 더 좋은 자리는 없었을 것 같아요.

이런 지리산 자락, 그중에서도 전라남도 구례에 있는 토지면에는 아주 특별한 고택들이 자리하고 있어요. 대표적인 게 '운조루'고요, 그 옆에는 '쌍산재'와 '곡전재'도 함께 있어요. 그 고택들은 마치 오랜 시간을 품은 듯, 우리 조상의 삶과 지혜, 정서를 고스란히 담고 있답니다. 지리산의 품 안에서 말이죠. 이 고택은 그냥 집이 아니에요. 지금도 고택의 후예들이 살고 있는 지붕 없는 박물관이라고 할 수 있어요.

» 천년의 장수마을 그리고 당몰샘

운조루 인근 마을에는 또 다른 고택이 있어요. 그 고택 앞에는 샘물도 있어요. 당몰샘이라고 해요. 지리산은 정말 오래된 역사를 간직한 곳이에요. 천 년 이상의 세월, 마을을 품어왔고, 그중 하나가 바로 구례군 사도리에 있는 상사마을이에요. 이 마을은 장수마을로도 유명한데요, 그 이유는 마을 사람들의 평균 수명이 굉장히 길기 때문이에요. 그 안에서도 특히 주목받는 고택이 하나 있어요. 바로 '쌍산재'라는 집인데, 이 집은 무려 5대째 이어져 오고 있다고 해요. 오랜 시간 동안 마을의 위상을 높여온 상징적인 집이죠.

이 쌍산재 바로 앞에는 아주 특별한 샘이 있어요. '당몰샘'이라고 불리는데, 이 샘은 고려시대 이전부터 있었을 거라고 추정되고 있어요. 마을 사람들은 이 샘을 길러서 식수로 사용해 왔죠. 정말 오래된 샘인데, 마을이 형성된 지 천 년이 되었다니, 이 샘도 그만큼 오랜 역사를 자랑한다고 볼 수 있겠죠.

사실 이 샘물은 단순히 마실 물만 제공하는 게 아니에요. 마을 사람들에게는 건강을 기원하는 약수처럼 여겨졌어요. 그만큼 마을 사람들의 안녕과 건강을 위한 소중한 자원이었죠. 그리고 샘물 옆에는 '천년고리 감로영천'이라는 글귀가 새겨져 있어요. 이 글귀는 마을 사람들의 건강과 행복을 기원하는 뜻을 담고 있죠. 정말 마을과 샘물이 하나되어 살아온 시간의 깊이가 느껴지는 곳이에요.

이 샘을 보고 있으면, 그 오랜 시간 동안 마을 사람들의 삶과 함께했던 물이 얼마나 소중한 존재였을까 하는 생각이 들어요. 마을의 역사와 사람들의 삶이 얽혀 있는 그런 특별한 곳이 바로 상사마을이 아닐까 싶어요.

» 300년 전 서당이 있던 곳, 쌍산재

'쌍산재'는 정말 오랜 역사를 자랑하는 곳이에요. 이 집은 해주오씨 집안의 문양공후 후손들이 살고 있는 고택으로, 지금은 5대째 이어져 내려

쌍산재

오고 있죠. 쌍산재의 주인인 형순 선생님은 성균진사공파 23세손이에요. 그분의 호는 쌍산이고, 이 집도 바로 그 호를 따서 지어진 거예요.

쌍산재는 그 이름처럼, 아직도 서당의 흔적이 남아 있어요. 대문을 열고 들어가면, 대나무 숲 사이로 돌계단이 나오고, 그 길을 올라가면 드디어 한옥인 '쌍산재'가 모습을 드러내요. 고즈넉한 분위기 속에 정갈하게 서 있는 이 집은, 마치 시간이 멈춘 듯한 느낌을 주죠. 넓은 대청마루와 툇마루가 있는 이곳은 정말 마음을 편안하게 해 줘요. 만약 그 툇마루에 눕는다면, 마치 근심이 모두 사라지는 기분이 들 거예요. 진짜 여유롭고 평화로운 느낌을 주는 그런 곳이에요.

곡전재

» 어머니의 품 같은 고택, 곡전재

'곡전재'는 정말 오래된 고택이에요. 이 집은 원래 1929년에 박승림 씨가 지었고, 이후 1940년에 이교신 씨가 인수해서 오늘날까지 그 후손들이 살고 있는 집이에요. 이 집은 조선 후기의 건축양식을 그대로 갖추고 있어서, 그 시대의 느낌을 잘 살리고 있죠.

곡전재의 특징 중 하나는 기둥과 서까래 같은 부분이 정말 크고, 지붕도 높은 편이에요. 그리고 이 집은 전통적인 양반집은 아니고, 이 지역의 부농이 살던 집이에요. 그래서 문간채, 사랑채, 안채가 모두 일자형으로 되어 있어요. 담벼락도 특별한데, 호박돌로 쌓여 있어 정말 멋지답니다. 이 집은 지금은 향토문화유산으로 등록되어 있어서, 그 역사와 가치를 인정받고 있죠.

건축적인 미학도 뛰어나지만, 특히 회랑을 따라 흐르는 물줄기가 거의 예술에 가까운 모습을 보여줘요. 그 물줄기가 주는 느낌도 정말 특

운조루

별한 매력이 있답니다.

》 구름 위를 나는 새가 머무는 집, 운조루

운조루라는 집, 들어본 적 있으세요? 이 집은 그냥 오래된 고택이 아니라, 조선 영조 시대에 살았던 무관 류이주라는 분이 1776년에 직접 지은 집이에요. 참 멋진 건축가셨던 거죠. 그런데 이 집이 얼마나 특별하냐면, 당시 그려진 〈전라구례오미동가도〉라는 그림에까지 등장해요. 그 그림을 보면 단순히 집만 있는 게 아니라, 집 뒤로 우뚝 선 지리산과 소나무 숲까지 정성스럽게 그려져 있어요. 그러니까 운조루는 단순히 거주용 공간이 아니라, 자연 속에 고요히 깃든 집이라는 걸 보여주는 거죠. 마치 산수화 속에 살아가는 느낌이랄까요?

운조루라는 이름도 참 예뻐요. '구름 운(雲), 새 조(鳥), 다락 루(樓)'—뜻을 풀어보면 '구름 위를 나는 새가 머무는 집'이란 뜻이에요. 이름부터가 정말 시적이죠. 예전 어른들은 이 집을 두고, 마치 하늘이 내려준 명당이라고 했대요. 바람과 물, 땅의 기운이 모두 어우러진 터전이니 그럴 만도 하죠. 그래서인지 이 집은 '금환락지'라고도 불렸어요. 금가락지처럼 시작과 끝이 없는 형태, 그러니까 재산도, 자손도 끊이지 않고 대대로 이어진다는 뜻이 담겨 있는 이름이에요. 얼마나 깊은 의미를 담고 있는지 알 수 있죠.

그림 속에 그려진 운조루를 더 자세히 보면요, 큰사랑채와 족한정이라는 누마루가 아주 질서 있게 배치되어 있어요. 그런데 그 배치가 그냥 멋으로 한 게 아니라, 지리산 형제봉이나 오봉산, 계족산 같은 주위의 산들과 일직선으로 이어지도록 정해졌다는 거예요. 그러니까 집 하나 지을 때도 단순히 땅만 보고 짓지 않고, 그 땅이 품고 있는 산과 바람, 하늘까지 모두 고려해서 지은 거죠.

사실 우리 전통에서 마을을 짓거나 집을 지을 때는 항상 주변 지세, 특히 뒷산과의 관계를 굉장히 중요하게 생각했어요. 뒷산은 '큰 집'으로, 내가 사는 집은 '작은 집'으로 보면서 그 관계 속에서 삶터를 정하는 게 우리 고유의 정서였죠. 운조루는 그걸 정말 잘 보여주는 대표적인 집이에요.

그리고요, 운조루는 외관이 예쁠 뿐만 아니라, 그 구조에도 유교적인 철학이 녹아 있어요. 공간을 나누는 방식, 사람을 배치하는 방식—**all of** that. 그러니 단순한 건축이 아니라, 철학이 깃든 미학의 결정체라고 할 수 있죠. 참 대단한 집이에요, 보면 볼수록.

» 자연 위에 얻은 집

운조루라는 집을 제대로 이해하려면, 그 배치와 주변 자연과의 관계를 빼놓을 수 없어요. 조선 시대에 그려진 〈전라구례오미동가도〉라는 그림이 있는데요, 거기에 보면 운조루의 구조가 정말 정교하게 묘사돼 있어요. 큰사랑채의 중심인 큰사랑방이 딱 그림의 중심에 자리하고 있고요, 그 사랑채와 솟을대문이 일렬로 정렬되어 있죠. 이미 이 구조에서부터 어떤 질서와 조화를 중시했던 흔적이 느껴지지 않나요?

더 흥미로운 건, 이 집이 그냥 멋대로 지어진 게 아니라는 거예요. 예를 들면, 큰사랑채와 누마루인 족한정이라는 건물은 지리산의 형제봉 중에서도 가장 높은 봉우리를 딱 등지고 있어요. 마치 든든한 배경을 등에 지고 서 있는 느낌이죠. 그리고 안방은 또 다른 산들—오봉산을 지나 계족산의 가장 높은 봉우리와 정확히 일직선으로 연결돼 있다고 해요. 이런 배치는 결코 우연이 아니죠.

우리 조상들은 집을 지을 때 늘 주변 지형을 살폈어요. 마을이든 개인 집이든, 뒷산이나 앞산, 물줄기 같은 것들을 전부 고려해서 자리를 정했죠. 그중에서도 뒷산은 마치 '큰 집'처럼 생각하고, 우리가 사는 집은 '작은 집'으로 여겼어요. 그렇게 큰 자연의 틀 안에 우리의 집이 자연스럽게 녹아들도록 만든 거예요.

운조루는 그런 전통적인 정서를 고스란히 담고 있어요. 그 공간 구성 하나하나가 자연과 이어져 있는 느낌이에요. 마치 산과 바람과 땅이 다 같이 모여 '여기에 집을 지어라'라고 말해준 자리처럼요.

게다가 운조루는 단지 아름답기만 한 고건축이 아니에요. 그 건축 구조 안에는 유교적인 철학이 깊게 깃들어 있어요. 사람 사이의 질서, 공간의 위계, 조용한 품격—이런 것들이 건축 속에 자연스럽게 녹아 있어요. 그러니까 이 집은 그냥 오래된 한옥이 아니라, 철학과 자연, 그리고 삶이 하나로 어우러진 공간인 거죠.

» 전라남도에 자리한 경상도 건축양식

운조루는 정말 정교하게 설계된 전통 한옥이에요. 전체적으로 보면 사랑채, 안채, 그리고 사당으로 구성되어 있는데요, 그 배치 하나하나에 조선 시대 사대부가의 삶의 방식과 철학이 고스란히 담겨 있어요.

먼저 집의 중심이라고 할 수 있는 사랑채를 살펴보면, 이 사랑채는 행랑채를 마주 보고 있어요. 중문을 지나 안으로 들어가면 자연스럽게 안채로 이어지게 돼 있어요. 집을 딱 들어서면 가장 먼저 보이는 게 솟을대문인데, 이 솟을대문을 중심으로 해서 양옆으로 서행랑채와 동행랑채가 나뉘어 있어요. 두 행랑채는 줄을 지어 일렬로 늘어서 있는 구조인데요, 그래서 '줄행랑'이라고도 부르죠.

이 줄행랑이 얼마나 길었냐면, 무려 24칸이나 돼요. 조선 사대부 가옥 중에서도 가장 긴 행랑채 중 하나라고 해요. 우리가 평소에 "줄행랑을 친다"라는 표현을 쓰잖아요? 그게 바로 이 행랑채에서 유래된 말이에요. 집안일을 하던 사람들이 머물던 공간이 바로 이 행랑채였으니까요. 참고로, 서행랑채 끝에는 두 칸짜리 측간, 즉 화장실도 딸려 있어요.

행랑채와 사랑채 사이에는 마당이 있고, 그 마당에는 작지만, 정갈한 정원도 조성돼 있어요. 그리고 사랑채 안쪽에는 안채가 사랑스럽게 품듯이 들어서 있는데, 이 안채는 여인들을 위한 공간이에요. 큰사랑채와 아랫사랑채를 끼고 있는 구조죠. 흥미롭게도 안채는 미음(ㅁ) 자형, 즉 경상도식으로 구성되어 있어요. 사랑채와 안채가 딱 붙어 있어서 가족 간의 소통도 자연스럽게 이뤄졌을 것 같아요.

이제 큰사랑채 뒷마당을 지나가 볼까요? 거기에는 '후청'이라고 불리는 공간이 있어요. 여기엔 나무를 보관하던 나무청과 식수용 우물이 자리하고 있어요. 후청의 대문을 지나면 안채의 뒤편으로 연결되고, 그 옆에는 조상신을 모시는 사당채와 사당이 있어요. 안채 마당에는 장독대도 놓여 있어서 장을 담그고 발효시키는 생활의 흔적이 느껴지죠. 부엌도 있는데, 그 입구엔 불을 막기 위한 방화수 역할을 하는 자연석으로 만든 물통이 놓여 있어요. 굉장히 실용적인 구조죠.

운조루는 단순한 주거공간이 아니라 당시의 사회적 가치와 철학이 녹아든 공간이에요. 대가족주의, 장유유서, 가부장주의 같은 사회적 개념이 주거 구조에도 그대로 반영되어 있거든요. 예를 들어, 가문의 가장, 즉 가부장을 위한 큰 사랑채는 '족한정', 장남을 위한 중간사랑채는 '귀래정', 조부모가 머무는 은둔 공간은 '농월루'라고 불렸어요. 그만큼 가족 간 위계질서가 뚜렷하게 공간으로 표현된 셈이죠.

건축적으로도 굉장히 섬세한데요, 솟을대문에서 시작해서 기단의 계단, 그리고 큰사랑채의 사랑방까지 일렬로 쭉 이어진 구조예요. 그러면서도 실용성을 잃지 않기 위해 기단 오른쪽에는 경사로를 만들어 누구나 쉽게 접근할 수 있게 했죠. 이런 점들이 운조루가 단순히 화려한 고택이 아니라, 실용성과 위엄을 동시에 갖춘 조선 사대부의 삶의 공간이었다는 걸 잘 보여줘요.

» 운조루의 첫 마당, 바깥마당

운조루에 가 보면, 집 안 구조만큼이나 그 앞 자연 풍경도 참 아름다워요. 특히 솟을대문 앞쪽에 있는 연못이 정말 인상적인데요, 이 연못은 '외원(外園)'이라고 불러요. 말 그대로 집 바깥에 있는 정원이죠.

이 외원은 그냥 평범한 연못이 아니에요. 지리산 형제봉에서 시작된 물줄기가 계곡을 타고 내려와서 이 운조루 앞까지 흘러오거든요. 그러니까 이 연못은 지리산의 생명력을 그대로 품고 있는 셈이죠.

연못 모양은 장방형, 그러니까 직사각형 모양이에요. 연못 물 위에는 수련이 피어 있고요, 가운데엔 작은 섬이 하나 있어요. 그 섬엔 반송 한 그루가 고즈넉하게 서 있는데, 마치 연못 전체를 지켜주는 수호신 같달까요?

연못 주변 경관도 정말 잘 어우러져 있어요. 수양버들이 길게 늘어진 가지를 물에 드리우고 있고, 소나무며 배롱나무, 조릿대, 관목들까지 다양하게 어우러져 있어요. 여름이면 창포꽃도 피어나고요. 그래서

인지 연못 근처에만 있어도 절로 마음이 차분해지고, 자연 속에 들어와 있다는 느낌이 들어요.

이 외원은 단순히 꾸민 정원이 아니고요, 운조루를 드나드는 사람들에게 자연의 숨결을 먼저 느끼게 해주는, 그런 특별한 공간이에요. 마치 "어서 오세요" 하고 자연이 먼저 인사해 주는 느낌이랄까요?

» 사대부의 위상, 솟을대문

운조루에 가려면 마을과 마을을 이어주는 큰길을 따라서 안쪽으로 천천히 오르다 보면, 어느 순간 마을 어귀가 보여요. 거기서부터가 마을의 '밖'에서 '안'으로 들어서는 경계죠. 그 경계를 지나 마을 안으로 한 걸음 들어서면, 가장 먼저 눈에 띄는 게 바로 커다란 고택이에요. 마을 초입에 떡 하니 자리 잡은 그 집, 바로 운조루입니다.

대문 입구에 서면, 마치 등을 대고 있는 것처럼 지리산이 든든하게 배산을 이루고 있고요. 그 지리산에서 내려오는 물이 대문 앞을 감돌며 흐르는데, 그 물길이 참 인상적이에요. 성급하고도 풍요로운 기운으로 집 앞을 휘돌아 흐르거든요. 그 물길 옆엔 오래된 빨래터도 있어요. 예전에는 여인들이 거기서 물소리 들으며 삶의 이야기를 나누었겠죠. 물이 찰랑찰랑할 정도로 깊고 맑아서, 딱 발을 담그고 앉아 이야기 나누기 좋은 그런 곳이에요.

그리고 그 물길을 건너면 바로 마주하게 되는 곳이 대문이에요. 이 대문이 바로 마을과 집, 그리고 바깥과 안의 경계를 상징하는 공간이죠. 한옥에서 대문이라는 건 단순한 출입구 이상의 의미가 있어요. 가족들이 아침저녁으로 드나드는 일상의 길이자, 외부 기운이 안으로 들어오는 통로였어요. 그래서 선조들은 입춘방을 붙이거나 '용(龍)' 자, '호(虎)' 자를 써서 복을 부르고 재앙을 막기도 했죠.

운조루의 대문은 '솟을대문'이에요. 이건 그냥 대문이 아니라, 사대부 집의 위엄을 보여주는 상징 같은 거죠. 행랑채보다 높게 솟아 있는 구조인데, 이걸 보면 집안의 품격을 짐작할 수 있어요. 만약 솟을대문 옆에 행랑채가 없다면 판벽이나 담으로 이어 놓기도 하는데, 운조루는 대문 옆으로 길게 행랑채가 연결되어 있어서 아주 정연하고 안정감 있어 보여요.

그리고 이 대문에 얽힌 재미난 전설도 있어요. 운조루를 지은 유이주라는 분이 한양으로 가는 길에 호랑이를 만났대요. 그런데 놀랍게도 맨손으로 그 호랑이를 잡아서 임금에게 바쳤다고 해요. 그때 잡은 호랑이의 뼈가 지금도 운조루 대문에 걸려 있대요. 왜 걸어두었을까요? 바로 잡귀나 병을 막으려고요. 우리 조상들은 이런 상징을 참 중요하게 여겼어요. 운조루 대문에 걸린 호랑이 뼈, 그건 그냥 전설이 아니라 집을 지키는 또 하나의 수호신 같은 존재였던 거죠.

» 처음 만나는 공간, 마당

운조루에 들어서서 처음 마주하게 되는 공간은 바로 마당이에요. 한옥에서 마당은 단순히 빈 땅이 아니라, 집 전체의 중심이 되는 아주 중요한 공간이에요. 말 그대로 단단하고 평평하게 다져놓은 땅인데요, 때로는 비어 있고, 때로는 무언가로 채워져 있으면서 다양한 역할을 해요.

보통 집에서는 마당과 뜰의 경계가 뚜렷하지 않은 경우가 많지만, 운조루 같은 고택은 달라요. 딱 봐도 '여기까지가 마당, 저기는 뜰' 하고 경계가 선명하거든요. 사실 한옥에서 마당은 단순한 외부 공간이 아니에요. 대문을 열고 들어와서 안방이나 부엌으로 이어지는 그 길목에 자리한 마당은 공간의 중심이자, 풍수적으로도 굉장히 중요하게 여겨졌어요.

마당은 농경사회에서는 농작물을 널어 말리는 데도 쓰였고, 집안 행사를 치르는 곳이기도 했죠. 그래서 만들 때도 그냥 흙을 깔아두는 게 아니라 아주 신중하게 다듬었어요. 〈임원경제지〉라는 옛 문헌에 따르면, 마당은 울퉁불퉁하지 않고 물이 잘 빠지게 살짝 기울여서 만들어야 하며, 담장과 집 사이 간격도 넉넉히 두고 햇볕이 잘 들도록 해야 한대요. 또, 네 귀퉁이는 반듯하고 평평해야 한다고 나와요. 그래야 관리도 쉽고, 매일 아침 대나무 빗자루로 쓸면서 하루를 시작할 수 있죠. 그만큼 마당은 생활의 출발점인 셈이에요.

운조루처럼 처마가 긴 한옥은 또 하나의 마당 기능이 있어요. 바로 마당에 반사된 햇빛이 집 안으로 은은하게 들어오게 해주는 거예요. 자연의 빛을 들이고, 집을 환하게 만드는 역할까지 마당이 담당하는 거죠.

그런데 한옥에서 마당의 개수도 중요한 기준이 된다는 거 알고 계셨어요? 마당이 몇 개냐에 따라 그 집의 규모나 위계를 가늠할 수 있거든요. 마당이 단순한 외부 공간이 아니라, 집의 핵심 구성요소로 여겨졌던 이유가 거기에 있어요.

운조루에는 무려 네 개의 마당이 있어요. 일반적인 고택에는 보통 사랑 마당, 안마당, 행랑 마당 정도가 있는데요, 운조루는 거기에 더해서 사랑 뒷마당과 아랫사랑 마당까지 있어요. 사랑 마당은 말 그대로 바깥주인이 손님을 맞거나 잔치를 치르는 공간이에요. 예전엔 관혼상제 같은 큰일도 이 마당에서 치렀고요. 안마당은 집안 여성들의 공간이에요. 빨래, 장독 관리, 음식 준비 등 가사 노동을 하는 곳인데, 바깥 세상과는 단절된 느낌의 공간이죠.

운조루는 특히 구조가 독특한데, 큰사랑채 앞에 사랑 마당이 있고, 그 뒤에 또 사랑 뒷마당이 있어요. 그리고 아랫사랑채 앞에는 아랫사랑 마당, 안채 앞에는 안마당이 따로 마련되어 있죠. 일반적으로는 장독대나 굴뚝이 뒷마당에 있는 경우가 많은데, 운조루는 안마당에 장독대를 뒀어요. 생활 공간의 중심을 여성 공간으로 잡았던 전통이 고스란히 남아 있는 셈이죠.

» 고택의 미학을 품은 뜰과 후원

운조루에 들어갈 때 일반적인 동선은 대문을 지나 마당을 통과해 사랑채로 향하는 길이에요. 그런데 이 사랑채 주변을 보면 단순히 건물만 있는 게 아니라 주변 경관도 아주 정성스럽게 꾸며져 있죠. 예부터 사랑채 주변에는 특이한 돌이라든지, 선비의 절개를 상징하는 매화, 대나무, 소나무, 국화 같은, 이른바 매란국죽(梅蘭菊竹)을 일부러 심었어요. 이게 단지 예쁜 꽃과 나무를 심는 차원이 아니라, 집주인의 인격과 취향, 그리고 품격을 드러내는 문화적인 표현이었던 거죠.

운조루 사랑 마당 왼쪽에도 그런 공간이 하나 있어요. 조그만 뜰이 마련돼 있는데요, 거기에는 좀 특별한 나무가 한 그루 자라고 있어요. 바로 "위성류(衛性柳)"라는 나무인데요, 이건 운조루를 지은 류이주가 옛날에 중국 사신으로 갔다가 가져와 직접 심은 나무예요. 봄기운을 받아 연둣빛 잎이 무성하게 피어날 때면, 이 위성류 하나만으로도 고택 운조루가 가진 고풍스러운 미학이 더욱 깊어져요. 정원이라기보단 뜰, 그러니까 자연스럽고, 소박하면서도 품격 있는 그런 느낌을 완성해 주는 공간이죠.

그리고 운조루 전체를 둘러보면, 가장 많이 보이는 나무가 바로 소나무예요. 담장 옆을 따라 소나무들이 줄지어 심겨 있는데요, 이건 단순히 조경을 위한 게 아니라, 집 안에서 조산(造山), 즉 인공적으로 산을 보는 풍수 디자인을 반영한 거예요. 집 안에서도 자연을 느낄 수 있게, 멀리 나가지 않아도 산을 느낄 수 있게 한 우리 선조들의 지혜가 담겨 있는 셈이죠.

그럼, 여기서 잠깐, 우리가 흔히 쓰는 마당과 뜰은 어떻게 다를까요?

마당은 말 그대로 비어 있는 공간이에요. 활동의 중심이 되는 넓은 빈터죠. 반면, 뜰은 그 안에 뭔가가 담겨 있는, 조금 더 채워진 공간이에요. 나무도 있고, 꽃도 있고, 때론 채소도 심고. 앞뒤나 좌우에 마련된 이 뜰은, 집 안의 작은 자연이라고 보면 돼요.

운조루의 뜰도 계절 따라 다른 모습을 보여줘요. 봄과 여름이면 화초랑 유실수, 그리고 푸성귀들이 심겨 있어서 정말 생기 넘치는 풍경을 만들어 주고요. 가을과 겨울엔 그곳에서 수확한 곡식이나 채소를 말리거나 쌓아두는 공간으로 쓰여요. 그러니까, 마당이 빈 여백이라면, 뜰은 그 여백을 채우는 아름다움과 실용이 공존하는 공간인 셈이죠.

» 소박한 꿈의 시작, 기단

운조루에 들어설 때, 제일 먼저 마주하게 되는 게 바로 그 오래된 솟을대문이에요. 문을 열면 삐걱거리는 소리가 세월을 고스란히 말해주죠. 대문을 지나 사랑채 앞마당에 서게 되면, 그 앞에, 눈에 띄는 게 하나 있어요. 바로 기단이에요.

기단이 뭐냐면, 쉽게 말해서 빗물이 집 안으로 스며들지 못하도록 바닥을 높여놓은 구조물이에요. 집을 한층 더 들어 올려주는, 아주 실용적인 요소죠. 그런데 이 기단이 단순히 기능만 하는 게 아니에요. 마당에서 올려다보면, 집이 한층 더 위엄 있게 보이거든요. 그래서 예전부터 높은 기단은 집의 품격이나 기개를 드러내는 역할도 했어요.

운조루의 사랑채 기단도 꽤 높아요. 자연석을 정교하게 다듬지 않고 그냥 있는 그대로 쌓아 올린 방식인데, 그래서 그런지 더 투박하고 자연스러운 멋이 있어요. 누가 봐도 '여긴 화려함보다는 담백한 품위를 추구했구나' 하는 생각이 들죠. 궁궐이나 다른 고택들처럼 꽃무늬 조각을 새기거나 고운 판석을 쓴 것도 아니고, 계단조차 인위적인 느낌

없이 자연스럽게 놓여 있어요.

그게 바로 운조루만의 매력 같아요. 높지만 과하지 않고, 정돈되어 있지만 꾸미지 않은 느낌. 200년 넘는 세월을 고스란히 안고 있으면서도 과장 없이 자신을 드러내는 그런 품격이요.

이 집을 지은 사람들도 처음부터 화려함을 앞세우기보다는, 소박하고 겸손한 살림집을 짓겠다는 마음이 있었던 게 아닐까 싶어요. 그 마음이 지금까지 고스란히 전해지는 것 같아서, 운조루의 기단을 보고 있으면 마치 집 자체가 말을 거는 것 같기도 해요.

» 권위와 실용주의의 선택, 운조루의 지붕

한옥에서 지붕은 단순히 비나 눈을 막아주는 기능만 하는 게 아니에요. 사실 지붕은 그 집의 얼굴이자 성격이라고 해도 과언이 아니죠. 지붕의 형태에 따라 집의 전체적인 인상이 달라지고, 그 집이 얼마나 격식을 차렸는지, 어떤 의미를 담았는지까지도 짐작할 수 있어요.

한옥 지붕은 여러 가지가 있는데, 대표적으로 맞배지붕, 우진각지붕, 팔작지붕 같은 것들이 있어요. 가장 단순한 구조가 맞배지붕이에요. 주로 행랑채나 헛간처럼 부속건물에 쓰이죠. 그리고 우진각지붕은 네 면이 모두 지붕으로 덮이는 형태인데, 화살이 박히지 않게 하기 위한 구조라서 예전에는 성문이나 곳간에 많이 사용됐어요. 그 두 가지의 장점을 절묘하게 섞은 게 바로 팔작지붕이에요. 이건 격식을 차려야 할 공간, 그러니까 사랑채나 중요한 건물에 많이 쓰였죠.

운조루를 보면 이런 지붕의 조합이 아주 잘 드러나요. 예를 들어, 안채와 오른쪽 날개채가 만나는 부분, 그리고 큰사랑채와 누마루가 이어지는 부분에는 팔작지붕이 쓰였어요. 한눈에 보기에도 멋스럽고 위엄 있어 보이죠. 반면, 중간사랑채와 누마루는 우진각지붕이에요. 그리고 그 외의 건물들은 비교적 단순한 맞배지붕으로 되어 있어요.

또 한옥에서는 지붕 위를 흐르는 용마루의 높이도 중요해요. 운조루에서는 안채의 본체, 그러니까 안몸채의 용마루가 가장 높고, 그다음이 좌우 날개채와 큰사랑채, 그리고 마지막으로 중간사랑채의 지붕이 가장 낮아요.

이렇게 보면 큰사랑채가 팔작지붕으로 되어 있고 높이도 제법 있는 이유를 짐작할 수 있어요. 집안의 어른, 그러니까 가문의 대표가 거처하는 곳이니만큼 권위를 드러낼 수 있는 구조를 택한 거죠. 팔작지붕의 까치박공 부분에는 장식을 넣기도 하고, 그 자체로도 곡선의 아름다움을 담고 있으니까요.

결국 지붕은 단순한 덮개가 아니라, 한옥의 철학과 미학을 고스란히 품고 있는 요소라고 볼 수 있어요. 운조루의 지붕은 그 다양한 구조와 높낮이만으로도 이 집이 얼마나 격을 갖추고 있는지 보여주는 셈이죠.

» 입춘방

운조루의 대문, 그러니까 솟을대문에 가면 제일 먼저 눈에 들어오는 게 있어요. 바로 입춘방이죠. 입춘방은 봄이 시작될 무렵에 붙이는 글귀인데, 한지에 먹으로 써서 대문 양쪽에 붙여요. 그 문구도 아주 의미가 깊어요.

오른쪽엔 "입춘대길(立春大吉)", 왼쪽엔 "건양다경(建陽多慶)"이라고 적혀 있는데요, 뜻은 "봄이 시작되니 크게 길하고, 경사스러운 일이 많이 생기기를 기원한다"라는 거예요. 해마다 봄이 올 때마다 복을 불러들이는 마음으로 붙이는 거죠.

이 글귀는 여덟 자, 그러니까 '팔자' 형식으로 쓰여서 대문 양옆에 딱 균형 있게 붙이는데, 운조루 대문에도 바로 이 형식 그대로 붙어 있어요. 한옥의 전통과 옛사람들의 마음가짐이 오롯이 느껴지는 순간이죠. 대문을 지나 안으로 들어서기 전부터, 계절의 흐름과 함께 복을 기원하는 따뜻한 기운이 문 앞에서부터 느껴지는 듯해요.

» 열고 닫음의 경계를 허문 곳, 사랑채

운조루의 사랑채는 독특하게도 두 개로 나뉘어요. 하나는 '큰사랑채', 또 하나는 '중간사랑채'죠. 이 중에서도 큰사랑채는 좀 특별한데요, 벽채가 따로 없어요. 벽 대신에 창호로 만든 문이 벽 역할도 하고, 문 역할도 해요. 이 문이 참 재미있는 게, 위로도 열 수 있는 사방 개방형 구조거든요. 그래서 문을 활짝 열어 걸어두면 안과 밖이 다 터져버려요. 집과 마당, 심지어 그 너머 자연까지도 하나로 이어지는 거죠.

이렇게 열고 닫는 게 자유로운 문은 '들문'이라고도 불러요. 한옥에서는 보통 이런 문을 '분합문'이라고 하는데, 이걸 누마루까지 연결해 열어두면, 등자쇠에 걸려 문이 들어 올려지고, 마치 세상이 다 내 공간이 된 것 같은 기분이 들어요. 경계가 사라지고, 집 안과 밖이 자연스럽게 어우러지는 거죠.

사랑채 자체는 정교하게 쌓아 올린 높은 기단 위에 세워졌어요. 이 기단은 '막돌허튼쌓기' 기법으로 만들어졌는데, 자연스럽고 투박한 듯하면서도 튼튼하게 쌓아 올린 전통 방식이에요. 높은 기단 덕분에 사랑채는 탁 트인 개방감을 주고, 대청마루와 누마루로 연결된 구조는 시원하게 바람도 통하고 시야도 넓죠.

누마루나 대청마루에 서면 행랑채 너머로 들판이 쫙 펼쳐지고, 멀리 오봉산과 계족산까지 한눈에 들어와요. 이건 한옥에서 말하는 '차경(借景)'이라 해서, 창이나 마루에서 밖의 풍경을 끌어들여 자연을 함께 즐기는 미학이에요.

사랑채 안에는 사랑방이 따로 있어요. 여긴 당시 대감이 머물던 방으로, 선비의 기품과 유교적인 분위기가 그대로 배어 있어요. 방 안엔 이불 한 채, 보루 하나, 반상 하나가 전부예요. 꾸밈없이 소박한 그 공간이 오히려 절제된 아름다움을 보여주죠.

그런데 이 사랑방에 들어서기 전엔 꼭 넘어서야 하는 문턱이 있어요. 그런데 이 문턱이 꽤 높아요. 종갓집 며느리였던 종부에겐 그 문턱이 참 멀고 높게 느껴졌을 거예요. 평생 문 안에는 들어가지 못하고, 밖에서 고개 숙여 문안 인사만 드렸던 공간이었으니까요.

참고로 이 문턱, 그냥 멋으로 높게 만든 게 아니에요. 나라에서 정해 놓은 높이도 있었대요. 혹시라도 밖에서 활을 쏘는 사람이 있으면 안에 누워 있는 사람은 안 보이도록 만든 거죠. 그런 의미에서 '문턱이 높다'라는 말, 단순히 구조적인 높이만이 아니라, 넘을 수 없는 신분과 권위의 경계이기도 했던 거예요.

» 바람이 머무는 곳, 대청마루

운조루 사랑채를 찬찬히 걷다 보면, 앞마당과 뒷마당 사이에 자리한 대청마루에 작은 창 하나가 눈에 들어와요. 그 작은 창이 그냥 꾸밈을 위한 게 아니라는 걸 알게 되면 좀 놀라게 되죠. 바람이 그 창을 통해 실내로 불어 들고, 그 바람이 집 안을 시원하게 식혀줘요. 단순한 바람 길을 넘어서, 나무 자체가 습도까지 조절해 주니까요. 참 오랜 시간 동안 자연과 잘 어우러지며 터득한 지혜가 느껴지는 대목이에요. 어떻게 보면, 억지로 자연을 이기는 방식이 아니라, 자연스러움을 받아들이면서 건물을 다독이는 그런 건축 기술이라고 해야 할까요?

그리고 이 대청마루는 사랑채의 중심이라고 할 수 있어요. 집안의 모든 움직임이 이 마루를 지나가고, 또 여기서 많은 일이 일어나죠. 무심한 듯 넓게 펼쳐진 공간인데, 그 바닥을 보면 '우물마루'라는 특별한 구조로 되어 있어요.

우물마루는 오직 전통 한옥에서만 볼 수 있는 독특한 마루예요. 신기한 건, 못 하나 쓰지 않고 나무와 나무를 짜맞춰 만들었다는 거예요. 정교하게 짜인 그 모습이 마치 '우물 정(井)' 자처럼 생겨서 우물마루라고 불리는 거죠. 보기에는 단순하지만, 알고 보면 얼마나 오랜 시간

쌓인 기술과 장인정신이 녹아 있는지 느껴져요.

바람, 나무, 빛, 공간, 이런 요소들이 한데 어우러진 곳이 바로 운조루 사랑채의 대청마루예요.

» 차경의 원형, 누마루

운조루의 대청마루에서 발을 옮기다 보면, 자연스럽게 누마루로 이어져요. 이 누마루는 마치 자연과 친구처럼, 그 아름다움을 그대로 받아들이고 비추는 그런 공간이에요. 누마루에 서 있으면 사방의 풍경이 눈 안에 가득 들어오고, 마음도 한결 편안해지죠.

이 누마루를 받치고 있는 기둥들은 전부 원형이에요. 그런데 그냥 단순한 원기둥이 아니라, 하나하나 이름이 있어요. 예를 들면, 호랑이 문양 기둥도 있고, 나비 문양이 들어간 기둥도 있어요. 나무 고유의 나이테나 결을 살려서, 거기에다 자연 속 동물과 식물의 생명력을 담아낸 거예요. 단순히 구조물 이상의, 사람과 자연이 함께 어우러진 상징 같은 거죠.

난간도 참 인상적이에요. 일부러 멋을 많이 부렸거든요. 자세히 보면 기둥 윗부분이 닭 볏처럼 생겼어요. 그래서 이런 난간을 '계자난간'이라고 불러요. 닭 '계(鷄)' 자를 써서요. 섬세하게 표현된 난간을 보고 있으면, 어느새 복잡했던 마음이 가라앉고, 가슴이 확 트이는 그런 느낌이 들어요.

이렇게 누마루에서 바깥 경치를 감상하는 걸 우리는 '차경(借景)'이라고 해요. 바깥 자연의 풍경을 끌어와 집 안 공간에서 즐기는 거죠. 운조루의 누마루는 바로 그 차경의 진수를 느낄 수 있는 공간이에요. 마치 세상의 번잡함은 잠시 접어두고, 자연과 하나 되는 순간을 경험하게 해주는 그런 장소죠.

» 공간과 공간의 경계 짓기, 중문

운조루에는 여러 공간이 있잖아요. 그런데 그 공간들을 이어주는 게 바로 '중문'이에요. 예를 들어 사랑채에서 안채로 들어가는 중문이 있고, 또 안채에서 후원으로 이어지는 중문, 후원에서 사당채로 이어지는 중문도 있어요. 이렇게 집 안의 중요한 공간들은 다 중문을 통해 연결돼요.

그런데 이 중문이 단순히 연결만 해주는 건 아니에요. 각 공간마다의 경계를 지어주는 역할도 하거든요. 그러니까 사랑채와 안채 사이, 안채와 후원 사이를 자연스럽게 이어주면서도, 서로의 영역을 지켜주는 일종의 경계인 셈이죠.

특히 안채에 있는 중문은 더 특별해요. 이건 외부의 시선을 차단하는 역할도 해요. 내외담이라든지 벽을 세워서, 밖에서는 안채가 잘 보이지 않게 가려주는 거죠. 그렇게 안채를 은근하게 감추고, 집 안 여인들의 사적인 공간을 보호하려는 의도가 담겨 있어요.

이런 중문 하나에도 그 집의 품격과 배려가 깃들어 있는 것 같아요. 연결되면서도 구분되는, 닫히면서도 열려 있는 공간. 참 묘하면서도 정갈하죠.

» 배려의 공간, 안채와 다락방

사랑채를 지나 중문을 통과하면 이제 안채로 들어서게 돼요. 원래 전라남도 쪽은 집 구조가 대부분 일자형이나 ㄱ자형이거든요. 그런데 운조루 안채는 좀 달라요. 'ㅁ' 자형, 그러니까 네 면이 마당을 감싸는 형태예요. 이건 경상도식 건축양식인데요, 운조루를 지은 류이주가 원래 경상북도 출신이라 자기 고향 방식 그대로 안채를 지은 거죠.

그리고 안채 앞마당에는 장독대가 있어요. 이 장독대는 단순히 장을 담그는 공간이 아니라, 운조루 여인의 손길이 정성스럽게 깃든 곳이에요. 그분들의 살림살이와 시간이 스며 있는 장소인 거죠.

운조루의 안채는 이층 구조로 되어 있어요. 그런데 그 2층이라고 해도 우리가 생각하는 방처럼 크진 않고, 다락방처럼 아담하게 꾸며져 있어요. 이 다락방이 참 특별한 게, 바깥출입이 자유롭지 않았던 안채 안에서 바깥세상의 시간과 계절을 느낄 수 있는 유일한 공간이었어요.

다락방에는 아주 작은 창이 하나 있거든요. 그 창을 통해서 운조루 여인들은 봄이면 꽃이 피는 걸 보고, 여름이면 푸르름을, 가을엔 누렇게 익은 벼를, 겨울엔 눈 덮인 들판을 바라보면서 계절을 느꼈다고 해요.

특히 19살에 시집와서 평생 운조루에서 살아오신 9대 종부 이길순 어르신도 이 다락방 창문을 참 소중히 여겼다고 해요. "아, 이제 나락을 베는 계절이구나…" 하면서 작은 창으로 보이는 풍경 하나로 세상의 흐름을 읽으셨던 거죠.

운조루의 안채는 단순한 거처가 아니라, 여인들의 삶과 계절, 그리고 조용한 기다림이 머물던 공간이에요.

» 배려의 마을살이

운조루에는 참 특별한 뒤주가 하나 있어요. 보통은 집 안에 쌀을 저장해두는 용도로 뒤주를 쓰는데, 이 집 뒤주는 조금 다릅니다. 통나무를 파서 만든 이 뒤주엔 쌀 두 가마니 반 정도가 들어가는데요, 겉면에 이런 글귀가 적혀 있어요. "타인능해(他人能解)", 다시 말해 "다른 사람도 열 수 있다"라는 뜻이죠.

그러니까, 가난한 이웃이 배고플 때 와서 이 뒤주에서 쌀을 꺼내 먹을 수 있도록 아예 그렇게 만든 거예요. 그렇다고 아무나 마구 꺼내지 못하도록 뒤주 위에는 쇠통이 잠겨 있는데, 이 쇠통도 사실은 배려에서 나온 장치랍니다. 누군가 한 사람이 욕심내서 많이 가져가지 않게 하고, 여러 사람이 조금씩 나눠 먹을 수 있도록 배려한 거예요.

그 마음이 정말 대단하지 않나요? 심지어 운조루에서는 "뒤주에 쌀이 남아 있다면 우리가 덕을 덜 베푼 거다, 어서 이웃에게 나눠야 한다"라는 말까지 했대요. 덕을 베푸는 건 당연한 일이고, 부족한 이들을 채우는 게 삶의 도리라고 생각했던 거죠.

그런데 말이에요, 이런 따뜻한 이야기를 듣고 있으면 한 가지 궁금해지지 않나요? "이런 대저택이 어떻게 한국전쟁을 무사히 넘겼을까?" 지리산이 파르티잔의 근거지였던 걸 생각하면, 운조루 같은 큰 집은 불타 없어졌을 가능성이 크잖아요. 당시 많은 절과 지주의 집들이

불에 탔거든요. 그런데도 운조루는 그 시간을 버티고 지금까지 남아 있어요.

그 이유가 뭘까 곰곰이 생각해 보면, 단순히 풍수지리적으로 배산임수 좋은 자리에 집을 지었기 때문만은 아닌 것 같아요. 이 집이 마을 사람들과 함께 살고, 함께 나누며, 서로를 돌봤기 때문 아닐까요?

실제로 운조루는 쌀을 나누는 것뿐 아니라, 집주인이었던 류증교(1906 – 1971) 선생은 해방이 되자 집안의 노비 문서를 아예 태워버렸어요. 노비들을 해방시켜 준 거죠. 그 노비들과, 쌀을 나눠 먹던 가난한 이웃들이 전쟁 중 운조루를 지켜줬다고 해요.

"적선지가 필유여경(積善之家 必有餘慶)", 그러니까 덕을 쌓는 집에는 반드시 좋은 일이 생긴다는 말처럼, 그 믿음이 오늘의 운조루를 있게 한 거예요.

운조루의 따뜻한 배려는 건물 구조에서도 드러나요. 예를 들어 굴뚝 이야기인데요, 보통 한옥의 굴뚝은 높게 세우잖아요? 그런데 운조루 굴뚝은 낮아요. 왜일까요? 가난한 이웃이 혹시 연기를 보고 "저 집은 밥 짓는다"라는 걸 알게 되면, 괜히 속이 상하지 않을까 봐요. 그래서 연기가 멀리 나가지 않도록 기단 아래로 낮게 설계했대요.

이게 바로 삶의 기술, 그리고 배려의 미학이 아닐까요? 타인능해라 새겨진 뒤주, 낮은 굴뚝, 다락방 창문 하나까지 모두 사람을 위한 마음이 깃든 거예요. 이런 게 바로 좋은 집터를 유지하게 해주는 지혜죠.

또 운조루의 부엌도 그냥 부엌이 아니에요. 커다란 가마솥이 세 개나 있어요. 하나는 물을 데우는 용도, 하나는 밥 짓는 용도, 그리고 하나는 국 끓이는 용도예요. 그렇게 푸짐하게 차려낸 음식 중에 유명한 게 운조루 닭백숙이에요.

이 백숙은 그냥 음식이 아니에요. 봄, 가을 농번기, 농사일 끝나고 나면 일꾼들과 소작 농민들이 함께 목욕하고 나서 둘러앉아 나눠 먹는 음식이었거든요. 이날은 꽹과리, 징도 울리고, 막걸리도 나눠 마시면서 진짜 잔치처럼 놀았다고 해요. 그날을 "서리시침"이라 불렀는데요, 일하고, 나누고, 즐기고… 운조루의 품이 느껴지는 이름이죠.

이렇게 보면, 운조루는 단순한 고택이 아니라요, 집 안 구석구석에 배려의 마음이 배어 있는 공간이에요. 여인을 위한 다락방, 나눔을 위한 뒤주, 연기를 감춘 굴뚝, 다 함께 나누는 부엌까지. 사람을 품고, 마을을 품으며 살아온 이 집은, 정말 '좋은 집터'가 무엇인지를 몸소 보여주는 집입니다.

에코뮤지엄으로 다시 읽다

경기만

경기만

"서해를 가만히 들여다보면 요, 그곳은 단순히 바다 그 이상이에요. 고대의 문명이 오갔던 길이자, 대륙과 연결된 관문이기도 하죠. 그리고 그 서해를 안고 있는 곳이 바로 경기만이에요."

바다가 있다는 건 알지만, 정확히 어디부터 어디까지를 말하는지, 거기서 무슨 일이 있었는지는 잘 모르거든요. 그런데 알고 보면, 이곳은 정말 많은 이야기를 품고 있는 공간이에요. 과거의 문명과 문화가 스쳐 갔던 길이자, 현대사 속에서는 침묵과 갈등, 그리고 생명의 회복이 공존해 온 곳이

경기만 갯벌

기도 하죠.

경기만은 서해를 품고 있는 반원형의 바다입니다. 한강, 임진강, 예성강 같은 강들이 이 바다로 흘러들죠. 백두대간에서 흘러내린 물줄기들이 모여 대장정의 끝에서 만나는 곳. 그 자체로 우리나라 자연의 큰 서사시가 마무리되는 지점이에요. 이곳은 고대 실크로드의 해양 관문이자, 근현대사에서는 한국전쟁과 냉전의 긴장이 서려 있는 곳이기도 하죠. 서해의 갯벌은 오랜 세월 선조들의 삶터였고, 그들은 바다와 함께 숨 쉬며 자연에 순응하며 살아왔어요.

하지만 이 아름답고 고요한 바다는 오랜 시간 동안 소외되어 왔습니다. 급속한 산업화와 도시화, 그리고 개발지상주의는 이 지역의 갯벌을 밀어내고 땅을 메웠죠. 공유지였던 갯벌은 어느 순간 사유지가 되었고, 사람들의 삶터는 부동산 가치 앞에 밀려나기 시작했습니다. 그렇게 경기만은 점점 '보이지 않는 곳'이 되어갔어요.

그런데 누군가 이런 생각을 합니다.

"이 경기만을, 우리가 박물관처럼 바라보면 어떨까?"

에코뮤지엄은 바로 이런 발상에서 시작됐어요. 우리가 살고 있는 터전, 이 지역의 자연과 역사, 그리고 사람들의 이야기를 하나의 '살아 있는 박물관'처럼 바라보자는 생각이었죠. 여기서 핵심은 '유산', '참여', '활동' 세 가지입니다. 그냥 전시하고 감상하는 공간이 아니라, 사람들이 직접 참여해서 지역의 가치를 다시 살려보자는 거예요.

경기만은 북쪽으로는 개성과 연결되고, 남쪽으로는 수도권과 산업지대를 안고 있는 반원형의 바다입니다. 서울과 가까우면서도 쉽게 잊혔던 곳이죠. 여기를 새롭게 바라보자는 움직임이 2013년부터 시작됐어요. 처음엔 '대부도 오래된 집' 프로젝트였죠.

조전환 목수가 말합니다.

"오래된 집들이 점점 사라져 가는 걸 보면서, '이걸 그냥 놔둘 수 없다'라는 생각이 들었어요. 그래서 매주 답사를 하면서 기록을 남겼죠."

이렇게 작고 소박하게 시작된 활동이 지금의 경기만 에코뮤지엄으로 발전했습니다. 안산 대부도, 선감도, 시흥, 화성의 매향리 등 지역별로 다양한 활동이 펼쳐졌고, 그 중심엔 마을의 기억과 주민들의 삶이 있었어요.

경기만 에코뮤지엄은 말 그대로 '현장을 박물관으로 삼는다'라는 철학으로 운영됩니다. 특히 안산 대부도와 선감도는 중요한 거점이에요. 선감도는 일제 강점기부터 제5공화국 시절까지 소년들을 '부랑아'로 낙인찍어 수용했던 아픈 역사의 현장이죠. 이곳은 감금과 폭력이 일상이었던 공간이었고, 지금도 당시의 기억을 간직한 이들이 살아가고 있어요.

화성의 매향리는 또 다른 기억의 현장입니다. 무려 54년 동안 미군의 폭격 훈련장이었던 곳이죠. '동아시아의 평화를 위한 훈련'이라는 명분 아래, 그곳 주민들은 공포와 소음 속에서 살아야 했습니다. 시흥의 갯골 지대는 서해와 한반도의 관문이었고, 선조들의 삶터였지만, 도시 개발에 밀려 점점 잊혀 갔습니다.

이런 공간들이 에코뮤지엄이라는 이름 아래, 다시 살아 숨쉬기 시작한 거예요. 오래된 집과 길, 바닷가의 갯벌, 사람들이 부르던 지명, 남겨진 노래와 기억들이 하나하나 다시 수면 위로 떠오르기 시작했습니다.

경기만 에코뮤지엄이 특별한 이유는 단순히 '사업'이 아니라는 점이에요. 네 가지 특징으로 설명할 수 있습니다.

첫째는 현장을 가장 중요하게 생각한다는 것으로 작가나 단체가 지역을 이해한 상태에서 함께 일하는 방식이죠.

둘째는 성과보다 과정을 중요하게 여긴다는 것으로 중장기적으로 사람과 관계 중심으로 진행돼요.

셋째는 아래로부터의 움직임을 존중한다는 것으로 지역 주민 스스로 연구회를 만들고 방향을 논의하도록 장을 열어줘요.

넷째는 서로 배우고 연결되는 포럼 활동이 있다는 것으로 각 지역이 다른 특성을 지닌 만큼, 획일적 모델이 아니라 열린 네트워크 방식으로 접근합니다.

하지만 에코뮤지엄 활동이 항상 순조롭지만은 않았어요. 이해관계가 다른 시민단체나 주민들 간의 갈등, 책임을 둘러싼 문제들도 생겼죠. 사업이 아닌 '참여'라는 구조를 만들기 위해선, 중간에서 이걸 조율해 줄 조직이나 사람이 정말 중요하다는 사실도 다시금 확인됐습니다.

경기만 에코뮤지엄은 삶의 회복을 위한 실험이라고 봐요. 저는 이렇게 생각해요.

　“내륙의 모든 갈등과 오염이 바다로 흘러가듯, 경기만은 우리의 모순을 고스란히 안고 있는 곳이에요. 경기만 에코뮤지엄은 그걸 문화와 예술로 회복해 보려는 지역 사회 운동입니다.”

　“결국 우리가 바라는 건, 자연과 공존하며 평화롭게 살아갈 수 있는 삶의 터전을 다시 만드는 거예요.”

에코뮤지엄으로 꽃 피운 평화의 공간

경기도 화성 매향리 스튜디오

2016년 어느 봄날, 작가 이기일은 화성시 우정읍의 조용한 마을, 매향리를 처음 찾았어요. 이곳에 자리 잡은, 오래된 매향교회의 구 예배당. 이국적인 분위기를 풍기는 이 건물은, 원래 작가의 개인 작업실이 될 뻔했죠. 하지만 그는 이 예배당을 보면서 생각이 바뀌었어요. '이 공간은 내 작업실이 아니라, 매향리의 이야기를 담는 그릇이 되어야겠다.' 그렇게 그의 매향리에 대한 고민이 시작됐습니다.

이 작업은 경기창작센터의 에코뮤지엄 사업의 일환이기도 했어요. 하지만 막상 예배당을 살펴보니 천장은 무너져 있고, 벽에는 금이 가 있고, 손볼 데가 한두 군데가 아니었죠.

매향리는 여전해

그래도 그는 이곳을 매향리 에코뮤지엄의 출발점으로 삼기로 마음먹었습니다.

구 예배당의 사용은 의외로 순조롭게 결정됐습니다. 장로님과 수원 교구의 승인만 받으면 가능했거든요. 작가가 "우리가 건물 수리도 하고, 5년 무상 사용하겠다"라고 제안했더니, 철거를 고민 중이던 교회 측도 오히려 다행이라 여겼고, 결국 사용 승인이 떨어졌습니다. 그렇게 매향리 스튜디오가 탄생했죠.

작가는 직접 천장 보를 세우고 지붕을 올리고, 철 빔으로 벽을 보강하면서 손수 공간을 재단장했습니다. 봄에 시작한 일이 뜨거운 여름을 지나 가을 추석쯤 마무리됐습니다. 공사 비용은 2,700만 원, 주변 견적보다 저렴했지만, 결코 적은 돈은 아니었어요. 그럼에도 "공간을 구성하는 사람이 직접 해야 한다"라는 마음으로 직접 공사를 해냈습니다.

이 공간을 단순히 스튜디오로 활용하는 데서 끝내지 않고, 동네 사람들과 관계맺기를 시작했지만, 그게 말처럼 쉽지는 않았어요. 처음에는 밖에 쌓인 포탄 탄피를 실내에 전시할 생각도 했죠. "실내 전시가 있어야 관객이 매향리를 더 깊이 느낄 수 있을 것 같다"라고 생각했거든요. 하지만 탄피 대여 문제나 위원장님과의 조율이 쉽지 않았습니다. 작가는 이때 "아, 이렇게 간단한 게 아니구나…" 하고 느꼈다고 해요.

가을이 깊어 가던 어느 날, 교회 종탑 옆에 베어진 향나무 한 그루가 눈에 들어왔습니다. 사람들은 그 나무를 별것 아닌 것처럼 여겼지만, 작가는 그 나무에서 매향리의 아픔을 봤어요. 그래서 예배당 안으로 그 향나무를 들여왔습니다. "나무와 대화를 많이 했어요"라며 그는 회

오키나와에서 날아오른 미군 폭격기의 훈련장으로 사용되었던 매향리 농섬

상합니다. '이 나무로 무엇을 표현할 수 있을까, 매향리의 이야기를 어떻게 전할 수 있을까?' 고민 끝에 나온 아이디어는 '나무를 얼리는 것'이었어요. 최소의 비용으로 최대의 감정을 끌어내기 위한 실험이었죠.

하지만 겨울에 얼린다는 건 쉽지 않은 일이었어요. 가장 추운 날씨에 물을 나르고, 화장실 수돗물 터질까 봐 걱정하고, 히터도 못 켜는 가운데 하루하루를 보냈습니다. 이때부터 그는 동네 어르신을 보면 무조건 인사를 건네고, 목사님과의 관계도 아주 조심스럽게 다가갔어요.

어느 날은 중학생들이 탐방을 왔고, 한 학생이 "저 창문은 왜 뿌옇게 해놨어요?"라고 물었어요. 작가는 웃으며 대답했습니다. "동네 어르신들이 보는 것 같아서 페인트로 흐릿하게 만든 거야." 사실은 밝은 햇빛이 작품 설치에 영향을 줄까 봐 빛의 굴절을 위해 창문을 뿌옇게 만든 거였지만, 그런 말도 아이들에게는 더 정겹게 들렸겠죠.

그리고 2017년 봄, 동네 아이들과 함께 농섬에 나들이를 갑니다. 농섬은 서해에 물이 빠지면 트랙터를 타고 들어갈 수 있는 곳인데, 작가는 이 경험을 프로그램으로 만들면 좋겠다고 생각했어요. 그래서 아이들과 함께 포탄 파편과 갯벌 흙을 이용해 자신만의 '농섬'을 만드는 활동이 시작됐습니다. 이때 참가자들은 '평화의 섬'을 주제로 삼았어요. 그 이유는 너무 명확했죠. 농섬은 매향리의 전쟁과 희생의 기억이 고스란히 남아 있는 장소였으니까요.

어르신들은 "우리는 평생 못 가본 섬을 아이들이 다녀왔네"라며 탄식했습니다. 젊었을 때는 폭격 때문에, 나이 들어서는 발이 무거워서 갈 수 없던 섬이었거든요. 그래서 작가는 결심합니다. "어르신들과도 농섬 소풍을 가자."

2018년에는 실제로 어르신들과 농섬으로 소풍을 갔어요. 트랙터에 객차를 이어 만든 차량을 타고 가서 노래도 부르고, 음식을 나누며 즐거운 하루를 보냈죠. 어르신들에게는 '처음 가본 섬'이자 '처음 하는 소풍'이었습니다.

이듬해에는 〈청년 전만규〉 전시가 열렸어요. 54년간 매향리 폭격 소음에 맞서 싸워온 전만규 위원장의 기록을 아카이브 한 전시였습니다. 그는 폭격이 끝나면 농섬에 들어가 탄피를 수거했고, 그 탄피들을 마을 입구에 쌓아 두며 마을의 기억을 지켰습니다.

이런 흐름 속에서 탈북 작가 '선무'의 참여도 큰 의미가 있었습니다.

매향리 앞바다에서 배를 타고 농섬을 보며 그린 북한 스타일의 풍경화. 작가는 김정은, 문재인, 트럼프의 초상화를 그렸고, 그림 속 넥타이와 옷차림이 실제 판문점 회담 때와 똑같았다는 점은 정말 놀라웠습니다.

2019년, 작가는 새로운 고민에 빠졌어요. "내가 아닌 마을 주민이 주인이 되는 문화예술은 어떻게 가능할까?" 그리고 그 해, 마을 어르신들이 주인공이 된 연극이 시작됐어

매향리 스튜디오

요. 연습은 쉽지 않았지만, 몇 번을 모이며 대사도 외우고 연기에 몰입하기 시작했죠. 11월 30일, 연극은 막을 올렸고, 매향리의 이야기가 무대 위에서 살아났습니다.

매향리 에코뮤지엄은 이제 단순한 공간이 아닙니다. '유산'을 '참여'를 통해 '활동'으로 승화시킨 살아 있는 문화예술 실천의 장이 되었어요. 매실로 만든 매실청, 탄피로 만든 노트, 마을 어르신의 연극까지─이 모든 것이 매향리만의 고유한 브랜드가 되어가고 있습니다.

작가 이기일은 말합니다. "예술은 누가 하지 않은 걸 건드려야 진짜

예술이에요." 그가 꿈꾸는 건, 요셉 보이스가 그랬던 것처럼, 예술로 세상을 바꾸는 일이죠. 오늘도 매향리 스튜디오에서 그는 생각합니다. "포탄 탄피가 널린 이 마을에서, 나는 무엇을 예술로 만들 수 있을까?"

빛과 시간,
기억과 평화를 담은 공간

경기도 화성 매향리 평화기념관

매향리 평화기념관은 매향리의 쿠키사격장 부지에 자리한 기념관이에요. 매향리는 그 오랜 시간 동안 전쟁을 직접 겪지는 않았지만, 그에 가까운 고통을 견뎌내야 했던 '보이지 않는 전쟁터'였습니다. 하지만 그 상처 위에 지금은 평화를 이야기하는 아름다운 공간이 하나 세워져 있습니다. 바로 '매향리 평화기념관'이에요.

이 기념관은 아주 특별한 구조를 하고 있어요. 멀리서 바라보면 건물이 'M' 자 모양으로 서 있는데, 이건 단순한 외형이 아니라 깊은 의미를 담고 있어요. M은 Maehyangri(매향리), Museum(박물관), Memorial(기념)을 의미하죠. 이 공간이 단지 과거의 아픔을 기억하는 장소에 머무르지 않고, 지금, 이 순간과 미래를 향해 이야기하는 곳이란 뜻이에요.

기념관의 설계는 세계적인 건축가 마리오 보타(Mario Botta)가 맡았어요. 스위스 출신인 그는 '벽돌의 건축가'로 불릴 만큼, 벽돌을 주재료

로 한 건축물을 많이 지었어요. 보타는 한국의 붉은 벽돌 문화에 주목했고, 그 재료가 가진 따뜻함과 인간적인 감성을 건축에 녹여냈죠. 매향리 평화기념관도 그의 그런 철학이 깊이 스며든 작품이에요.

그는 단순한 선과 면을 이용해 강한 인상을 주는 건축을 선보이는데, 이곳에서도 그 미학은 유감없이 드러나요. 자연광이 비추는 각도와 시간에 따라 공간의 분위기가 달라지고, 건물의 벽과 통로, 천장 사이로 흐르는 빛은 마치 시간이 멈춘 듯한 느낌을 줘요.

특히 추모탑 위로부터 스며드는 빛이 벽을 타고 흐를 때, 사람들은 그 빛에서 위로받기도 하고, 어떤 이는 눈시울을 붉히기도 해요. 마리오 보타는 "건축은 빛을 담는 그릇"이라고 했는데, 이 기념관은 그 말이 무엇인지 아주 잘 보여주는 사례예요.

건물은 지하 1층, 지상 2층 규모예요. 1층에는 어린이 체험실이 있는데, 이곳은 단순한 전시 공간이 아니라 아이들이 자연스럽게 평화와 생명, 자유에 대해 느끼고 배울 수 있는 곳이에요. 미로처럼 꾸며진 통로, 그림책을 펼쳐보는 공간, 평화를 주제로 한 미디어아트까지, 어린이들이 오감으로 체험하며 역사를 배우는 공간이에요.

2층으로 올라가면 상설전시실이 있어요. 이곳에서는 쿠니 사격장의 설치부터 폐쇄까지, 그 과정에서 벌어졌던 수많은 이야기가 고스란히 담겨 있어요. 마을 주민들이 총성과 굉음을 견뎌내며 살아온 삶, 그 속에서 목소리를 내고 투쟁해 온 흔적들, 그리고 미군 훈련의 실상에 대한 기록들이 전시되어 있죠. 덧붙여, 기획전시실에서는 '빛과 그림자'라는 주제로 꾸며진 전시도 열리고 있어요. 이는 단순히 미군 사격장의 과거를 보여주는 것을 넘어서, 빛과 어둠이 공존하는 인간의 삶을 성찰하게 합니다.

이 기념관이 특별한 이유는 또 있어요. 단순히 새로운 건축물만 있

는 게 아니라, 미군이 실제로 사용했던 여러 공간이 그대로 보존되어 있다는 점이에요. 위병소, 카페, 체력 단련실, 사격통제소, 장교 막사, 숙소와 식당 등 당시의 생활과 훈련 공간이 원형 그대로 남아 있어서, 방문객들이 그 시절의 현장을 직접 경험할 수 있어요. 눈으로만 보는 것이 아니라, 몸으로 느끼는 역사라는 것이죠.

이러한 공간들은 단지 '과거를 기억하는 장소'에 그치지 않아요. 왜 우리는 기억해야 하는가? 라는 질문 앞에 서게 만들고, 우리는 어떤 미래를 만들어야 하는가? 라는 생각을 하게 하죠. 기념관은 '과거의 상처를 잊지 않고, 그 기억을 통해 평화와 인권의 가치를 되새기자'라는 의미를 담고 있어요.

매향리 평화기념관은 단지 전시물 몇 점이 있는 공간이 아니라, 빛과 공간, 시간과 기억, 그 모든 것이 하나의 이야기로 연결된 거대한 '평화의 서사'입니다.

이제 이곳을 찾는 사람들은 단순한 관광객이 아니라, 과거를 기억하고 미래를 생각하는 평화의 여정에 참여한 이들이 됩니다.

그리고 이곳은, 그들에게 조용히 말을 건네죠.

"당신은 이 공간에서 무엇을 느끼셨나요? 당신의 기억 속에도 평화는 어떤 빛으로 남을까요?"

소금 창고에서 인형극까지 품은 에코뮤지엄

경기도 시흥 갯골

시흥 에코뮤지엄의 이야기는 조금 특별하게 시작됩니다. 이곳은 단순히 한 기관이 주도해서 만들어 낸 공간이 아니라, 공공기관들 사이의 협력 속에서 싹을 틔우고, 그다음엔 주민들이 직접 장소성을 발굴하고, 또 그 장소를 스스로 운영할 수 있는 주체로 성장해 가는 과정이

시흥에코활동

고스란히 담긴 곳이에요.

그 출발점에는 '시흥시지속가능발전협의회'와 '경기창작센터'의 협약이 있었죠. 이 두 기관이 손을 맞잡고, 행정이 중재자 역할을 하면서 시흥 에코뮤지엄 사업이 본격적으로 추진되었어요. 그리고 이 활동을 더 체계적으로 펼치기 위해 '시흥 바라지'라는 조직도 만들어졌습니다.

참고로 '바라지'란 말, 참 예쁜 우리말이죠. '돌보다', '돕다', '기원하다'라는 뜻을 지닌 말인데, 예로부터 방죽이나 간척지, 논 같은 곳을 가리키는 말이기도 해요. 이 단어를 브랜드처럼 살려서 '시흥 바라지 에코뮤지엄 연구회'라는 이름으로 활동이 이어지게 된 겁니다.

시흥갯골소금창고

이 과정을 설명하면서 시흥시지속가능발전협의회의 강석환 국장은 이렇게 이야기했어요. "경기문화재단이 에코뮤지엄 사업을 처음 시작할 때는 자기들만의 기획 의도와 방향이 있었을 거예요. 그런데 그걸 지역에 맞게 잘 설정해서, 지역과 사람 중심의 사업으로 우리에게 전

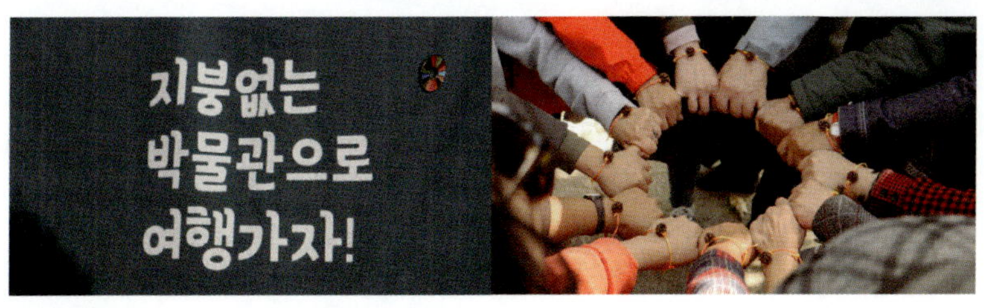

적으로 맡겨줬죠.”

그는 에코뮤지엄이라는 게 결국 참여를 중심에 두고 가야 한다고 강조했어요. “지역과 지역 사람을 믿고, 좀 더디더라도 기다려 주는 것이 중요하다고 했죠. 어떤 장소든 거점이 있고, 그 지역성을 바탕으로 프로그램을 만들고, 그것을 시민이 주도하게끔 해야 해요. 기획자는 옆에서 도와주는 존재가 되어야 한다고 생각해요.”

시흥에서는 ‘갯골’을 중심으로 한 자연유산이 중요한 자원이었어요. 바로 그 유산을 주민들이 직접 참여하며 해석하고 보존하려는 노력 자체가 큰 의미가 있었던 거죠. 과거엔 참여라고 해도 대개 기획자들이 계획을 다 세우고 나서, 주민들이 약간 들러리처럼 참여하는 형식이었는데, 시흥은 달랐어요. 처음부터 시흥시지속가능발전협의회를 중심으로 문화예술인, 청년, 지역 활동가들까지 함께 모여서, 시흥만의 특성에 맞춘 참여 구조를 만들었어요. 그것이 바로 ‘시흥 에코뮤지엄 연구회’였습니다.

이 참여라는 게 전시 위주의 기존 박물관과는 확연히 달라요. 주민이 진짜 주체가 되어서 활동을 이끌어가는 박물관적 모델, 생동감 있는 실천의 장이 만들어진 거죠.

'시흥 바라지 에코뮤지엄 연구회'는 시민, 전문가, 공무원이 함께하는 민관 협의체로, 매월 한 번씩 모임을 가졌어요. 이들은 시흥의 자연과 문화유산을 예술적으로 재해석하고, 이를 어떻게 잘 보존하고 활용할 수 있을지를 고민했어요. 단순히 공부만 한 게 아니라, 정책을 제안하는 역할도 했죠. 이들의 주요 활동 무대는 갯골생태공원, 호조벌, 연꽃테마파크 같은 장소들이었고, 이 자원들을 에코뮤지엄의 컬렉션으로 재구성하면서, 마을여행자 협동조합이나 마을인형극 같은 주민 주도의 콘텐츠도 함께 만들어냈습니다.

강석환 국장은 이렇게 말했어요. "저희 사무국에서 곰솔놀이숲과 소금 창고를 활용한 예술극장을 해보자고 제안했어요. 제안만 한 거죠. 중요한 건 연구회가 직접 기획하고 추진하는 방향으로 변화한 거예요. 그래서 2기부터는 완전히 주민 주도의 사업으로 바뀌었죠. 소금제, 곰

솔누리숲, 인형극 같은 게 대표적인 사례예요."

이처럼 경기창작센터, 시흥시지속가능발전협의회, 행정이 서로 협력하는 구조가 잘 마련되었고, 그 안에서 주민들이 자연스럽게 참여할 기회가 생겼어요. 특히 2019년부터는 지역 리더 중심에서 더 나아가서, 다양한 활동가와 주민들이 함께할 수 있는 구조도 전환되었죠.

시흥 갯골 사회적 협동조합의 송은희 국장은 생태해설사로 시작한 자기 경험을 이렇게 이야기합니다. "우린 시흥 시민이자 생태해설사예요. 지금은 미디어아트 작가가 작품을 하고 있지만, 우리는 해설사로서 이곳에 참여하고 있어요. 앞 창고에서는 저희가 직접 만든 인형극도 선보이고 있고요. 생태자원을 주민의 시선으로 해석하고 전달하는 작업, 그게 저희가 하는 일이에요."

처음엔 생태적 가치만 강조하던 갯골 조직이, 에코뮤지엄이라는 개념을 만나면서 변화하기 시작한 거예요. 소금과 갯벌을 이야기로 엮은 인형극을 만들고, 공업지대와 주거지 사이에 조성된 완충녹지를 어떻게 잘 활용할까를 고민했죠. 곰솔누리길 같은 명칭은 주민 공모로 정했고, 이 길을 생태와 감성이 어우러진 걷기 코스로 운영하는 협동조합도 생겼습니다.

결국 시흥 에코뮤지엄은 참여를 바탕으로 지역 자원을 발굴하고, 그걸 주민 스스로 배우고 이해하면서 운영할 수 있는 구조를 만들어냈어요. 바로 이것이 에코뮤지엄이 지향하는 진짜 모습 아닐까요?

침묵의 섬에서 시작된 에코뮤지엄

경기도 안산 선감도

경기만 지역, 그중에서도 선감도라는 작은 섬에서 시작된 이야기가 있어요. 예전에는 잘 알려지지 않았지만, 이제는 그 섬이 왜 중요하고, 어떤 의미를 담고 있는지 많은 사람이 알게 되었죠. 이 변화의 중심에는 '에코뮤지엄'이라는 새로운 접근이 있었어요.

2016년부터 시흥 지역에서는 에코뮤지엄 활동이 본격적으로 시작됐어요. 처음엔 민관협력의 형태로, 지역 사회 안에서 기반을 다져나가기 위한 작업이었죠. 그러다 2017년부터는 본격적으로 지역 사회 리더들이 중심이 되어 에코뮤지엄 활동의 틀을 만들어갔고, 2018년에는 다양한 지역 활동을 바탕으로 조직이 재편되기도 했어요. 이때부터 시흥지속가능발전협의회 같은 기관들도 에코뮤지엄에 힘을 보태기 시작했죠. 그렇게 해서 '시흥바라지연구회', 그리고 제1기와 제2기 시흥에코뮤지엄연구회가 차례차례 활동하게 됩니다.

이 에코뮤지엄 활동은 단순한 전시나 관광이 아니었어요. '유산-참

선감도

여-활동'이라는 흐름 속에서 주민들이 주체가 되어 공간을 새롭게 해석하고, 과거를 되살리는 방식으로 이루어졌거든요. 예를 들어, 시흥의 갯골이나 공단 지역에서 살아온 주민들이 자신들의 이야기를 인형극 같은 방식으로 풀어내기도 했고요, 협동조합을 세워 마을 여행을 기획하기도 했답니다.

그 중심에 '선감도'가 있어요. 지금은 예술인들의 공간으로 알려진 '경기창작센터'가 있는 이 섬은, 사실 오랫동안 우리가 외면하고 싶었던 어두운 역사를 품고 있었어요. 선감도는 일제 강점기부터 제5공화국까지, 수십 년에 걸쳐 '선감학원'이라는 이름으로 소년들을 강제로 수용하고 억압했던 장소였죠.

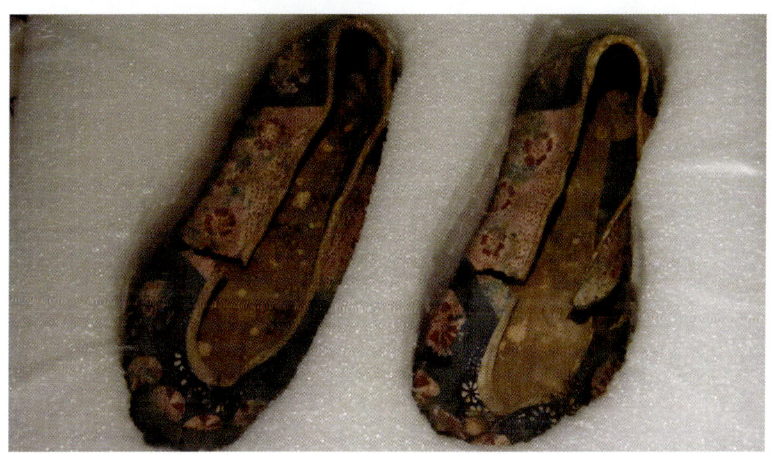

　그 시절, 많은 아이가 이유도 모른 채 잡혀 와 강제노역과 폭력을 겪었어요. 제대로 된 교육은커녕, 탈출을 시도하다가 갯벌에 빠져 싸늘한 주검이 되어 돌아오기도 했고, 그 아이들은 조용히 야산 어귀에 묻혔죠. 아무도 말하지 않던 이 이야기들이, 이제는 '에코뮤지엄'이라는 이

름으로 서서히 드러나기 시작한 거예요.

경기만포럼의 김갑곤 씨는 이 점을 분명히 했죠. "일제가 태평양 전쟁을 위해 선감도에 소년수용소를 만들었고, 해방 이후에도 제대로 된 청산 없이 경기도가 이어받아 운영했다. 그 결과, 이곳은 인권침해의 상징적인 장소가 되었다"라고요. 그래서 선감도에서 시작된 에코뮤지엄은 단순히 과거를 보여주는 것이 아니라, 그 상처를 기억하고 치유하는 작업이에요. 억압당했던 아이들의 삶터를 복원하고, 잘못된 역사를 바로잡는 것이죠.

이런 움직임은 2016년에 처음 열렸던 '선감학원 추모제'로 구체화되었어요. 바로 그 자리에서, 누군가는 잊힌 아이들을 처음으로 불러내기 시작한 거예요. 그 이후 '선감역사박물관'이 문을 열었고, 22년간 수용되었던 한 소년의 이야기를 담은 전시도 기획됐어요. 또 피해자들의 명예를 회복하기 위해 '선감학원 아동피해대책협의회'도 구성되었죠.

2018년에는 경기도에서 「선감학원 사건 희생자 등 지원에 관한 조례」를 제정했어요. 이 조례는 분명히 선감학원 사건을 정의하고 있어요. 일제 강점기부터 해방 이후 1982년까지 이어진 강제 수용과 폭력, 학대의 역사를 공식적으로 인정하고, 희생자들의 명예를 회복하자는 목적이죠.

그리고 2019년에는 국회에서도 움직임이 있었어요. 권미혁 의원이 「선감학원 피해 사건의 진상규명 및 보상 등에 관한 법률안」을 발의하면서, 이 역사가 더 많은 이들의 눈앞에 드러나게 된 거죠. 선감도 에코뮤지엄이 추구하는 바는 바로 여기에 있어요. 그 아픈 역사를 제대로 바라보고, 다시는 같은 일이 반복되지 않도록 다음 세대에게 인권과 평화의 메시지를 전하는 공간이 되는 것. 그것이 진정한 '에코뮤지엄'의 의미인 거예요.

선감도 선착장

선감도의 에코뮤지엄 활동은 해마다 깊어졌습니다.

2016년, 에코뮤지엄의 첫 시작.

2017년, 선감도를 드러내기 위한 다양한 시도.

2018년, 선감역사박물관이 개관되고 '선감 이야기길'이 만들어졌어요.

2019년, 피해자 지원이 제도화되면서 선감도는 치유와 회복의 장소로 조금씩 자리 잡기 시작했죠.

이런 일련의 과정은 단순한 과거사 청산이 아니에요. 마을 주민들의 참여와 기억, 그리고 활동을 통해 과거의 유산을 되살리고, 그 속에서 공동체가 함께 치유되는 장이 만들어지고 있는 거죠.

어쩌면, 선감도는 에코뮤지엄이라는 말이 가장 잘 어울리는 곳일지도 몰라요. 우리가 외면했던 기억을 다시 마주하고, 그 속에서 미래를 위한 가치를 찾아가는 일. 그 모든 여정이 이 작은 섬, 선감도에서 시작되었으니까요.

석탄과 탄광의 기억을 간직한 도시

강원도 태백석탄박물관과 철암 탄광역사촌

서울 청량리역에서 중앙선 열차를 타고 달리다 보면, 강원도의 깊은 산 속에 자리한 태백이라는 도시에 도착하게 됩니다. 요즘은 이곳을 말하면 떠오르는 게 카지노나 겨울 스포츠, 특히 스키장이죠. 하지만 사실 이 스키장이 생겨날 수 있었던 배경에는 '석탄'이 있었답니다.

한때 우리나라가 석탄을 주요 에너지원으로 삼고 있던 시절, 태백은 정말 중요한 동네였어요. 지금의 젊은 세대에게는 익숙하지 않지만, 예전에는 겨울이면 연탄을 아궁이에 넣어 따뜻하게 집을 데우고, 밥도 하고, 온 가족이 연탄난로에 둘러앉아 추위를 이겨내던 그런 시절이 있었어요. 그 연탄의 원료가 바로 태백에서 나온 석탄이었답니다.

태백 끝자락의 철암이라는 마을에서 시작된 석탄을 실은 기차는 서울 청량리까지 이어졌어요. 서울이나 경기도 일대에는 중간중간 석탄을 저장하던 역들도 있었는데요, 청량리역, 영등포역, 왕십리역 같은 곳에는 석탄 창고가 있어서 도시 곳곳에 석탄을 공급하는 중간 거점

역할을 했어요.

석탄은 단순한 연료 그 이상이었습니다. 겨울철 방을 따뜻하게 데우고, 밥을 짓는 데 쓰였고, 우리 삶의 가장 가까운 곳에 있었던 소중한 자원이었죠. 그 석탄을 수백 미터 깊이의 갱도 속으로 들어가서 캐 오던 사람들이 바로 광부였습니다. 얼굴이 시커멓게 되도록 땀 흘려 일하던 광부들은, 태백을 지탱하던 든든한 존재들이었어요.

하지만 시대가 변하면서 에너지원도 달라졌습니다. 1986년 아시안게임을 전후해 정부 정책이 바뀌기 시작했어요. 석탄에서 가스로 에너지원이 전환되면서, 태백은 커다란 변화를 겪게 됩니다. 연탄 소비가 줄고, 탄광의 운영도 점차 축소되었어요. 한때 "동네 강아지도 천 원짜리를 물고 다닌다"라는 우스갯소리가 나올 만큼 활황이었던 태백 경제는 순식간에 위기를 맞이했죠. 광부들은 하나둘씩 떠났고, 마을은 점점 텅 비어갔습니다.

이렇게 한 시대의 중심이었던 탄광 마을이 사라져가는 것을 보며, 그 기억과 의미를 지키고자 만들어진 것이 바로 태백 석탄박물관입니다. 이 박물관은 일반적인 박물관과는 조금 달라요. 입구로 들어서면 가장 먼저 엘리베이터를 타게 되는데요, 이 엘리베이터는 보통처럼 1층, 2층 하는 식으로 표시되는 게 아니라, 광산 갱도처럼 몇 미터 아래로 내려가는지 깊이를 숫자로 알려줘요. 그런 연출 덕분에 마치 내가 직접 갱도로 내려가는 광부가 된 듯한 느낌을 받을 수 있어요. 관람객에게 색다른 긴장감을 선사하죠.

태백은 크게 황지, 도계, 철암으로 나뉘어요. 그중 철암은 한때 어마어마한 호황을 누리던 동네였습니다. 철암역 앞의 가게 하나 얻으려면 웃돈을 줘야 했고, 하천 변에 공중으로 지어진 건물은 '호가'가 치솟았죠. 건물을 높이 올려 짓기 위해 하천 위에 달아 만든 건축양식을 이곳 사람들은 정겹게 '까치발'이라고 불렀어요. 하지만 이 지역도 에너지 전환의 큰 흐름 앞에서는 피해 갈 수 없었습니다.

그 찬란했던 과거는 이제 기억 속에 남아 있지만, 그 기억을 담기 위

해 조성된 공간이 있어요. 바로 철암 탄광역사촌입니다. 단순한 박물관이 아니라, 마을 전체가 박물관처럼 조성된 에코뮤지엄이죠. 지금의 첨단 문명이 느껴지지 않는, 오롯이 1960년대의 분위기를 그대로 재현해 놓은 곳이에요.

마을 중심에는 기념비 하나가 서 있는데, 거기엔 이런 문구가 적혀 있어요.

"남겨야 하나, 부수어야 하나 논쟁하는 사이 한국 근현대사의 유구들이 무수히 사라져갔다."

이 문장은 단순한 과거 회상의 말이 아니라, 우리가 기억을 어떻게 보존할 것인가에 대한 묵직한 질문을 던지는 문장이에요.

에코뮤지엄 안에서는 과거 건물들이 새로운 의미를 입고 다시 태어났습니다.

예전의 페리카나 치킨집은 지금은 안내소와 사료 전시관이 되었고, 호남슈퍼는 태백과 철암에 관한 이야기와 사진들을 담은 전시관과 전망대로 변했어요.

진주성은 이제 뮤지엄 숍이자 복합문화공간, 다큐멘터리 상영실이 되었고요.

봉화식당과 한양다방은 광부들과 그들을 의지하며 살아가던 가족과

이웃들의 기억을 담아내는 소중한 공간으로 바뀌었답니다.

태백에는 이렇게 두 개의 박물관이 존재합니다. 하나는 석탄의 산업적 의미를 보여주는 태백석탄박물관, 그리고 다른 하나는 그 속에서 살아가던 사람들의 일상과 기억을 고스란히 담아낸 마을형 에코뮤지엄이죠. 산업과 사람이 어우러졌던 시간을 기억하고, 되새기고, 다음 세대에게 전하는 태백의 시도는 단순한 박물관을 넘어선, 깊이 있는 문화유산의 보존이자 또 하나의 '삶의 박물관'이라고 할 수 있습니다.

안 전 ⊕ 제 일
태백광업

골목에서 만나는 에코뮤지엄

대구 중구, 전북 군산, 광주 양림동

» 대구 근대골목의 기억, 그곳에 피어난 시간들

혹시 "대구 근대골목"이라는 말, 들어보신 적 있으세요? 요즘은 꽤 알려진 관광코스가 되었지만, 그 시작은 아주 조용하고 소박했어요. 아무도 주목하지 않던 오래된 골목, 허름한 상가, 잊힌 공간들을 시민들이 하나둘 다시 들여다보기 시작하면서 이야기가 시작됐죠. 그리고 그 중심에는 네 개의 상징적인 공간이 있어요. 북성로, 삼덕상회, 약령거리, 그리고 잊을 수 없는 미도다방이죠.

먼저, 북성로부터 얘기해 볼까요? 이곳

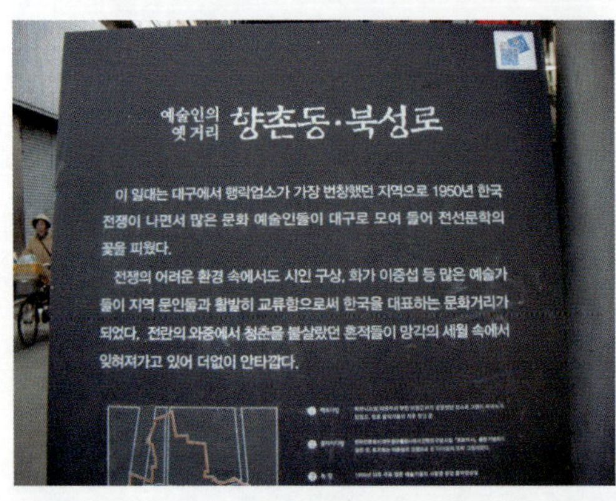

은 사실 대구에서 '시간이 멈춘 거리'라는 표현이 어울릴 정도로 오래된 산업의 흔적들이 고스란히 남아 있어요. 일제 강점기 경부선 철도가 깔리면서 대구역 주변이 급속히 발전했고, 북성로는 그 중심이었죠. 해방 이후부터 1970~80년대까지는 기계 공구, 철물점, 기술자들이 몰려 있던, 이른바 '산업 골목'이었

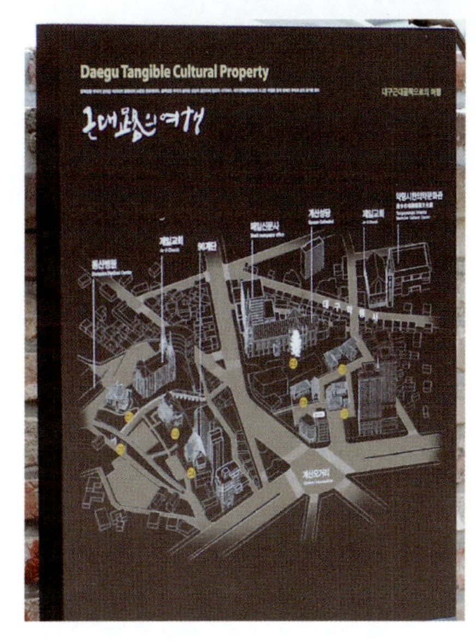

어요. 지금도 그 시절 간판이 남아 있는 가게들이 꽤 있어요. 오래된 철제 선반, 스팀펑크 감성의 창고들, 시계가 멈춘 듯한 분위기가 오히려 특별하게 느껴지죠.

북성로는 기계 소리와 철의 냄새가 가득했던 거리였어요. 일제 강점기부터 이어진 산업 기반 덕에 이곳은 대구에서 가장 먼저 '산업화'를 경험한 골목 중 하나였죠. 철물점, 공구상, 작은 공장이 이어지고, 기술자들의 발길이 끊이지 않던 그곳은 한때 사람들에게 '기계 장인의 거리'로 불렸어요. 하지만 도시 구조가 바뀌고 공장이 외곽으로 빠져나가면서, 북성로도 점점 조용해졌어요. 닫힌 셔터, 녹슨 간판, 사람 없는 거리. 모두가 이곳을 잊어가던 어느 순간, 누군가는 그 침묵을 다시 바라보기 시작했어요.

낡은 간판을 뜯지 않고, 오래된 철문을 살려내고, 그 속에 새로운 이야기를 불어 넣는 사람들이 있었죠. 그 중심에는 삼덕상회라는 작은 건물이 있었어요. 원래는 공구나 철물 같은 실용적인 물건을 팔던 곳이었지만, 한동안 비어 있었던 이 상가를 청년 기획자들과 지역 활동가들이 함께 리모델링하기 시작했어요. 허물지 않고 남긴 벽돌과 철제 선반 사이에 북카페와 전시 공간, 마을 기록실이 생겨났고, 과거의 흔적은 디자인이 아니라 '기억'으로 기능했어요. 사람들이 이 공간에 모여 옛 북성로의 이야기를 나누기 시작하면서, 이곳은 단순한 창업 공간이 아니라 사람과 사람, 기억과 현재를 잇는 작은 마을이 되었어요.

하지만 도시가 팽창하면서 북성로도 한동안 버려지듯 방치되었어요. 대형 쇼핑몰과 신도시가 생기고, 사람들의 관심은 점점 이곳에서 멀어졌죠. 그런데 몇몇 젊은 기획자들과 예술가들이 이 골목에 다시 눈길을 주기 시작했어요. 단지 낡았다고 없애는 것이 아니라, 오래된 이야기와 공간을 그대로 살려보자는 거였죠. 그렇게 탄생한 게 바로 삼덕상회예요.

삼덕상회는 원래 잡화상점이었어요. 철물, 부자재, 공업 용품을 팔던 창고형 건물이었죠. 하지만 이제는 전혀 다른 공간으로 탈바꿈했어요.

벽돌 외벽은 그대로 두되 내부를 리모델링해서 북카페, 전시 공간, 공방, 커뮤니티룸이 들어섰어요. 청년 창작자들이 모이고, 소규모 콘서트도 열리며, 마을 워크숍도 이뤄지죠. 이곳은 과거의 껍데기를 유지하면서도 새로운 호흡을 불어넣은 대표적인 도시재생 사례예요.

그리고 조금 더 걸어가면 만날 수 있는 곳이 바로 약령거리예요. 약전골목이라고도 부르는 이곳은 350년 넘는 역시를 가진 한약재 거리예요. 조선 후기부터 전국의 한약재와 약초상들이 이곳으로 모여들었고, 해마다 약령시장이 열렸죠. 지금도 좁은 골목 안에 오래된 약방들이 줄지어 서 있어요. 삼대째 내려오는 한의원, 구식 약탕기, 그리고 어릴 적 어머니 손잡고 찾던 기억이 배어 있는 공간이죠. 요즘은 젊은 약초카페나 건강 식음료를 파는 가게들도 들어서며, 전통과 현대가 조화를 이루고 있어요.

자, 그리고 이쯤에서 빼놓을 수 없는 곳이 있어요. 바로 미도다방이에요.

미도다방은 단순한 다방이 아니에요. 이곳은 시간과 기억이 켜켜이 쌓여 있는 '살아 있는 문화유산' 같은 공간이에요. 1970년대에 문을 연 이래, 수많은 작가와 예술가, 시민 활동가들이 이곳을 거쳐 갔죠. 허름한 간판, 노란 불빛, 짙은 커피향이 퍼지는 공간 안에는 특별한 장식도, 세련된 인테리어도 없어요. 하지만 사람들은 이곳에서 만나고, 토론하고, 이야기를 나눴어요. 당시 대구의 문화운동이나 민중예술운동의 거점이기도 했죠.

무엇보다 미도다방은 골목을 관찰하고 기억하는 사람들의 아지트였어요. "이 골목은 왜 이렇게 생겼을까?", "이 다방은 왜 아직도 남아 있을까?", "어떻게 하면 우리가 잃어버린 시간을 다시 연결할 수 있을까?" 이런 질문들이 여기서 오갔어요. 그리고 바로 이곳에서 '대구 근대 골목투어'와 《대구 신택리지》의 아이디어가 처음 나왔던 거죠.

《대구 신택리지》는 5년 동안 100명이 넘는 시민이 함께 만든 골목 기록집이에요. 단순한 관광 안내서가 아니라, 그 안에 사는 사람들, 오래된 공간의 기억, 그리고 도시의 결을 그대로 담아낸 책이에요. 북성로의 낡은 공구 가게, 삼덕상회의 재탄생 과정, 약령거리 약방의 이야기, 그리고 미도다방에서 나눈 수많은 인터뷰와 스케치들이 다 들어 있어요. 이건 일종의 '시민이 만든 도시 백과사전'이라고도 할 수 있죠.

결국 대구의 근대 골목들은 단순히 낡고 오래됐다는 이유로 없애야 할 대상이 아니라, 우리 도시의 기억과 정체성이 고스란히 담긴 살아 있는 장소들이었어요. 도시재생의 본질은 결국 이런 공간들을 어떻게

다시 바라보고, 어떻게 오늘의 이야기로 다시 엮어갈 수 있는가에 달린 거죠.

그러니까, 다음에 대구에 오시게 된다면 꼭 북성로 골목길을 걸어보세요. 삼덕상회에 들러보시고, 약령거리에서 찻잎 냄새도 맡아보세요. 그리고 미도다방에 앉아 따뜻한 믹스커피 한 잔 마시면서 이 도시가 품고 있는 시간을 한번 느껴보시길 바라요. 거기엔 생각보다 많은 이야기가 숨어 있으니까요.

» 군산. 적산가옥 너머, 우리가 잊은 시간

"너 군산 가본 적 있어?"

"음… 지나가긴 했는데, 제대로 둘러본 적은 없지. 왜 갑자기 군산?"

"나 이번에 군산 다녀왔는데, 진짜 놀랐어. 그냥 바닷가 조용한 항구 도시인 줄 알았는데, 일제 강점기 흔적들이 도시 구석구석에 그대로 남아 있더라고."

"진짜? 뭐가 그렇게 특별했는데?"

"일단 군산은 예전부터 항구 도시였잖아. 그런데 1930년대쯤엔 5만 톤 이하 선박이 무려 105척이나 드나들던 큰 무역항이었어. 쌀, 미곡,

420

잡곡 같은 걸 일본으로 수탈해 가던 창구였지. 그런데 해방 이후엔 그 기능을 거의 다 상실해서 지금은 15척 내외 정도만 들어오는 규모로 축소됐대."

"그런데 그런 항구 도시가 어떻게 그렇게 일본 흔적이 많이 남았대?"

"군산이 특이한 게, 일제 강점기 때 일본인들이 집단 이주해 살았던 대표적인 도시 중 하나였대. 그래서 월명동, 영화동, 금동 같은 데는 일본식 주택이나 건물들이 아직도 그대로 남아 있어. 거의 일본 골목길 걷는 기분이랄까."

"그럼, 그 집들은 지금 누가 사는 거야?"

"음, 대부분은 지금은 관광지나 카페, 문화재로 활용되고 있는데, 대표적인 게 신흥동 히로쓰 가옥이야. 이건 일본인 농장주가 살던 집인데, 집주인이 당시 군산 부협의회 의원, 일종의 시의원 같은 직책을 했대. 건물이 너무 고급스럽고 섬세하게 지어져서, 마치 일본 드라마 세트장 같았어. 이 가옥은 '적산가옥'이거든."

"적산가옥? 그게 뭐야?"

"전쟁 끝나고 일본인들이 두고 간 집이나 건물을 그렇게 불러. 적국인의 재산, 즉 '적산(敵産)'이라는 의미지. 히로쓰 가옥 같은 경우는 보존 상태도 좋아서 실제로 촬영 장소로도 종종 쓰여."

"오… 진짜 가보고 싶다. 그 외엔 또 뭐가 있어?"

"째보선창도 꼭 가봐야 해. 여긴 예전엔 군산에서 가장 큰 어판장이 있었던 곳이야. 사람들 왕래가 엄청 활발했고, 생선 시장이 쭉 펼쳐져 있었지. 채만식 소설《탁류》에도 등장해. 그 소설 알지?"

"응응, 거기 배경이 바로 군산이었구나!"

"맞아. 째보선창 근처엔 지금도 오래된 목조건물이 줄지어 있는데, 그냥 걷기만 해도 옛 시절 분위기를 느낄 수 있어. 그리고 해망굴이라고, 군산 사람들의 삶과 밀접했던 작은 터널이 있어. 그 옆에 월명공원도 있고, 해망굴에서 이어지는 등성이 마을이나 바닷가 마을 풍경이 정말 인상 깊어."

"군산이 단순히 유적만 있는 게 아니라, 그 시절 일상까지 남아 있는 도시구나."

"정확해! 그리고 진짜 인상 깊었던 곳이 동국사라는 절이야. 한국에 남아 있는 유일한 일본식 사찰이거든. 건축양식도 독특하고, 여기서 작가 고은이 시를 썼다는 기록도 있어."

"헐… 일본 사찰이 한국에 딱 하나만 남았다고?"

"응. 해방 이후 대부분 철거됐는데, 동국사는 희귀하게도 살아남았어. 그 자체로 역사적 가치가 굉장히 크지."

"역사 얘기 계속 들으니까 좀 마음이 무거워지네."

"그럴 수 있어. 군산은 특히 수탈의 흔적이 많거든. 임피역 같은 데도 그래. 거긴 호남선의 지선이었던 군산선에 위치한 기차역인데, 그 철도는 일제가 쌀을 일본으로 실어 나르기 위해 만든 거야. 그냥 기차역이 아니라, 쌀 수탈의 통로였던 거지."

"역사 여행이 아니라, 거의 아픈 기억을 따라 걷는 느낌이겠다…"

"그래서 더 의미가 있더라. 또 예전에는 시타마니 농장이나 구마모토 농장 같은 일본인 농장도 있었어. 특히 구마모토 농장은 전국 최고 규모였대. 지금은 일부 건물만 남아 있고, 한국 농학자 이영춘 박사가 그 자리에 있던 가옥을 썼지."

"이영춘 박사? 농업 분야 개척자였던 그분?"

"맞아. 그러니까 이 집은 일제 수탈의 현장이기도 하면서, 해방 후 농촌 재건의 중심이기도 했던 셈이야. 역사의 아이러니지."

"너무 복잡하고 안타까운 역사가 한 도시 안에 다 담겨 있네…"

"그래서 군산은 단순히 '옛날 건물 구경하러 가는 곳'이 아니라, 진짜 '걸으면서 배우는 역사 교과서' 같아. 아, 그리고 경암동 철길 마을도 있어! 여긴 골목 사이로 기차가 실제로 다녔던 곳인데, 바로 옆에 방직공장이 있었대. 일제 강점기 공장 노동자들의 삶이 고스란히 느껴지는 곳이야."

"그런데 그런 장소들이 지금은 어떻게 쓰이고 있어?"

"일부는 보존해서 관광지로 바꾸고 있고, 어떤 곳은 카페나 상점으로 운영돼. 예를 들면, 옛날 미주상사라는 건물이 지금은 미즈커피라는 카페로 바뀌었거든. 내부는 거의 원형 그대로야. 또 조선은행 군산지점, 군산세관, 군산시 제3청사 같은 관공서 건물들도 대부분 남아 있고."

"그런 곳에서 커피 마시면 기분이 묘하겠다."

"응, 그냥 옛 감성으로 끝나는 게 아니라, 뭔가 과거를 기억하면서 현재를 사는 기분이 들어. 그리고 군산 하면 빠질 수 없는 곳이 있잖아."

"어딘데?"

"이성당! 무려 1945년부터 영업한 한국에서 가장 오래된 빵집이야. 단팥빵이랑 야채빵이 유명한데, 그 맛도 맛이지만, 그 공간 자체가 오랜 세월을 버텨온 상징 같아. 또 빈해원이라는 중식당도 있어. 지금도 영업하고 있고, 오래된 간판부터 인테리어까지 그대로 남아 있어서, 들어가면 시간 여행하는 느낌이야."

"진짜, 군산에 한 번 가면 하루로는 부족하겠다."

"맞아. 차라리 1박 2일로 천천히 걸으면서 구석구석 돌아보는 게 좋아. 그냥 도시가 아니라, 시간의 켜가 겹겹이 쌓인 공간 같달까. 슬프기도 하고, 아름답기도 하고."

이와 같이 군산은 금강 하구랑 바다가 만나는 곳에 자리 잡고 있어요. 예로부터 교통이 아주 편리한 요지였죠. 그래서 전라도 호남평야에서 나오는 쌀이 자연스럽게 군산으로 모이곤 했어요.

1899년에 군산이 개항했는데, 이건 항구를 열어서 외국 배와 사람들이 자유롭게 드나들 수 있게 됐다는 뜻이에요. 부산, 원산, 인천, 목포, 진남포, 마산에 이어서 우리나라에서는 일곱 번째로 문을 연 항구였죠.

이렇게 항구가 열리다 보니까, 군산에는 외국의 근대 문물이 일찍부터 들어오게 됐고, 외국인들도 자주 오갔어요. 특히 일본 상인들이 많았는데, 이 사람들이 쌀을 사려고 군산에 모여들었어요.

그러던 중 1910년에 일본이 대한제국의 국권을 빼앗고 식민 통치를 시작했죠. 일본은 자국 내에서 쌀이 부족해지자, 1920년대부터 '산미

증식 계획'이라는 걸 실시했어요. 말 그대로 쌀 생산량을 늘려서 일본으로 보내겠다는 정책이었죠.

그때부터 군산은 일본으로 쌀을 보내는 중요한 항구가 되었고, 덩달아 큰 항구 도시로 성장했어요. 일본인들이 점점 더 많이 모여들면서, 군산 시내 곳곳에 일본식 건물들이 세워졌고요.

그래서 지금도 군산에 가보면 그 시절 지어진 일본식 주택이나 세관, 은행, 절 같은 건물들이 그대로 남아 있어서, 일제 강점기 당시 군산항의 모습을 엿볼 수 있답니다.

» 시간 여행자의 산책, 양림동의 하루

"야, 오늘 날씨 진짜 좋다. 딱 산책하기 좋은 날씨네."

"그러게. 그래서 양림동에 온 거야. 광주 사람들 사이에서 꽤 유명한 동네라구. '문화와 역사가 공존하는 마을'이라나?"

양림동이라는 이름은 예전에 버드나무가 많이 자생해서 '양림(楊林)'이라고 불렸대. 이름의 유래가 참 흥미롭지? 지금 양림동은 광주 남구의 넓은 지역을 차지하고 있는데, 동쪽으로는 동구 금동, 서쪽으로는 백운동과 접해 있고, 남쪽으로는 방림동, 북쪽으로는 사직동과도 인접해 있어. 양림동은 양림산과 사직공원 능선의 동남쪽 사면에 있고, 앞에는 광주천이 흐르고 있지.

예전엔 광주천이 양림 오거리까지 흘렀었는데, 일제 강점기 때 제방이 쌓여서 지금의 지형이 됐대. 양림동은 광주 도심과 가깝긴 하지만,

광주양림동

일제 강점기까지는 광주 읍성 외곽에 속했던 곳이었어.

사실 양림동은 전통적인 주거지가 있었지만, 과거에는 인가가 드물고 무덤만 가득했던 곳이었다고 해. 그런데 일제 강점기 전후로 근대화의 바람이 불면서 이곳이 신문화 운동의 중심지가 되었지. 미국에서 온 선교사들이 이곳에 정착하면서 교회와 수피아 여학교, 지금의 기독병원을 세웠거든. 이로 인해 양림동은 의료, 교육, 복지 등 다양한 분야에서 중요한 역할을 했어.

1904년에 미국 남장로교 선교사들이 양림동에 정착하면서 이곳은 '서양촌', '신앙촌', '광주 근대 문화의 요람'으로 불리게 되었지. 이곳이 광주에서 서양 문화가 처음으로 들어온 곳이기도 하고.

오늘날 양림동은 광주 근대 문화의 중요한 상징적 공간으로 여겨지

고 있어. 기존의 연구들은 기독교적 관점에서 선교사들의 활동에 집중되었지만, 양림동을 문화적인 관점에서도 재조명할 필요가 있어. 이곳은 광주 근대사를 이끌었던 많은 인물이 활동했던 곳이고, 지금도 많은 예술인이 활동하는 장소로 남아 있지. 양림동은 광주에서 유일하게 서양 선교 문화와 전통문화가 공존하는 곳이어서 역사적으로도 매우 중요한 의미가 있는 지역이야.

"오, 이런 곳 진짜 좋아해. 골목을 돌아다니면서 마치 시간 여행하는 기분?"

"그렇지! 먼저 이장우 가옥부터 보자. 고풍스러운 기와와 마당이 진짜 예쁘지 않냐?"

"우와, 진짜 오래된 느낌이다. 안쪽은 못 보지만 대문부터 분위기가 다르네."

"이 집은 단순한 옛날 집이 아니라 일제 강점기 때 고급 한옥이야. 지금으로 치면 꽤 잘사는 사람의 집이었던 거지. 여기서 살던 사람들은 어떤 삶을 살았을까, 상상해 봐."

"맞아, 바로 옆에 있는 최승효 가옥도 비슷한 느낌인데, 좀 일본식이 섞인 것 같아. 처마나 창틀이 딱 그런 시대의 흔적을 보여주네."

"이런 곳 걷다 보면, 한국 근대사가 느껴지고 우리가 어떻게 그 시대를 지나왔는지 체감돼."

"그렇네. 자, 잠깐 앉자. 여기가 '양파정'이야. 벤치도 있고, 정자도 있어서 주민들이 쉬기도 하고, 우리처럼 관광객들도 많이 들러."

"'양파정'이라니, 이름이 귀엽네."

"실은 과거에 선교사들이 이곳에서 쉼을 취하던 곳이라서 그런 이름이 붙었어. 재밌지?"

"그러네! 근데 여기 걷다 보니까 진짜 매력적이야. 어, 저기 동상 뭐야?"

"저건 3.1 만세운동 기념동상이야. 양림동 학생들과 교회 신자들이 독립을 외치며 거리로 뛰쳐나갔던 역사를 기념하는 동상이야. 단순한 기념물이 아니라 이 동네 사람들의 저항과 용기를 보여주는 거지."

"이 동네가 단순히 예쁜 동네만이 아니었구나. 역사 속 주인공들이 걸어간 길 같아."

"맞아. 자, 이제 골목을 돌면 서양 느낌의 건물들이 보일 거야. 이 집 봐, 바로 이 집이 우일선 선교사 사택이야."

"와, 진짜 영화에 나올 법한 집이네? 벽돌 구조에 아치형 창문이 완전 이국적인 분위기야!"

"그렇지? 이건 1910년대에 지어진 서양식 목조건물이야. 선교사들이 광주에 와서 복음을 전하며 정착한 흔적이지."

"근데 바로 옆에는 또 다른 선교사 집이 있어. 여긴 피터슨 선교사 사택이야. 시대는 비슷하지만, 건축양식이 달라서 보는 재미가 있어."

"선교사들이 복음만 전한 게 아니라 병원도 세우고 학교도 만들었잖아?"

"응. 그래서 이런 건물들이 남아 있어. 여기 수피아 홀, 수피아 옛 강당, 커티스 메모리얼 홀, 윈스브로우 홀 같은 것들이 다 그 연장선에 있어. 교육과 문화의 중심지였던 거지."

"이 동네 자체가 박물관 같아. 살아있는 역사 공간이네."

"맞아. 자, 저쪽으로 가면 재미있는 곳이 나와. 바로 정율성 생가야."

"정율성? 어디서 들어봤는데…"

"중국 국가 작곡한 사람이야. '의용군 행진곡'이라는 곡이 유명하지. 중국에선 엄청 중요한 인물이야. 그런데 그의 고향이 여기 양림동이었어."

"와, 한국인이 중국 국가를 만들었다니 신기하다. 이런 연결이 있었구나."

"그뿐만 아니야. 이곳엔 문학적으로도 의미 있는 장소가 있어. 바로 '다형 김현승 시비'라고, 한국 대표 서정시인 김현승의 시구가 새겨진 비석이야. 김현승도 양림동과 인연이 깊었거든."

"시인의 마을이라더니, 정말 문화예술의 향기가 가득하네."

"저기 언덕 쪽에 보이는 교회 보이지? 그게 바로 양림교회야. 1908년에 세워졌고, 지금도 예배가 드려지는 곳이지. 고딕 양식의 붉은 벽돌 외벽, 안쪽의 은은한 스테인드글라스가 분위기를 정말 멋지게 만들어."

"사진 찍어야겠다. 이건 진짜 영화 속 교회 같다."

"양림동의 전체 역사를 이해하려면 마지막으로 오웬기념각, 어비슨 기념관, 그리고 근대 사립학교·의료원 기념관을 둘러보면 좋을 거야. 선교사들이 만든 학교, 병원, 교회… 이게 단순히 종교만 전파한 게 아니라, 그들의 문화적 영향이 광주 삶의 일부분을 바꿔놓았다는 걸 느

낄 수 있어."

"와, 진짜 걷다 보니 머리가 꽉 찼다. 지금 100년 전을 여행한 기분이야."

"그게 바로 양림동의 매력이야. 단순한 관광지가 아니라, 시간 여행을 하는 통로 같은 곳이지."

"이런 곳을 보존하는 게 정말 중요하다는 걸 실감하게 돼. 오늘 완전 제대로 된 시간 여행했어."

1도 1뮤지엄 이야기

전라남도 신안군

» 신안군은 어떤 곳일까?

신안군은 전라남도에 있는 우리나라의 서쪽 끝 섬 지역이에요. 이 지역은 특별하게도 '1004개의 섬'이 있는 곳으로 유명하죠. 그래서 '천사의 섬 신안'이라고도 불려요. 하지만 신안의 많은 섬은 사람이 줄어들고, 고령화가 심해지면서 점점 조용해지고 있었어요. 신안군은 이런 섬들을 그냥 놔두지 않고, 새로운 방식으로 다시 활기를 불어넣기 위한 멋진 실험을 시작했어요. 그게 바로 '1도 1뮤지엄' 프로젝트예요.

» '1도 1뮤지엄'이란 무엇일까?

'1도 1뮤지엄'은 말 그대로 하나의 섬에 하나의 뮤지엄(박물관 또는 미술관)을 만드는 계획이에요. 단순히 건물 하나를 세우는 게 아니라, 섬 전체가 하나의 예술 공간처럼 바뀌는 것이죠! 신안군은 각 섬이 가

신안군

지고 있는 역사, 자연, 전통, 문화, 그리고 풍경을 잘 살려서, 그 섬에만 있는 특별한 박물관을 만들고 있어요. 현재까지 25개의 뮤지엄이 운영 중이고, 앞으로 2개가 더 생길 예정이래요. 그럼, 총 27개 섬에 27개의 뮤지엄이 생기는 거죠. 각각의 뮤지엄은 예술가, 건축가, 지역 주민들이 함께 만든 아주 특별한 공간이에요.

» 세계적인 예술가들이 섬에 왔다

신안의 '1도 1뮤지엄'이 특별한 이유는, 그냥 미술 작품을 전시하는 공간이 아니라 세계적으로 유명한 예술가들이 이 프로젝트에 직접 참여했다는 점이에요!

신안군의 '1도 1뮤지엄' 프로젝트가 특별한 이유 중 하나는, 세계적으로 유명한 예술가들이 직접 신안의 섬을 방문해 작품을 만들었다는 점입니다. 이들은 단순히 미술품을 전시한 것이 아니라, 신안의 아름다운 자연과 섬 주민들의 삶을 깊이 이해하고, 그에 어울리는 예술을 창조했습니다. 그 결과, 섬의 자연과 어우러지는 예술 공간이 하나둘 생겨났으며, 지금은 섬 전체가 하나의 예술작품처럼 느껴지고 있습니다.

먼저, 미국 출신의 설치미술 작가 제임스 터렐(James Turrell)은 '빛의 예술가'로 잘 알려진 인물입니다. 그는 빛을 활용해 시각과 감각을 새롭게 경험하게 만드는 작품을 주로 창작해 왔습니다. 신안군 노대도에 설치한 '하늘을 바라보는 공간(Skyspace)'은, 건물 천장을 통해 하

신안수석미술관

신안저녁노을미술관

신안조희룡미술관

신안화석광물미술관

늘을 바라볼 수 있는 구조로 설계되어 있습니다. 이 공간에 들어서면, 마치 하늘 그 자체가 예술의 일부가 된 것 같은 신비로운 체험을 하게 됩니다. 시간의 흐름에 따라 하늘빛이 변하면서 작품의 분위기 역시 달라지는 것이 특징입니다.

아이슬란드계 덴마크 출신의 예술가 올라퍼 엘리아손(Olafur Eliasson)도 신안을 찾았습니다. 그는 자연 현상, 빛, 움직임을 예술로 표현하는 작업으로 유명하며, 관객이 환경을 새롭게 인식하도록 유도하는 예술을 실천하고 있습니다. 도초도에 설치한 그의 작품은 대지미술의 형식을 취하고 있으며, 관람객이 직접 자연 속을 걸으며 작품과 교감할 수 있도록 설계되었습니다. 바람, 햇빛, 바다가 작품과 함께 살아 숨 쉬는 형태로 존재하고 있습니다.

앞에서도 설명했던 영국의 조각가 앤서니 곰리(Anthony Gormley)는 인간의 몸을 주제로 한 조각으로 국제적인 명성을 얻은 예술가입니다. 그는 신안 비금도 해변에 대형 인간 형상의 조각상을 설치했습니다. 이 조각은 고요한 자세로 바다를 응시하고 있으며, 자연과 인간의 관계를 상징적으로 표현하고 있습니다. 보는 이들로 하여금 존재, 고요함, 자연과의 연결을 떠올리게 하는 작품입니다.

건축과 조각이 결합된 사례도 있습니다. 스위스의 세계적인 건축가 마리오 보타(Mario Botta)와 한국 출신으로 이탈리아에서 활동 중인 조각가 박은선(Park Eun Sun)은 함께 자은도에 '인피니또(Infinito) 미술관'을 설계하고 조성했습니다. 이 미술관은 건축물 자체가 예술작품처럼 설계되어 있으며, 바다와 산의 풍경 속에 자연스럽게 녹아들고 있습니다. 내부에는 박은선 작가의 대리석 조각 작품들이 전시되어 있으며, 외부에서도 자연과 함께 어우러진 조형미를 느낄 수 있는 공간입니다.

이처럼 세계적인 예술가들이 신안의 섬을 선택한 이유는 단순히 조용하고 한적한 공간이기 때문만은 아닙니다. 신안의 각 섬은 저마다의 고유한 자연환경, 역사, 문화적 이야기들을 품고 있으며, 이러한 요소들이 예술가들에게 강한 영감을 주었기 때문입니다. 또한 신안군이 예술가들과 협력하여 지역의 특성을 존중하며 프로젝트를 추진했기 때문에 가능한 일이기도 합니다.

이 예술가들이 신안을 선택한 이유는 단지 한적한 곳이기 때문이 아니에요. 신안의 섬들은 각기 다른 자연, 역사, 사람들의 이야기가 있어요. 이런 독특한 섬들 하나하나가 예술가들에게는 아주 특별한 영감의 공간이 된 거예요. 또, 신안군이 이 프로젝트에 진심을 담아 기획하고, 예술가와 함께 협력했기 때문에 가능한 일이었어요. 이렇게 예술가들은 섬을 잠깐 스쳐 간 게 아니라, 그곳에 머물며 자연과 사람을 이해하고, 그에 맞는 작품을 창조했어요. 그래서 그 작품들은 단순한 조형물이 아니라, 섬의 일부, 삶의 일부가 되었어요.

» 사람만 개성이 있는 게 아니에요. 섬도 개성이 있어요

신안군의 '1도 1뮤지엄' 프로젝트는 단순히 예술작품을 전시하는 공간을 만드는 데 그치지 않고, 각 섬이 지닌 고유한 역사와 문화, 자연환경, 주민의 삶을 예술과 전시로 풀어내는 데 중점을 두고 있습니다. 이로써 박물관은 단순한 관람 공간이 아니라, 그 섬의 정체성을 이야기하는 장소로 거듭나고 있습니다.

암태도는 1923년, 우리나라 농민운동사에서 중요한 사건인 '암태도 소작쟁의'가 벌어진 곳입니다. 이 사건은 지주에게 높은 소작료를 내야 했던 농민들이 집단으로 저항한 역사적 사건으로, 우리나라 소작농민중운동의 상징적 사례로 기록되어 있습니다. 신안군은 이 역사적 의미를 되살려 '암태소작항쟁기념관'을 조성하였습니다.

기념관은 암태도 농민들의 저항과 연대의 역사를 전시하는 공간으로 구성되어 있으며, 당시 농민들의 목소리, 사진, 문서, 유물 등이 전시되어 있어 생생한 시대상을 전달하고 있습니다. 이 공간은 단순한 추모가 아니라, 정의와 공동체 정신을 다시 되새기는 배움의 장소로 기능하고 있습니다.

장산도는 비교적 외부에 덜 알려진 조용하고 평화로운 섬입니다. 이 섬에는 예술적 감각이 돋보이는 공간인 '장산화이트뮤지엄'이 조성되어 있습니다. 이름에서 알 수 있듯, 건물 전체가 흰색을 기반으로 설계되어 맑고 정제된 분위기 속에서 예술작품이 더욱 빛나는 공간을 연출하고 있습니다.

이 뮤지엄은 현대미술 작가들의 작품을 중심으로 운영되며, 장산도의 조용한 자연과 어우러지는 전시 공간으로 평가받고 있습니다. 관람객은 박물관에 들어서면서부터 고요한 분위기와 예술이 하나로 이어지는 감각을 경험하게 되며, 이 섬의 여백과 정적이 오히려 강렬한 예술적 영감을 선사하는 배경이 되고 있습니다.

압해도는 신안군의 관문이자 가장 큰 섬 중 하나입니다. 이곳은 특히 해 질 무렵의 아름다운 노을 풍경으로 유명합니다. 이러한 자연적 특성을 반영해 '저녁노을미술관'이라는 이름의 미술관이 만들어졌습니다.

이 미술관은 단순히 작품을 보는 공간이 아니라, 노을이 지는 시간에 맞춰 풍경과 예술이 함께 어우러지도록 설계되어 있습니다. 넓은 유리창 너머로 펼쳐지는 섬의 바다와 하늘, 그리고 석양의 붉은 빛은 관람객에게 잊을 수 없는 감동을 선사합니다. 내부에는 지역 작가들의 회화와 설치미술이 전시되어 있으며, 시간의 흐름과 자연의 변화 속에서 예술을 감상하는 새로운 경험을 제공하고 있습니다.

자은도는 고운 백사장과 해변 풍경이 인상적인 섬입니다. 이곳에는 지역 공동체와 함께 만들어진 '둔장마을미술관'이 있습니다. 기존의 오래된 건물을 리모델링하여 만든 이 공간은 예술가와 마을 주민이 함께 꾸려가는 참여형 문화공간으로 조성되었습니다.

둔장마을미술관은 자은도 마을의 이야기, 주민의 삶, 그리고 자연을 주제로 한 예술작품들이 전시되어 있으며, 일반적인 미술관과 달리 따뜻한 분위기와 소박한 정서를 담고 있는 것이 특징입니다. 미술관 운영에도 지역 주민들이 참여하며, 마을의 일상과 문화가 살아 있는 공간으로 자리 잡고 있습니다. 이곳은 예술이 일상에 들어와 마을 전체가 전시장이 되는, 신안형 공동체 예술의 좋은 예라고 할 수 있습니다.

» 왜 신안군은 '1도 1뮤지엄'을 추진할까?

신안군이 '1도 1뮤지엄'을 추진한 이유는 단순히 섬마다 예쁜 건물을 짓기 위함이 아닙니다. 그 이면에는 섬의 삶을 지키고, 문화의 미래를 만들고자 하는 깊은 의지와 철학이 자리하고 있습니다. 예술은 이곳에서 특별한 장식이 아니라, 삶의 일부이며, 마을을 회복시키는 도구가 됩니다. 신안의 '1도 1뮤지엄'은 문화예술이 단절된 지역을 다시 연결하고, 사라지던 공동체를 다시 살아나게 하는 가장 창의적이고 따뜻한 방법입니다.

세계적인 예술가들이 섬에 와서 남긴 작품들은 신안의 자연과 문화, 그리고 사람들의 삶과 만나 완전히 새로운 이야기를 만들어 냈어요. 이건 단순한 '전시'가 아니라, 섬 자체가 하나의 예술작품이 되어가는 과정이에요. 이제 신안의 섬들은 예술을 통해 다시 살아나고 있고, 그곳을 찾는 사람들은 단순한 여행이 아니라 예술과 자연을 온몸으로 느끼는 여행을 하게 돼요.

풍경이 곧 이야기,

에코뮤지엄이 머무는 장소들

» 영국, 풍경과 역사 속을 걷다

런던 하면 으레 박물관을 떠올리지만, 런던 자체가 하나의 살아 숨 쉬는 박물관입니다. 그러나 영국의 상징은 런던을 벗어나 펼쳐진 자연과 풍경 속에 숨어 있습니다. 그 대표적인 예가 바로 스톤헨지입니다. 정형화된 박물관 전시물이 아니라, 수천 년 동안 같은 자리에 서 있는 돌들이 시간과 공간을 넘어선 이야기꾼이 되어줍니다. 이곳은 단순한 유적지가 아니라 영국이라는 땅의 기원을 상징하는 풍경 그 자체입니다.

이런 풍경 속 유산은 바스에 있는 로만 바스에서도 만날 수 있습니다. 고대 로마인들이 목욕을 즐기던 이곳은 단순한 목욕탕이 아니라, 과거와 현재가 공존하는 '살아있는 박물관'입니다. 벽돌과 물, 그리고 유적을 통해 당시 사람들의 삶의 방식을 그대로 느낄 수 있죠.

더 북쪽으로 향하면 하드리아누스 성벽이 기다리고 있습니다. 잉글랜드와 스코틀랜드의 경계에 남겨진 이 장대한 구조물은 제국의 경계였고, 지금은 문화의 흐름을 연결하는 통로가 되었습니다. 특히 뉴캐슬과 드러릿지 만을 잇는 경로를 따라가다 보면, 경계와 이동, 정체성에 관한 깊은 성찰을 하게 됩니다.

이 땅에 생명을 불어넣은 조형물도 있습니다. 앤서니 곰리의 '북방의 천사(The Angel of the North)'는 단순한 조각상이 아닙니다. 지역민들의 정체성을 다시 일깨우고, 쇠락하던 지역을 문화적 자존심으로 일으켜 세운 상징이 되었죠. 커다란 철제 천사는 북잉글랜드 하늘 아래에 우뚝 서서 말없이 시간을 견디며 마을의 재생을 응원하고 있습니다.

그리고 영국 산업혁명의 상징 도시 맨체스터와 그 이웃 로치데일에서는 '사람과 공간, 기억'을 담아낸 박물관들이 흥미롭습니다. 맨체스터 과학산업박물관은 산업 유산을 보존하며 과거와 미래를 연결하는 학습의 장이 되었고, 로치데일 협동조합 박물관은 '모두의 가게'에서 출발해 협동조합 운동이라는 전 세계적 변화를 촉발한 작은 공간의 가능성을 보여줍니다.

이 흐름의 연장선상에서 잉글랜드 북부 브랜스턴에는 에코뮤지엄 '플로든 1513'이 자리 잡고 있습니다. 전투의 기억과 지역의 생태, 공동체의 이야기가 어우러져 잉글랜드 최초의 에코뮤지엄으로 주목받고 있습니다.

» 아일랜드, 문학과 자연을 따라 걷다

아일랜드에서는 문학과 경관이 어우러진 독특한 문화유산을 만날 수 있습니다. 더블린은 제임스 조이스의 《더블린 사람들》의 배경이자 소설 그 자체가 된 도시입니다. 도시를 걷는 것만으로도 이야기 속 인물들과 눈을 마주치는 듯한 경험을 하게 되죠.

클래어주의 모허 절벽과 버런 지역은 아일랜드의 자연미를 극적으로 보여주는 공간입니다. 이곳 방문자센터는 단순한 관광지를 넘어서서 경관과 생태를 배우는 학습의 장으로 기능하며, 자연경관이 박물관이 될 수 있다는 가능성을 보여줍니다.

문학과 신화의 흔적이 깊이 스며든 슬라이고는 시인 예이츠의 고향이자 영혼의 고향으로, 예술과 자연, 전통이 조용히 공존하는 곳입니다. 한편 킨세일의 바닷가에는 시간을 품은 작은 박물관이 있습니다. 어업과 무역, 전쟁과 평화의 이야기를 고스란히 간직한 킨세일 박물관은 바다의 시간을 담은 공간입니다.

» 스코틀랜드, 전통과 실험이 만나는 땅

스코틀랜드는 전통의 품격과 현대적 실험이 공존하는 공간입니다. 에든버러에서는 과학 상상력의 정수를 보여주는 '달을 향한 대포' 같은 실험정신이 살아있고, 피틀로크리에서는 여왕이 걸었던 산책길이 고스란히 보존되어 있어 풍경과 권력의 역사를 함께 돌아보게 합니다.

특히 스코틀랜드 하이랜드 지역에서는 눈 덮인 자연과 함께 영국 최초의 에코뮤지엄이 문을 열었습니다. 겨울왕국처럼 펼쳐진 자연 속에서 인간과 자연, 문화가 조화를 이루는 모습은 지역의 지속 가능한 삶의 모범이 되었습니다.

또 하나의 실험적 공간은 글래스고의 리버사이드 뮤지엄입니다. 해체주의 건축양식을 반영한 이곳은 건축 자체가 전시물이며, 도시의 산업 유산과 교통수단의 진화를 한눈에 볼 수 있도록 구성되어 있습니다.

» 전쟁, 기억, 그리고 진실의 공간들

전 세계에는 전쟁의 아픔을 박물관이라는 형태로 기억하는 장소들이 있습니다. 미국 샌버나디노에는 패스트푸드의 상징 맥도날드 박물관이 있고, 디트로이트의 헨리 포드 박물관에서는 산업의 빛과 어두움을, 그리고 디에고 리베라의 벽화를 통해 노동의 가치를 재조명합니다.

독일 다하우 수용소, 베트남 호찌민 전쟁박물관, 캄보디아의 킬링필드와 투올 슬랭 제노사이드 뮤지엄은 모두 인류의 폭력적 기억을 직시하게 만드는 공간입니다. 이곳들은 단지 과거를 기록하는 데 그치지 않고, 현재를 살아가는 우리에게 진실을 묻고, 평화의 의미를 되새기게 합니다.

» 일본과 유럽, 공동체를 품은 에코뮤지엄들

일본 다테야마에서는 마을 전체가 박물관이 되는 실험이 이어졌습니다. 주민들의 삶과 전통, 풍경 자체가 전시되는 방식은 에코뮤지엄의 원형이라 할 수 있습니다.

프랑스에서는 '사람이 곧 유산'이라는 철학 아래, 알자스 에코뮤지엄이 형성되었습니다. 전통적 농가와 생활양식을 그대로 보존한 이 마을형 박물관은 살아있는 역사서입니다. 한편 몽쏘 레 민에서는 사람과 석탄의 기억을 연결한 탄광 중심의 에코뮤지엄이 조성되어, 산업 유산을 문화 자산으로 재구성한 흥미로운 사례가 되었습니다.

이탈리아 역시 예외는 아닙니다. 거리 예술과 함께 시대의 거장들을 만날 수 있는 카실리노 에코뮤지엄, 그리고 지속 가능한 지역 전환을 실천 중인 파라비아고 에코뮤지엄은 시민 참여형 에코뮤지엄의 이상적 모델을 보여줍니다.

» 한국, 우리 동네가 박물관이 되는 순간

한국에서도 이러한 흐름은 점차 확산하고 있습니다. 충남 아산 외암리, 서울 북촌, 전남 구례 운조루는 전통 가옥과 마을이 살아있는 박물관이 되고 있습니다. 집 한 채, 돌담 하나에도 수백 년의 이야기가 깃들어 있죠.

경기만 일대에서는 에코뮤지엄 실험이 본격화되고 있습니다. 화성 매향리는 군사기지의 아픔을 문화와 예술로 전환한 대표 사례입니다. 매향리 평화기념관은 빛과 시간, 기억과 평화가 공존하는 공간이며, 시흥 갯골에서는 소금 창고부터 인형극 무대까지 다양한 문화 콘텐츠가 엮여 있습니다.

안산 선감도는 과거의 침묵을 깨고 에코뮤지엄으로 재탄생하며, 강원도 태백과 철암 탄광역사촌은 산업 유산을 스토리텔링과 연결한 공간으로 다시 태어났습니다.

그리고 전국 곳곳, 대구 중구, 전북 군산, 광주 양림동 같은 골목들에서는 '골목 에코뮤지엄'이 조용히 피어나고 있습니다. 걷는 만큼 보이고, 아는 만큼 사랑하게 되는 우리 동네의 얼굴들이죠.

이처럼 전 세계는 지역의 기억과 경관, 사람과 이야기를 품은 공간들을 통해 '에코뮤지엄'이라는 새로운 문화적 실험을 이어가고 있습니다. 그 어떤 전시보다 진실하고, 그 어떤 유산보다 살아 숨 쉬는 이 공간들은 지금, 이 순간에도 우리 삶에 말을 걸고 있습니다.

요즘 에코뮤지엄 현장을 보면, 사실 조금 안타깝지. 현장에서 일하다 보면 다들 말은 안 해도 느끼잖아. 뭔가 너무 얇고, 가볍고, 때로는 방향도 애매하다는 거. 기획은 늘 그 사람들끼리 하고, 소통이라고 해 봤자 익숙한 사람들과 한정된 대화만 오갈 뿐이야. 예산도 턱없이 부족한 데다가, 지원 방식은 단기적 보조금에 의존해서 지속성은 전혀 담보되지 못하지. 제도적 기반 없이 '문화 활동'이라는 프레임으로만 운영되다 보니, 어느 순간엔 '어? 이게 에코뮤지엄이었나?' 싶다가도 문화예술 지원사업으로 바꿔서 하라고 하면 또 그렇게 흘러가는 거야. 그런 상황을 보다 보면, 정말 이 시점에서 에코뮤지엄이란 게 무엇인지, 그 본질부터 다시 짚고 넘어가야 한다는 생각이 들어."

"그래서 난 늘 기본으로 돌아가야 한다고 생각해. 에코뮤지엄의 세 가지 핵심 요소, '유산', '참여', '활동' 말이야. 이 세 가지를 어떻게 해석하고, 또 어떻게 연결지을 수 있을지 고민하는 데서부터 출발해야 해.

"결국 에코뮤지엄이란 건, 지역에서의 성찰이고 실천이야. 단순히 문화행정의 한 갈래가 아니라, 살아 있는 유산, 사람과 공간이 만나는 참여, 그리고 그것을 통한 활동이라는 기본 요소 위에 서 있어야 해. 지역적 삶을 통해 지구적 시민이 되는 여정, 그 길은 결국 에코뮤지엄으로 이어져야 하는 거지."

지구 곳곳
지붕 없는 박물관

에코뮤지엄

초판인쇄 2025년 11월 14일
초판발행 2025년 11월 14일

지 은 이 김성균
펴 낸 이 채종준
펴 낸 곳 한국학술정보(주)
주   소 경기도 파주시 회동길 230(문발동)
전   화 031-908-3181(대표)
팩   스 031-908-3189
투고문의 ksibook1@kstudy.com
등   록 제일산-115호(2000. 6. 19)

ISBN   979-11-7457-301-8 43300

이담북스는 한국학술정보(주)의 학술/학습도서 출판 브랜드입니다.
이 시대 꼭 필요한 것만 담아 독자와 함께 공유한다는 의미를 나타냈습니다.
다양한 분야 전문가의 지식과 경험을 고스란히 전해 배움의 즐거움을 선물하는 책을 만들고자 합니다.